Schlesien

ROSWITHA SCHIEB

Schlesien

GESCHICHTE
LANDSCHAFT · KULTUR

ELSENGOLD

Polen
Brandenburg
Sachsen
Tschechien
Niederschlesien
Mittelschlesien
Ober
Oder
Oder (Odra)
1938 zu Schlesien
Neuzelle
Guben
Forst
Bad Muskau
Weißwasser
Ruhland
Hoyerswerda
Spree
Lausitzer Neiße
Rothenburg
Niesky
Kohlfurt (Węgliniec)
Görlitz
Zgorzelec
Bautzen
Zittau
Reichenberg (Liberec)
Lauban (Lubań)
Bad Flinsberg (Świeradów Zdrój)
Queis
(Kwisa)
Grünberg (Zielona Góra)
Neusalz (Nowa Sól)
Freystadt (Kożuchów)
Bober
Sagan (Żagań)
Sprottau (Szprotawa)
Bunzlau (Bolesławiec)
Naumburg (Nowogrodziec)
Löwenberg (Lwówek Śl.)
Bober (Bóbr)
Haynau (Chojnów)
Goldberg (Złotoryja)
Hirschberg (Jelenia Góra)
Bad Warmbrunn (Cieplice Śl.-Zdrój)
Krummhübel (Karpacz)
Riesengebirge (Krkonoše)
Schneekoppe Śnieżka 1602
Glogau (Głogów)
Dalkauer Berge (Wzgórza Dalkowskie)
Fraustadt (Wschowa)
Lissa (Leszno)
Guhrau (Góra)
Rawitsch (Rawicz)
Bartsch (Barycz)
Trachenberg (Żmigród)
Militsch (Milicz)
Lüben (Lubin)
Steinau (Ścinawa)
Wohlau (Wołów)
Trebnitz (Trzebnica)
Katzengebirge (Wzgórza Trzebnickie)
Leubus (Lubiąż)
Katzbach (Kaczawa)
Liegnitz (Legnica)
Maltsch (Malczyce)
Neumarkt (Środa Śl.)
Wahlstatt (Legnickie Pole)
Leuthen (Lutynia)
BRESLAU (WROCŁAW)
Oels (Oleśnica)
Groß (Syców
Weide (Widawa)
Namslau (Namysłów)
Jauer (Jawor)
Striegau (Strzegom)
Hohenfriedeberg (Dobromierz)
Schweidnitz (Świdnica)
Zobten Ślęża 718
Lohe (Ślęza)
Waldenburg (Wałbrzych)
Landeshut (Kamienna Góra)
Grüssau (Krzeszów)
Weistritz (Bystrzyca)
Kreisau (Krzyżowa)
Reichenbach (Dzierżoniów)
Langenbielau (Bielawa)
Neurode (Nowa Ruda)
Frankenstein (Ząbkowice Śl.)
Ohlau (Oława)
Strehlen (Strzelin)
Ohle (Oława)
Mollwitz (Małujowice)
Brieg (Brzeg)
Heinrichau (Henryków)
Grottkau (Grodków)
Münsterberg (Ziębice)
Nysa Kłodzka
Falke (Niem
Lamsd (Łambin
Bad Kudowa (Kudowa Zdrój)
Silberberg (Srebrna Góra)
Glatzer Neiße
Kamenz (Kamieniec)
Ottmachau (Otmuchów)
Neiße (Nysa)
Glatz (Kłodzko)
Reichenstein (Złoty Stok)
Johannesberg
Bad Reinerz (Duszniki Zdrój)
Ziegenhals (Głuchołazy)
Neustadt (Prudnik)
Bad Landeck (Lądek Zdrój)
Habelschwerdt (Bystrzyca Kł.)
Mittelwalde (Międzylesie)
Freiwaldau (Jeseník)
Hotzen
Altvater (Praděd) 1492
Freudenthal (Bruntál)
Jägerndorf (Krnov)
Grenze Schlesiens seit 1921
Grenze bis 1920 bzw. 1922
Grenze zwischen Nieder-, Mittel- und Oberschlesien
Staatsgrenze
0
50
100 km

Vorwort

Schlesien fasziniert durch Vielfalt und Schönheit. Die Region, die bis 1945 größtenteils zu Deutschland gehörte und nach 1945 polnisch wurde, geriet im Westen etliche Jahrzehnte in Vergessenheit – zu Unrecht.

Die Landschaft Schlesiens bietet viel Abwechslung. So gehen die mageren Kiefernwälder im Westen an der Grenze zur Lausitz in fruchtbares Bauernland über, nördlich von Breslau erstreckt sich eine große Seenplatte, während zur tschechischen Grenze hin eine Gebirgskette die nächste ablöst. Das berühmteste Gebirge dieser Landschaft rund um die polnisch-tschechische Grenze, der Sudeten, ist das Riesengebirge mit seiner höchsten Erhebung, der Schneekoppe. Die in die anmutigen Hügel des Riesengebirgsvorlandes gebetteten Schlösser mit reizvollen Ausblicken auf die nahe Gebirgskette sind nur ein kleiner Teil der insgesamt 2500 über ganz Schlesien verteilten Schlösser und Burgen. Etliche von ihnen sind verfallen und werden wohl Ruinen bleiben. Aber viele wurden in den letzten zwei, drei Jahrzehnten gerettet und revitalisiert.

Auch viele der schlesischen Städte sind aufgeblüht, allen voran Breslau, die Hauptstadt Schlesiens. Aber auch viele andere schlesische Städte sind eine Reise wert.

Sogar das oberschlesische Steinkohlenrevier hat mit seinen touristenfreundlichen Industriedenkmälern manches Abenteuer zu bieten. Opulente Barockklöster, Schlösser und Burgen, mittelalterliche Städtchen und reizvolle Kurorte mit sprudelnden Quellen ziehen jedes Jahr größere Scharen von Besuchern an. Und das ist keine Selbstverständlichkeit. Denn Schlesien war gegen Ende des Zweiten Weltkriegs von Kampfhandlungen verheert worden. Zwar wurde bald nach dem Krieg vieles wieder aufgebaut, aber das Gefühl der Vorläufigkeit, das unterschwellige Gefühl, vielleicht wieder fort zu müssen, ließ erst nach dem deutsch-polnischen Grenzvertrag von 1990 nach. Seither ist der Dornröschenschlaf, der mancherorts geherrscht hatte, vorbei.

Die deutsche Vergangenheit ist mittlerweile kein Tabu mehr. Wirtschaftlich und kulturell boomt Schlesien geradezu, und touristisch wird die Region immer attraktiver, wozu auch die gute polnisch-schlesische Küche beiträgt. Eine einzigartige Natur und kulturelle Höhepunkte auf Schritt und Tritt – in Schlesien findet jeder Besucher so vieles zu entdecken und zu genießen, dass er gerne wiederkommen wird.

LAND UND LEUTE

Religiöse Traditionen leben in Schlesien an vielen Orten fort, wie hier beim Osterreiten im oberschlesischen Groß-Peterwitz. Aus diesem Anlass ist der halbe Ort auf den Beinen, und viele Gäste kommen auch von auswärts.

„Ein zehnfach interessantes Land“: Die Vielfalt der schlesischen Regionen

Schlesien war in seiner Geschichte immer ein reiches Grenz- und Brückenland. Seine Umrisse wurden gerne mit einem Eichenblatt verglichen, mit leicht gerundeten Rändern und mit der Oder und ihren Nebenflüssen als Haupt- und Seitenrippen. Ohne Zweifel ist die Oder die Lebensader Schlesiens. An ihr liegt nicht nur als prominenter Mittelpunkt die schlesische Hauptstadt Breslau. Auch andere bedeutende Städte wie Glogau, Brieg, Oppeln und Ratibor säumen ihre Ufer. Durch den Klodnitzkanal, der bei Gleiwitz beginnt, wird das bevölkerungsreiche oberschlesische Steinkohlerevier mit der Oder, und damit auch mit Stettin und Berlin, verbunden. Die Oderschifffahrt war seit der Industrialisierung ein bedeutender Wirtschaftsfaktor und ist es immer noch.

Geografie Schlesiens

Schlesien ist etwa 400 Kilometer lang, durchschnittlich 120 Kilometer breit und besitzt damit eine Gesamtfläche, die ungefähr der der Schweiz entspricht. Dass Schlesien landschaftlich und kulturell eine große Vielfalt aufweist, hatte schon Goethe bemerkt, als er 1790 bei einer Studienreise Schlesien begeistert als „ein zehnfach interessantes Land“ pries. Die Landschaften können lieblich und schroff, romantisch und industriell geprägt sein. Da gibt es fruchtbares Flachland, dessen Lössböden den Bauern reiche Ernten einbringen, dann wieder dürre, sandige Waldböden mit Blaubeeren und Kiefernwäldern, die reichlich Holz liefern. Es gibt eine riesige Teichlandschaft, verschiedene Stauseen, anmutig gewellte Hügellandschaften, das Vorgebirgsland und schließlich die Gebirgskette der Sudeten und der Schlesischen Beskiden. Die Gipfel des Riesengebirges liegen schon oberhalb der Baumgrenze und haben fast alpinen Charakter. Etliche wertvolle Bodenschätze, mit denen Schlesien reich gesegnet ist, wie Erze, darunter auch Silber und Gold, Steinkohle, Granit- und Sandsteine sowie Mineralquellen

Neusalz in Niederschlesien, an der Oder gelegen, war schon im 19. Jahrhundert ein bedeutender Industriestandort. Nach 1945 wurden die großen Unternehmen unter polnischer Regie weitergeführt; viele überlebten die Wende 1989 aber nicht.

zogen Bergbau, blühende Industrien, Steinbrüche und Kurbäder nach sich, die viele Regionen Schlesiens bis heute prägen.

Seit 1945 gehört der größte Teil Schlesiens zu Polen, nur ein sehr kleiner Teil, die Gegend um Görlitz, ist bei Deutschland verblieben, und ebenfalls kleinere Gebiete im Südosten sind Teil von Tschechien. Über die Gipfel der Sudeten verläuft die Grenze zwischen Polen und Tschechien.

Wer von Nordwesten her nach Schlesien fährt, wird über die endlosen Kiefernwälder erstaunt sein, die sich auf dürren flachen Böden weithin erstrecken. Das Flachland, die Schlesische Tiefebene, grenzt im Westen an die Lausitz, im Norden an Großpolen und im Osten an Kleinpolen. Sie wird im weiteren Verlauf nur von zwei Höhenzügen unterbrochen: vom Annaberg im Osten und vom Zobten bei Breslau. Erst mit Überqueren des Bober, eines wichtigen Nebenflusses der Oder, beginnt fruchtbares Bauernland. Diese reiche Lösszone erstreckt sich in südöstlicher Richtung bis nach Oberschlesien, wobei die Gebiete westlich der Oder besonders ertragreich sind. Diejenigen östlich der Oder weisen eher karge Böden auf. Der Norden Schlesiens wird vom Trebnitzer Landrücken gebildet, einer eiszeitlichen Moräne, die 270 Meter Höhe erreicht und deren mittlere Partie Katzengebirge genannt wird. Im Norden von Breslau erstreckt sich inmitten von Wäldern und Feldern die Militscher Teichlandschaft, die aus natürlichen Flüsschen und Sümpfen hervorging.

Die landschaftlich reizvollsten Regionen Schlesiens finden sich in den Bergen der Sudeten und der Beskiden, die sich von Südwesten nach Südosten erstrecken. Höchster und bekanntester Teil der Sudeten ist das Riesengebirge mit der 1602 Meter hohen Schneekoppe, ein Mittelgebirge mit einigen subalpinen Bereichen. Westlich des Riesengebirges schließt sich das Isergebirge an, östlich das Waldenburger Bergland und nördlich die Schlösser- und Gärten-Landschaft des Hirschberger Tals sowie das Bober-Katzbach-Gebirge. Heute noch sichtbar ist der vulkanische Ursprung dieses Gebirges an kegelförmigen Bergen und eindrucksvollen Basaltformationen. Südöstlich des Waldenburger Berglands ragt das Glatzer Bergland auf, das in ein leicht hügeliges reiches Bauernland übergeht. Als im ausgehenden 18. Jahrhundert im bis dahin ländlichen, waldreichen Oberschlesien Steinkohle entdeckt wurde, änderte sich der Charakter dieser Region grundlegend. Im Laufe der Zeit entstand hier eine ausgedehnte Industrielandschaft, die dem Ballungsraum des Ruhrgebiets ähnelt. Südlich des oberschlesischen Kohlereviers erheben sich die Schlesischen Beskiden, in denen das Quellgebiet der Weichsel liegt.

Da Schlesien wenige natürliche Grenzen besitzt, war es immer ein Durchgangsland. Schon im Mittelalter spielte die Hohe Straße eine wichtige Rolle, die vom Rhein bis ans Schwarze Meer quer durch das schlesische Gebirgsvorland führte. Diese West-Ost-Verbindung kreuzte die Bernsteinstraße, die von der Ostsee durch Schlesien nach Süden führte. An diesem Kreuzungspunkt liegt das reiche und mächtige Breslau, die Odermetropole, Schlesiens unumstrittene Hauptstadt.

Wartha im Glatzer Bergland ist malerisch eingebettet in die hügelige Landschaft. Das Städtchen ist einer der bekanntesten Wallfahrtsorte Schlesiens.

Kaum ein Berg in Schlesien spiegelt die wechselvolle Geschichte des Landes so wider wie der Zobten: Seit dem Mittelalter befanden sich auf dem Gipfel mehrere Burgen und Kapellen, die immer wieder durch Kriege oder Naturgewalten zerstört wurden. Heute ist der Berg ein beliebtes Wandergebiet.

Eine bewegte Geschichte

In Schlesien werden wir in jedem Städtchen, in jeder Burg, selbst bei jedem Industriedenkmal mit der wechselvollen Geschichte der Region konfrontiert. Wir stoßen auf Spuren der jüngeren Geschichte, auf Hinterlassenschaften der sozialistischen Ära und des Zweiten Weltkriegs. Aber auch die ältere Geschichte ist überall lebendig. So werden wir angesichts vieler schlesischer Schlösser an den Glanz der preußischen Könige und an den sagenhaften Reichtum der Großgrundbesitzer und Industriebarone erinnert. Aber auch Spuren der Webertradition, des Bergbaus und der Industrialisierung begegnen uns vielerorts. Auf Schritt und Tritt stoßen wir auf Zeugnisse der preußischen und der österreichischen Zeit, des Dreißigjährigen Krieges mit seinen Religionsstreitigkeiten und auf Spuren des Mittelalters. Sogar manche Überreste aus der Frühzeit Schlesiens haben sich erhalten und werden in etlichen Museen ausgestellt.

Die Frühzeit

Eindrucksvoll und beherrschend ragt aus dem Schlesischen Flachland in der Nähe von Breslau der Zobten auf. Dieser Berg ist eng mit der frühesten Besiedlung Schlesiens verbunden und soll schon im 12. Jahrhundert v. Chr. als Kultstätte gedient haben. Über die graue Vorzeit in Schlesien gibt es viele Spekulationen. Siedelten hier in der Bronzezeit Angehörige der „Lausitzer Kultur", eine Art Urslawen, wie es zumeist von der polnischen Wissenschaft vertreten wird? Oder zogen zunächst germanische Stämme in diese Region? Gesichert scheint zu sein, dass im 4. Jahrhundert v. Chr. keltische Stämme einwanderten, die den Zobten als Kultstätte ausbauten. Diese Kelten sollen um 100 v. Chr. von germanischen Vandalen verdrängt worden sein. Auf sie folgten die Silingen, die Handel und Handwerk entwickelten. Ab dem 6. Jahrhundert n. Chr. dann übernahmen slawische

Stämme die Siedlungsplätze der Silingen. Nicht geklärt ist, ob der Name „Schlesien", lateinisch „Silesia", von den Silingen herrührt, oder ob er vom slawischen Wort „Ślęg" für Nässe, mooriges Sumpfgebiet stammt, ein Wort, mit dem der Zobten auf Polnisch heute noch benannt ist: Ślęża. Mittlerweile nimmt die Wissenschaft eine Kombination beider Positionen an: Der Name ganz Schlesiens soll auf den – slawischen – Namen des Zobten zurückgehen und dieser wiederum auf die Silingen. Nach 500 n. Chr. besiedelten westslawische Stämme auch andere Teile Schlesiens. Um Glogau herum saßen die Dedosizen, am Bober die Boboranen, bei Liegnitz die Trebowanen, bei Oppeln die Opolanen und um Leobschütz und Troppau herum die Golensizen.

Zwischen Böhmen und Polen

Um 900 begann das Nachbarland Böhmen seine Macht über Schlesien auszudehnen. Der böhmische Herzog Vratislav I. ließ an der Oder die Grenzburg Vratislavia (Breslau) errichten. Im 10. Jahrhundert kam Schlesien erstmalig mit dem Christentum von Prag aus in Berührung. Doch erweckte die Provinz auch Begehrlichkeiten des benachbarten polnischen Staates. So wurde Schlesien um 990 vom polnischen Herzog Mieszko I. erobert und im Jahr 1000 das Bistum Breslau als Teil der polnischen Kirchenprovinz gegründet. Schon früh war Schlesien, wie so oft in seiner bewegten Geschichte, ein Spielball verschiedener Machtansprüche. Das ganze 11. Jahrhundert war geprägt von den böhmisch-polnischen Auseinandersetzungen um den Zankapfel Schlesien, bis der „Glatzer Pfingstfriede" im Jahr 1137 die dauernden kriegerischen Konflikte zwischen den beiden slawischen Nachbarn Böhmen und Polen beendete.

Deutsche Besiedlung unter den Piasten

Ab 1138 wurde Schlesien ein Teilfürstentum der Dynastie der Piasten. Früh orientierte sich der erste schlesische Piastenherzog nach Deutschland. In der Folge kamen deutsche Mönche nach Schlesien, die an der Oder das älteste schlesische Zisterzienserkloster Leubus gründeten. Viele der schlesischen Piasten heirateten deutsche Fürstentöchter. Die bekannteste war die Gemahlin Herzog Heinrichs I., die hl. Hedwig aus dem bayerischen Andechs, die als Patronin Schlesiens bis heute verehrt wird. Während der Regierungszeit Heinrichs I. wurden die Klöster Trebnitz, Heinrichau, Grüssau, Kamenz und andere gegründet. Auch deutsche Siedler wurden ins Land gerufen. Nach der Schlacht gegen die Mongolen bei Wahlstatt im Jahr 1241, bei der Heinrich II., der Sohn von Hedwig und Heinrich I., umgekommen war, strömten in noch größeren Scharen als zuvor deutsche Handwerker, Kaufleute, Bauern, Bergleute, Ritter und Mönche nach Schlesien. Sie waren dem Ruf der Piasten gefolgt, das dünn besiedelte Land zu kultivieren. Die neuen Kolonisten kamen zumeist aus Franken, Thüringen und Sachsen und erschlossen sich neue Gebiete durch Rodungen und durch das Trockenlegen von Sümpfen. Oft legten sie ihre neuen Dörfer neben älteren slawischen Siedlungen an, deren Namen sie meist übernahmen. Dank ihrer

In diesem Historiengemälde des berühmten polnischen Malers Jan Matejko aus dem 19. Jahrhundert wird gezeigt, wie die Christianisierung des Ostens voranschritt: Links empfängt jemand die Taufe, rechts schicken sich Soldaten an, das Land zu erobern. Das Ganze wurde zur Zeit der Entstehung des Gemäldes mit nationalem Pathos überzogen, symbolisiert durch den Wimpel mit dem polnischen Adler rechts oben.

Ausdruck schlesischen Kaufmannsstolzes: das mittelalterliche Rathaus auf dem Breslauer Ring, dem großen, rechteckigen Marktplatz im Zentrum der Stadt.

Dreifelderwirtschaft und dem eisernen Pflug als Ackergerät erzielten sie hohe Ernteerträge. Die deutschen Siedler gründeten neue Städte und legten sie nach immer demselben Schema an. Zunächst wurde das Rathaus auf einem zentralen Marktplatz, schlesisch „Ring“, errichtet. Dann wurden die Straßen darum herum schachbrettförmig angelegt. Diese typischen Kolonistenorte begegnen uns in Schlesien auf Schritt und Tritt. Mit der Zeit verschmolzen die deutschen Siedler mit den slawischen Ureinwohnern in friedlichem Miteinander zu einem neuen Volksstamm, den Schlesiern. Ab 1270 geriet Schlesien abermals ins Spannungsfeld zwischen Böhmen und Polen, bis der polnische König Kazimierz III. 1335 unter Eid erklärte, dass Polen keinerlei Ansprüche auf Schlesien habe und niemals haben werde, womit sich die letzten politischen Bindungen Schlesiens an Polen lösten. Nach dem Verzicht Polens wurden die schlesischen Fürstentümer der böhmischen Krone unterstellt.

Durch den wichtigen Verkehrs- und Handelsweg der Hohen Straße blühte Schlesien mit der Hauptstadt Breslau wirtschaftlich auf. Breslau wurde 1387 sogar Mitglied der Hanse. Doch ab 1421 wurde Schlesien zum Schauplatz der Hussitenkriege, angezettelt von religiösen Fanatikern aus Böhmen, die deutschfeindlich gesinnt waren. In Schlesien brannten sie zahlreiche Städte und Dörfer nieder und verwüsteten ganze Landstriche. Doch auch nach diplomatischer Beendigung der Hussitenkriege kam Schlesien wegen der Streitigkeiten zwischen Böhmen und Polen nicht zur Ruhe. Eine merkliche Dezimierung der Bevölkerung und ein wirtschaftlicher Niedergang waren die spürbaren Folgen.

Unter habsburgischer Herrschaft

Ein neues Kapitel in der Geschichte Schlesiens begann im Jahr 1526, als Erzherzog Ferdinand von Österreich König von Böhmen wurde. Nun wurde Schlesien Teil der Habsburger Monarchie und damit von Österreich, von Wien geprägt. Sehr zum Missfallen der neuen Herrschaft setzte sich in Schlesien und Breslau die Reformation durch, denn viele Bürger und Adelige wollten sich dem Einfluss der katholischen Kirche entziehen. Ein Großteil der Bevölkerung trat zum neuen Glauben über. Also bemühten sich die katholischen Habsburger unter Kaiser Rudolf II. ab 1576, durch die Gegenreformation die „abtrünnigen“ Schlesier zu rekatholisieren. Zwischen 1618 und 1648 wütete der Dreißigjährige Krieg, ein Religionskrieg zwischen dem protestantischen und dem katholischen Lager, der in Schlesien große Verwüstungen anrichtete und Elend und Tod mit sich brachte. Im Westfälischen Frieden von 1648 wurden den evangelischen Schlesiern drei Friedenskirchen in Glogau, Jauer und Schweidnitz zugebilligt, von denen zwei heute noch zu bewundern sind. Da die systematische Unterdrückung der evangelischen Konfession andauerte, musste erst 1707 in der Altranstädter Konvention

In der Schlacht bei Hohenfriedberg in der Nähe von Striegau besiegten 1745 die Preußen die Österreicher. Der Historienmaler Carl Röchling stellt den Angriff des preußischen Grenadiergardebataillons lebensecht dar.

die Religionsfreiheit wiederhergestellt und den evangelischen Gläubigen sechs Gnadenkirchen in Freystadt, Sagan, Militsch, Hirschberg, Landeshut und Teschen gewährt werden. Die Konfessionsgrenzen, die in dieser Zeit entstanden, hielten sich bis 1945: Oberschlesien, die Gegend um Neiße, die Landkreise Münsterberg und Frankenstein sowie die Grafschatz Glatz waren vorwiegend katholisch, das westliche Niederschlesien überwiegend evangelisch. Als Zeugnisse der habsburgischen Herrschaft mit ihrer südlichen Prägung sind in ganz Schlesien heute barocke Kirchen und Bürgerhäuser, Marien- und Nepomuksäulen, Schlösser und andere glanzvolle Prachtbauten zu bewundern. Ein besonderes Glanzstück ist das heutige Gebäude der Breslauer Universität, die Leopoldina, die 1702 als Jesuitenhochschule in Breslau gegründet wurde. Zur Zeit des Barock stammten die besten deutschen Schriftsteller aus Schlesien. Autoren wie Martin Opitz, Christian Hoffmann von Hoffmannswaldau, Daniel Casper von Lohenstein, Andreas Gryphius und Angelus Silesius machten Schlesien zu einem Hauptzentrum der deutschen Literatur.

Schlesien wird preußisch

Die Provinz Schlesien erweckte aufgrund ihrer ertragreichen Landwirtschaft, ihrer Bodenschätze und ihrer Leinenproduktion auch die Begehrlichkeiten anderer Mächte. So zettelte der junge Friedrich II. von Preußen unter einem zweifelhaften Vorwand drei Schlesische Kriege gegen Österreich an. Im Ersten Schlesischen Krieg von 1740 bis 1742 eroberten die preußischen Aggressoren ganz Schlesien. Doch waren noch weitere Kriege vonnöten, nämlich der Zweite Schlesische Krieg 1744/45 und der Siebenjährige Krieg von 1756 bis 1763, um den

Diese Reiterstatuette Friedrichs des Großen befand sich ehemals auf Schloss Kamenz in Schlesien.

Das im oberschlesischen Gleiwitz gegossene Eiserne Kreuz von 1813 wurde bei den Kriegen, die Preußen und Deutschland bis 1945 führten, immer wieder neu gestiftet.

neuen Besitzstand Schlesien zu wahren. Mit dem Frieden von Hubertusburg 1763 wurden die Teilungsgrenzen bestätigt. Fast ganz Schlesien wurde Preußen endgültig zugesprochen, während Österreich nur einen kleinen südlichen Rand, Österreichisch-Schlesien, behielt. Maria Theresia soll über den Verlust des „wertvollsten Edelsteins" in ihrer Krone, wie sie Schlesien nannte, untröstlich gewesen sein.

Mit der Eroberung Schlesiens stieg Preußen nun zu einer Großmacht auf. Durch heute noch eindrucksvolle Festungsbauten sicherte Friedrich der Große die Grenze zu Österreich. Die Schlesier mussten sich nun von Wien lösen und sich nach Berlin orientieren. Nach der altösterreichischen Lässigkeit in Wirtschaft und Verwaltung verwandelte Friedrich Schlesien in eine straff verwaltete preußische Musterprovinz. Er gewährte den unterschiedlichen Konfessionen Toleranz und gestattete auch Juden die verstärkte Ansiedlung in Schlesien. Zusätzlich rief er neue Siedler ins Land, um die Menschenverluste durch die Schlesischen Kriege auszugleichen. 1763 schrieb er: „Wenn ich das Unglück des Krieges wieder gutmache, werde ich zu etwas gut gewesen sein, und damit begnügt sich mein Ehrgeiz." Wirtschaftlich gesehen galt sein Interesse vor allem der Textilherstellung. Zur Erschließung der reichen Bodenschätze Oberschlesiens zog Friedrich Fachleute von außerhalb heran. Große und bleibende Sympathien in der Bevölkerung errang er dadurch, dass er oftmals Reisen nach Schlesien unternahm, um als „guter Landesvater" die Fortschritte im Aufbau der Provinz mit eigenen Augen zu begutachten, was die Habsburger nie getan hatten. Bereits 1741 hatte Friedrich II. geschrieben: „Ich habe mir vorgenommen, aus Schlesien die blühendste und glücklichste meiner Provinzen zu machen."

Durch die Napoleonischen Kriege 1806/07 wurde Schlesien wieder zum Kriegsschauplatz. 1810 wurden die schlesischen Klöster aufgelöst und verstaatlicht. Im Jahr 1813 jedoch stieg Breslau zum Zentrum der Erhebung gegen Napoleon auf. Von hier aus erließ König Friedrich Wilhelm III. den „Aufruf an mein Volk", hier stiftete er das Eiserne Kreuz. Die Breslauer Jahrhunderthalle von 1913 erinnert noch heute an dieses Zeit.

Durch den Aufstand der schlesischen Weber im Eulengebirge 1844, der blutig niedergeschlagen wurde, geriet Schlesien durch die Not und das Elend seiner Bewohner wieder in den Fokus der ge-

Schloss Pleß ist einer der oberschlesischen Paläste, die uns noch heute vor Augen führen, welchen Reichtum die Bergbaumagnaten der Region ansammeln konnten.

samtdeutschen Öffentlichkeit. Von hier aus drang neues soziales Gedankengut aus der Provinz in die Hauptstadt Berlin. Viele Schlesier gingen im 19. Jahrhundert nach Berlin, um dort Arbeit und ein besseres Leben zu finden. Besonders stark waren die sozialen Gegensätze in den Zechen und der Hüttenindustrie Oberschlesiens. Der unglaubliche Reichtum der mächtigen oberschlesischen Magnatenfamilien Henckel von Donnersmarck, der Fürsten von Hohenlohe und der Fürsten von Pleß zeigt sich auch heute noch in prachtvollen Schlossbauten. In dem innerhalb weniger Jahrzehnte aus dem Boden gestampften industriellen Ballungsgebiet mit seiner deutsch-polnischen Bevölkerung sammelte sich zunächst sozialer, dann nationaler Sprengstoff an, der dann explodierte, als der Erste Weltkrieg ausbrach: Nun wurden die Nationalitätenkonflikte gewalttätig.

Die Synagoge im niederschlesischen Görlitz, zwischen 1909 und 1911 als Jugendstilgebäude errichtet, wurde zwar in der Zeit des Dritten Reiches kaum beschädigt, verfiel aber seit den 1960er-Jahren. Nach 1989 wurde mit der Sanierung begonnen, die 2019 noch nicht abgeschlossen war. Hier ein Blick in die Kuppel des teilsanierten ehemaligen Gotteshauses.

Nach dem Ersten Weltkrieg

1918 zerfielen das deutsche und das österreichische Kaiserreich und neue Nationalstaaten entstanden, so auch Polen und die Tschechoslowakei. Gemäß dem Versailler Vertrag fielen ab Januar 1920 Teile der schlesischen Kreise Guhrau, Militsch, Groß Wartenberg und Namslau an Polen und das Hultschiner Ländchen an die Tschechoslowakei. In drei polnischen Aufständen zwischen 1919 und 1921 versuchte der junge Staat Polen, seine Ansprüche auf das oberschlesische Industriegebiet geltend zu machen. Trotz der Volksabstimmung in Oberschlesien, die sehr günstig für Deutschland ausfiel – der größte Teil der Bevölkerung hatte für den Verbleib beim Deutschen Reich gestimmt –, wurde 1921 auf der Konferenz der Pariser Botschafter die Teilung Oberschlesiens beschlossen. Der östliche Teil, also die Kreise Kattowitz, Königshütte und Pleß sowie Teile der Kreise Beuthen, Groß Strehlitz, Hindenburg, Lublinitz, Ratibor, Rybnik, Tarnowitz und Tost, musste an Polen abgetreten werden. 1922 wurde die Teilung Oberschlesiens in eine deutsche und eine polnische Hälfte, die den Großteil der Industrie besaß, offiziell vollzogen.

Auf dem Weg in den Zweiten Weltkrieg

Wie überall in Nazi-Deutschland war die jüdische Bevölkerung ab 1933 auch in Schlesien Verfolgungen ausgesetzt. In der „Reichspogromnacht" 1938 wurden viele Synagogen in Schlesien zerstört und die oft sehr reichen, kulturell vielfältigen jüdischen Gemeinden zerschlagen. Einen Tag nach der Annexion des tschechoslowakischen Sudetenlandes durch das Deutsche Reich zwang Polen am 2. Oktober 1938 die Tschechoslowakei zur Abtretung des Teschener Olsa-Gebiets. Am 15. März 1939 wurde das tschechoslowakische Hultschiner Ländchen an Schlesien angeschlossen. Einen Tag nach dem fingierten Überfall auf den Gleiwitzer Sender begann dann am 1. September 1939 mit dem deutschen Überfall auf Polen der Zweite Weltkrieg. 1940 wurde das nur 20 Kilometer von der östlichen Grenze Oberschlesiens entfernt liegende Konzentrationslager Auschwitz eingerichtet, in dem nicht nur eine Million Juden ermordet wurden, darunter die aus Breslau stammende Edith Stein, sondern auch unzählige Polen, die sich den Germanisierungsbestrebungen widersetzt hatten. In Schlesien entstand zur selben

Zeit das Konzentrationslager Groß-Rosen. Nicht weit entfernt von Groß-Rosen bildete sich in Kreisau auf dem Gut des Grafen Helmuth James von Moltke eine Gruppe von Widerstandskämpfern gegen das NS-Regime, der „Kreisauer Kreis", der einen demokratischen Neuanfang in Deutschland nach Beseitigung der NS-Diktatur anstrebte. Aber nicht nur Moltke wurde wie viele andere hingerichtet, sondern auch der in Breslau geborene evangelische Theologe Dietrich Bonhoeffer und der katholische Dompropst Bernhard Lichtenberg aus Ohlau.

Ende des Zweiten Weltkriegs und Vertreibung der deutschen Bevölkerung

Während die Städte West- und Mitteldeutschlands seit 1942 verstärkt britischen und amerikanischen Bombenangriffen ausgesetzt waren, galt Schlesien lange, bis Ende 1944, als „Reichsluftschutzbunker". Erst im Januar 1945 wurde Schlesien erstmalig seit 1813 wieder zum Kriegsschauplatz, als die Rote Armee bei Kreuzburg die schlesische Grenze überschritt. Viele Schlesier, vor allem Frauen mit Kindern und alte Leute, versuchten zu fliehen, um der Willkür, der Zerstörungswut und den Vergewaltigungen durch die sowjetischen Truppen zu entgehen. Zehntausende kamen auf der Flucht im eiskalten Winter und durch Gewalteinwirkung ums Leben. Nach der Beendigung des Zweiten Weltkriegs am 8. Mai 1945 gab es für viele Schlesier noch kein Aufatmen. Durch das Potsdamer Abkommen der Siegermächte Amerika, England und der Sowjetunion am 2. August 1945 wurde die Westverschiebung des polnischen Staates und die Vertreibung der Deutschen jenseits der Oder-Neiße-Linie beschlossen, und zwar „in ordnungsgemäßer und humaner Weise". Die rechtlose deutsche Bevölkerung Schlesiens musste oft ein oder zwei Jahre noch mit plündernden Glücksrittern und der nach Schlesien gerufenen neuen polnischen Bevölkerung zusammenleben. Die meisten nicht sehr geordneten Massenaussiedlungen erfolgten dann bis zum Winter 1946/47. Zehntausende wurden zum Arbeitseinsatz in die Sowjetunion deportiert. Ebenfalls zehntausende Deutsche, meist Fachkräfte, mussten in Schlesien bleiben, um beim Wiederaufbau der zerstörten Industrien zu helfen, bis sie nicht mehr gebraucht und dann ausgewiesen wurden. In Oberschlesien wurde über eine Million zweisprachiger Bewohner zu „Autochthonen" erklärt und daher nicht ausgewiesen. Insgesamt kamen in Schlesien durch Flucht und Vertreibung mehrere Hunderttausend Menschen ums Leben.

Liebevoll wird im Schlesischen Museum in Kattowitz die alte Zeit nachgestellt. In dem polnischen Museum kann man einen Eindruck gewinnen, wie es im deutschen Schlesien zu Beginn des 20. Jahrhunderts aussah.

Schlesien wird polnisch

Mit der Vertreibung der Deutschen begann auch die Ansiedlung polnischer Bürger. Etwa 30 Prozent von ihnen waren ebenfalls Vertriebene aus Ostpolen, aus Galizien oder Wolhynien, heute Ukraine, der größere Teil kam aus Zentralpolen nach Schlesien. Mit propagandistischen Slogans wie „Rückkehr ins urpolnische Mutterland" oder in die „wiedergewonnenen Gebiete" versuchte die polnische Regierung, den neuen polnischen Siedlern das fremde, ehemals deutsche Schlesien schmackhaft zu machen.

Das Osterreiten hat im oberschlesischen Groß Peterwitz eine lange Tradition. Die katholischen Männer reiten durch den Ort und verkünden die Botschaft von der Auferstehung Jesu. Heute wird dieser Brauch von den Bewohnern des Ortes weitergeführt.

1950 erkannte die junge DDR die Oder-Neiße-Linie als neue polnische Westgrenze an. Einen Lichtblick in den verhärteten deutsch-polnischen Beziehungen stellte 1965 der Brief der polnischen Bischöfe an ihre deutschen Amtskollegen dar, in dem der Satz „Wir vergeben und bitten um Vergebung“ als ein erstes Zeichen der Bereitschaft zur Versöhnung gilt. Die Bundesrepublik Deutschland unterzeichnete im Dezember 1970 den Normalisierungsvertrag zwischen der Bundesrepublik und Polen. An den Streiks der 1980 gegründeten Gewerkschaft Solidarność waren auch Aufständische aus Breslau, Kattowitz und aus anderen Orten Schlesiens beteiligt. In den dramatischen Zeiten des zusammenbrechenden Kommunismus und der Wende trafen sich Helmut Kohl und der polnische Ministerpräsident Tadeusz Mazowiecki im November 1989 zu einer Versöhnungsmesse im schlesischen Kreisau. Im deutsch-polnischen Grenzvertrag vom 14. November 1990 wurde die Oder-Neiße-Linie als Grenze zwischen beiden Staaten anerkannt. Im selben Jahr wurden auch Vereinigungen der deutschen Minderheit in Oberschlesien erstmalig offiziell registriert und Vertreter der deutschen Minderheit in Kommunalräte gewählt. Der Vertrag zwischen der Bundesrepublik Deutschland und der Republik Polen über gute Nachbarschaft und freundschaftliche Zusammenarbeit wurde 1991 unterzeichnet.

In den 1990er-Jahren wurden die Verbindungen zwischen Polen und Deutschland immer vielfältiger. Damit rückte auch Schlesien wieder in das Zentrum Europas.

Auf politischer Ebene suchte die Regierung in Warschau den Anschluss an den Westen. Nachdem Polen 1997 offiziell der NATO beigetreten war, wurde das Land 2004 Mitglied der EU.

Auch kulturell näherten sich beide Länder an, wovon Schlesien profitierte. Im Januar 2005 wurde ein neues Minderheitengesetz im Warschauer Sejm verabschiedet. 20 Gemeinden in Oberschlesien mit mehr als 20 Prozent deutschsprachigem Bevölkerungsanteil konnten nun eine zweisprachige Ortsbeschilderung und Deutsch als Verwaltungssprache einführen. Heute ist man vielerorts im polnischen Schlesien bestrebt, die deutsche und österreichische Vergangenheit, die während der Zeit des Sozialismus tabuisiert wurde, als zu Schlesien gehörende anzuerkennen und neugierig zu entdecken.

Die deutschen Schlesier

Als die hl. Hedwig von Schlesien und ihr Mann Heinrich im 12. Jahrhundert deutsche Bauern und Handwerker ins Land riefen, war Schlesien recht dünn von Slawen besiedelt. Die Kolonisten gründeten Dörfer und Städte, belebten die Wirtschaft der Region und vermischten sich mit der Zeit friedlich mit den ansässigen Slawen. So entstanden die Schlesier, die, bis auf einige Regionen in Oberschlesien, deutschsprachig waren. Teilweise übernahmen sie die slawischen Ortsnamen, teilweise ersannen sie neue, die mancherorts sehr einfallsreich, lustig oder einfach schön klangen, wie Goldentraum, Wünschelburg, Hummelschloß, Himmelwitz, Guttentag, Ziegenhals, Mondschütz, Wohnwitz oder Kostenblut.

Der aus Kreuzburg stammende Schriftsteller Gustav Freytag charakterisierte um 1850 die besonders Art der Schlesier wunderbar treffend: „Nur unsichere Ahnungen hatte man früher in der Außenwelt von dem schlesischen Gemüt: dem allerliebsten Gemisch von polnischer Lebhaftigkeit und altsächsischer Bedächtigkeit, von gutmütiger Einfalt und kalkulierendem Scharfsinn, von sentimentaler Weichheit und reflektierender Ironie, von lauter Fröhlichkeit und andächtigem Ernst. ... Alles, was man auf Erden nur werden kann, wird der Schlesier mit Leichtigkeit: Engländer und Russe, Minister und Seiltänzer, Posaune und Klapphorn, fromm und gottlos, reich und arm. Am liebsten wird er allerdings Poet, weil ihm das die Einseitigkeit erspart, etwas Spezielles zu werden.“ Tatsächlich hat Schle-

Am Annaberg sind oft schlesische Landsmannschaften zu sehen, die aus Deutschland in ihre alte Heimat reisen. Hier eine Gruppe aus München.

REZEPT „SCHLESISCHES HIMMELREICH“

Das deftige Fleischgericht mit dem sprechenden Namen ist das bekannteste Gericht der schlesischen Küche. Man weicht dafür 375 Gramm Backobst über Nacht in einem Dreiviertelliter kaltem Wasser ein. Dann köchelt man 375 Gramm Rauchfleisch oder geräucherten Schweinebraten ebenfalls in einem Dreiviertelliter Wasser etwa eine halbe Stunde lang. Danach gibt man das Backobst mit dem Einweichwasser zum Fleisch, schmeckt es mit einer Zimtstange und einer abgeriebenen Zitrone ab und köchelt alles zusammen eine weitere halbe Stunde. Man nimmt alles heraus und lässt es in einem Sieb gut abtropfen. Vom Kochsud nimmt man einen halben Liter weg und lässt ihn köcheln. Dann zerlässt man 30 Gramm Butter und schwitzt 30 Gramm Mehl darin an, das man mit etwas Kochbrühe ablöscht. Damit bindet man den halben Liter köchelnder Brühe und schmeckt sie mit Salz, Zucker und etwas Zitronensaft ab. Nun schneidet man das Fleisch in Scheiben und lässt es zusammen mit dem Backobst in der Soße nochmals heiß werden. Traditionell serviert man zum Schlesischen Himmelreich Semmelklöße.

sien eine Fülle bedeutender Schriftsteller hervorgebracht. Einer von ihnen ist der Literaturnobelpreisträger Gerhart Hauptmann, der wie Gustav Freytag von der doppelten Prägung der Schlesier spricht, eine Prägung, die Widersprüche in sich vereinen kann. Hauptmann bezeichnet die besondere schlesische Art mit dem Dialektwort „das Getuppelte“, was nichts anderes als „das Gedoppelte“ heißt. Hiermit ist das „Jaja Neinnein“ der Schlesier umfasst, die zwei Wirklichkeiten im Spannungsfeld zwischen Realität und Mystik in sich vereinigen können. Vielleicht lag es am Reichtum des Landes, seinen meistenteils guten Lössböden, seinen reichen Ernteerträgen und Erzvorkommen wie Gold und Silber, dass sich in Schlesien über die Jahrhunderte ein vielfältiger Reichtum in verschiedenen Bereichen des Lebens herausgebildet hat: in der Küche, beim Dialekt, beim Witz und beim Brauchtum.

Die schlesische Küche

Unter den traditionellen Küchen zählt die schlesische zu einer der vielseitigsten überhaupt, wohl auch deshalb, weil sie etlichen Einflüssen durch ihre direkten Nachbarn unterlag. So kann man bei einigen Gerichten polnische Prägungen erkennen, wie beim Karpfen in polnischer Soße, bei den polnischen Klößen oder bei der oberschlesischen Sauersuppe, dem Dschur (von polnisch Żurek). Es ist eine deftige Küche mit vielen Fleisch- und Fischvariationen, Würsten, gehaltvollen, teilweise süß-sauren Soßen und Klößen. Auch Nachtische und Kuchen sind reichhaltig, vor allem die süßen Mehlspeisen, der Streuselkuchen, die Pfefferkuchen, die „Liegnitzer Bomben“, das „Neißer Konfekt“, die Mohnklöße und der Mohnkuchen. Übrigens wurde Mohn die Fähigkeit nachgesagt, die Verbindung zwischen Diesseits und Jenseits herzustellen. Heute noch aufrechterhalten werden diese Backtraditionen unter anderem in der schlesischen Bäckerei Hutzelmann in Berlin und vom Hübner-Bäcker in Horka nördlich von Görlitz.

Die Semmelklöße waren so begehrt, dass sie sogar in einem Gedicht in niederschlesischem Dialekt besungen wurden: „De Hauptsache – doas soa (das sage) ich Euch – / von insem (unserem) schläscha Himmelreich / doas sein do bluß de Kließla! (Klöße) // Woas nützt a Brota (Braten) schein und gruß (schön und groß), / wenn ma Kartuffeln frassa muß / als Zutoat – und kee Kließla? // Denns beste halt – doas soa ich Euch – / vo insem schläscha Himmelreich / doas sein und blein (bleiben) de Kließla!“

2003 erhielt der in Niederschlesien geborene Kabarettist Dieter Hildebrandt den Kulturpreis Schlesien, mit dem das Land Niedersachsen Persönlichkeiten auszeichnet, deren Werk Bezüge zu Schlesien aufweist. Hier ist Hildebrandt mit seiner Frau Renate Küster zu sehen.

Wasserpolnisch

Der Dialekt, der bis 1945 in Nieder- und Mittelschlesien von etwa sieben Millionen Menschen in verschiedenen Unter-Mundarten gesprochen wurde, ist ein ostmitteldeutscher Dialekt, der sich, wie Gustav Freytag schreibt, „allmählich aus dem Zusammenstoß fränkischer und sächsischer Kolonistensprache mit slawischen Lauten gebildet hat“. Durch die gedehnte Umformung der Vokale (Schaf zu Schoof, groß zu gruuß) klingt dieser Dialekt gemütlich und bäuerlich-behäbig. Zwar galt es in Schlesien als fein, „herrsch“ zu sprechen (so wie die Herrschaft), also hochdeutsch, und nicht zu „pauern“ (so wie die Bauern). Aber mit dem lautlich kräftigen Dialekt, seinem Reichtum an Synonymen und seiner Vorliebe für Verkleinerungen (statt Hündchen Hundele) konnten die Schlesier ihre Gefühlswelt, ihre Zärtlichkeit und ihren Witz ausdrücken. Von der hier geschilderten Mundart unterscheidet sich das deutsche Oberschlesische wesentlich. Es ist ein hartes Hochdeutsch mit einigen polnischen Einsprengseln („poschondek machen“ für Ordnung machen, von poln. porządek = Ordnung). Das polnische Oberschlesische, das sogenannte Wasserpolnische, ist wiederum ein polnischer Dialekt mit deutschen Elementen.

Schlesischer Witz

Sprachspielereien sind ein Hauptmerkmal des schlesischen Witzes. Der oberschlesische Witz stammt vorwiegend aus der proletarischen Umwelt der Zechen und Gruben und hat die beiden originellen Figuren Antek und Franzek hervorgebracht. So heißt es in einem dieser Witze:

Antek sitzt mit Franzek schweigend auf einer Parkbank und seufzt. Franzek fragt: „Was seufst du?“ Antek antwortet: „Am liebsten Korn und ein Hälles.“ Oder: Antek fragt Franzek: „Wie gefällt dir in Ähe?“ Franzek antwortet: „Prima, meine Frau is ein Engel!“ Und Antek darauf: „Du Glicklicher, meine läbt noch!“

Den niederschlesischen Witz, in dem Bauern sowie Dorf- und Kleinstadthonoratioren im Mittelpunkt stehen, zeichnet ein Hang zu starker Übertreibung, Respektlosigkeit und vertrackter Schlitzohrigkeit aus. Nicht nur der Breslauer Volksschullehrer, der gerne trank, nahm die Sprache beim Wort, wenn er die Frage nach seinem Beruf mit den Worten beantwortete: „Am Tage bin ich Lehrer, abends aber voller.“ Auch der Reisende auf einem großen schlesischen Bahnhof tat desgleichen, wenn er auf die Heiße-Wiener-Rufe eines Würstchenverkäufers verärgert aus seinem Abteilfenster rief: „Will nicht wissen, wie Sie heißen!“ Aus der einfachen Bevölkerung mit ihrem typischen Sprachwitz ist während der NS-Zeit überliefert, dass auf den „Deutschen Gruß“ „Heil Hitler“ geantwortet werden konnte: „Heil du ihn!“ Einige der wichtigsten deutschen Kabarettisten, Werner Finck, Dieter Hildebrandt und Wolfgang Neuss, sind in Schlesien geboren. Bei ihnen ist das oft bilderreiche, barocke Spiel mit Wörtern und Begriffen stark ausgeprägt. Von Werner Finck, einem Meister des feinen Gespürs für den

Doppelsinn von Worten, sind zahlreiche Auftritte während der NS-Zeit überliefert, bei denen er ankündigte, immer wieder ins Manuskript schauen zu müssen, „denn ich bin es nicht mehr gewohnt, frei zu sprechen". Gerne begann er seine Auftritte mit erhobenem Arm und sagte: „Heil – wie war doch gleich der Name?" Nach 1945 sprach er sich entschieden für Demokratie aus: „Ich stehe hinter jeder Regierung, bei der ich nicht sitzen muss, wenn ich nicht hinter ihr stehe." Wolfgang Neuss spielte in Witzen gerne auf seinen Haschischkonsum an: „Ich rauche den Strick, an dem ich sonst hängen würde." „Alle Tage sind zwar gleich lang, aber unterschiedlich breit." Und Dieter Hildebrandt beschrieb einmal die Schwierigkeiten, Weihnachten 1945 in Bayern als Vertriebener aus Schlesien Mohn für die traditionellen Mohnklöße zu bekommen, unter dem Titel: „Der Mohn ist ausgegangen".

Brauchtum in Schlesien

Die deutschen Schlesier hatten ein reiches, jahreszeitliches Brauchtum entwickelt. So gab es in Schlesien vor Ostern, am vierten Sonntag der Fastenzeit, Laetare, den Brauch des Sommersingens, mit dem der Wintertod ausgetrieben wurde. Dieser wurde als Strohpuppe an einer Stange durchs Dorf getragen und schließlich auf den Äckern verbrannt. Danach sangen, tanzten und musizierten die Menschen und die Kinder schmückten sich mit Schneeglöckchen, Primeln und Palmkätzchen. Frühmorgens am Ostersonntag konnten Mädchen sich, ohne zu sprechen, das Osterwasser holen, von dem sie groß, stark und schön werden sollten. Ebenfalls zu Ostern gab es auf den Äckern das Kreuzelstecken, mit dem eine gute Ernte beschworen wurde. Am Ostermontag war es üblich, dass Jungen und junge Männer Mädchen und Frauen mit Wasser bespritzten, ein Brauch, der auch in Polen sehr verbreitet ist. Zur Mittsommernacht am 24. Juni, dem Johannisfest, wurde ein großes Feuer entfacht, ein Brauch noch aus der vorchristlichen Zeit, der mit allerlei magischen Praktiken verbunden war. Am 8. Juli begann mit dem Satz „Kilian stellt Schnitter an" die Ernte, die von munteren Erntefesten gekrönt wurde. Am Heiligabend wurde mancherorts mit der Flinte das Christkind vom Himmel geschossen. Zu essen gab es an dem Abend entweder Karpfen oder schlesische Weißwürste, die übrigens immer mehr Fleischer in Deutschland als weihnachtliches Produkt in ihr Angebot aufgenommen haben. Gerne sang man das schlesische Weihnachtslied „Markt und Straßen stehn verlassen" von Joseph von Eichendorff und das „Transeamus", das aus einem liturgischen Krippenspiel entstanden war und von Breslau 1945 nach Westdeutschland mitgebracht wurde. Überhaupt haben sich viele Vertriebene etwas Erde aus ihrem Garten oder von ihrem Acker in die neue Heimat mitgenommen, die später ins eigene Grab geschüttet werden sollte. Dieser östlich geprägte Erdkult zeigt eine magische Verbundenheit mit der alten Heimat.

Heute wird nicht nur von vertriebenen Schlesiern, sondern auch von Polen, deren Familien nach 1945 nach Schlesien kamen, das schlesische Brauchtum gepflegt. Hier wird der Barbaratag, der traditionelle Feiertag der Bergleute am 4. Dezember, in der Siedlung Nikischschacht in Kattowitz gefeiert.

Im März 1946 werden Deutsche aus Niederschlesien vertrieben. Nur mit dem Nötigsten bepackt, zogen sie nach Westen.

1945: Der große Bruch in der schlesischen Geschichte

Dass Landstriche und Provinzen nach verlorenen Kriegen einer anderen Herrschaft unterliegen, war im Verlauf der Menschheitsgeschichte immer verbreitet. Dass aber eine ganze Bevölkerung die Region verlassen muss, um den neuen Bewohnern einer anderen Nation Platz zu machen, kommt nur selten vor. Aber die Deutschen hatten den Krieg begonnen und verloren, sowie unvorstellbare Verbrechen begangen, und nun mussten sie dafür büßen. Die Absicht der siegreichen Alliierten England, Amerika und Sowjetunion, Deutschland zu bestrafen und zu schwächen, wurde auf der Potsdamer Konferenz im August 1945 besiegelt. Hier teilten der britische Premierminister Attlee, der dem während der Konferenz abgewählten Winston Churchill nachfolgte, sowie der amerikanische Präsident Truman und der sowjetische Diktator Stalin Deutschland in drei Gebiete auf. Den westlichen Teil bekamen die drei Westalliierten Amerika, England und Frankreich, woraus die Bundesrepublik hervorging, den mittleren Teil, also die spätere DDR, die Sowjetunion, und Ostdeutschland mit Schlesien, Pommern und Ostpreußen fiel an Polen. Denn da Polen selbst Gebiete in Ostpolen, nämlich Galizien und Wolhynien und die Städte Lemberg und Wilna, an die Sowjetunion verloren hatte, erhielt es nun zum Ausgleich die deutschen Ostgebiete.

Die deutsche Bevölkerung in Schlesien, die kriegsbedingt 1945 zumeist aus Frauen, Kindern und älteren Menschen bestand, erlebte nun zwischen 1945 und 1946/47 eine schwere Zeit. Viele Schlesier flohen bereits beim Herannahen der Front Anfang 1945 in Richtung Westen. Manche kehrten später noch einmal zurück, um festzustellen, dass in ihrer Heimat nun Polen ankamen, die ebenfalls dort leben wollten. Zum Teil handelte es sich um Polen aus dem Osten, zum Teil um frühere Bewohner der Gegend um Warschau, die staatlicherseits aufgefordert worden waren, in Schlesien das „urpolnische Mutterland“ wieder in Besitz zu nehmen und in die „wiedergewonnenen Gebiete“ zurückzukehren. Direkt in den Wirren des Kriegsendes hatten sich polnische Glücksritter aufgemacht, um die Häuser der geflohenen Deutschen zu plündern. In der Zeit sprach man von Schlesien als „wildem Westen“ Polens. Als die Deutschen zurückkamen, die sich nicht vorstellen konnten, dass ihre Dörfer und Städte bald nicht mehr zu Deutschland gehören sollten, begann ein häufig feindseliges Zusammenleben von neuen polnischen Siedlern und angestammten deutschen Bewohnern. Die Deutschen bekamen eine weiße Armbinde mit einem „N“ für „Niemiec“ (Deutscher) und wurden für rechtlos erklärt.

Die Vertreibung 1946

Nach dem unersprießlichen Zusammenleben setzte vor allem im Jahr 1946 die Vertreibung der deutschen Bevölkerung ein, die offiziell „ordnungsgemäße Überführung“ genannt wurde. Innerhalb weniger Stunden hatten die Deutschen die notwendigsten Sachen zu packen und sich an einem Sammelpunkt oder Bahnhof einzufinden. Haus, Möbel, Hof und Vieh mussten zurückgelassen werden, der Hausschlüssel sollte stecken bleiben. Die Deutschen wurden in Güterwaggons geladen und auf der Fahrt gen Westen oft noch einmal ausgeplündert. Glücklich schätzten sich diejenigen Schlesier, die in die Westzonen und nicht in die spätere DDR gelangten. Die meisten kamen in die britische Zone, die Franzosen weigerten sich, Vertriebene aufzunehmen, wohingegen Bayern vielen Sudetendeutschen aus Böhmen, aber auch Schlesiern eine neue Heimat bot. Die Schlesier wurden im Westen in den meisten Fällen nicht gut aufgenommen, viele wurden als „Zigeuner“ oder „Polacken“ beschimpft und voller Misstrauen beäugt. Daher versuchten die Vertriebenen oft, durch starken Integrationswillen und enorme Tüchtigkeit, sich etwas Neues aufzubauen, um das Verlorene zu ersetzen und sich so Respekt zu verschaffen.

Am Wirtschaftswunder und Aufbau des kriegszerstörten Deutschlands waren die Vertriebenen stark beteiligt. Die Schlesier hatten ihr Land, ihren zusammenhängenden dialektalen Sprachraum und ihr gemeinsames Brauchtum verloren und waren über die Bundesrepublik und die DDR versprengt worden. In der DDR durfte man nicht von Vertreibung, sondern höchstens von Umsiedlung sprechen. Ansonsten wurde dieses Thema tabuisiert, das Wort „Schlesien“ vermieden, Zusammenschlüsse von Schlesiern waren verboten. Im Westen konnten sich alle Vertriebenen in Landsmannschaften organisieren, sich dort treffen, ihren Dialekt und ihre Traditionen pflegen. Etliche Vertriebene aber lehnten diese Organisationen als zu rückwärtsgewandt ab, zumal die Landsmannschaften die Sehnsucht vieler Schlesier nach ihrer verlorenen Heimat mit Sprüchen wie „Schlesien bleibt unser“ politisch instrumentalisierten. Außer für die vertriebenen Schlesier und ihre Nachkommen fiel Schlesien und der gesamte ehemalige deutsche Osten über die Jahrzehnte dem Vergessen anheim.

Das änderte sich erst langsam durch die Wende und den Fall des Eisernen Vorhangs. Viele Schlesier reisen seither in die Orte ihrer Herkunft, lernen, oft in freundschaftlicher Weise, die heute dort wohnenden Polen kennen, interessieren teilweise auch ihre Nachkommen und andere aufgeschlossene Menschen für diese Region und tragen damit maßgeblich zur Völkerverständigung und Horizonterweiterung in Richtung Osten bei.

Manche versuchen, das Bekenntnis zu Schlesien über die Folklore an nachfolgende Generationen weiterzugeben, wie hier 1997 beim „Schlesiertag“ in Nürnberg.

Die Polen in Schlesien

Man kann sich den Bruch in der Geschichte Schlesiens um 1945 nicht drastisch genug vorstellen. Nieder- und Mittelschlesien wurden nach dem Ende des Zweiten Weltkriegs fast komplett neu besiedelt. Den neuen Bewohnern waren die Orte, Dörfer und Städte, die Landschaften und die vorgefundene Architektur fremd. Dass Feindseligkeiten und Rachegefühle gegen alles Deutsche bei den neuen polnischen Bewohnern nach 1945 an der Tagesordnung waren, ist nicht verwunderlich, waren doch in Polen durch den deutschen Angriffskrieg fast sechs Millionen Menschen, zumeist Zivilisten, umgekommen, davon etwa drei Millionen polnische Juden. Das starke Bedürfnis, alles Deutsche zu eliminieren, äußerte sich mancherorts in Schlesien darin, die deutschen Friedhöfe dem Erdboden gleichzumachen oder deutsche Inschriften aus alten Grabmälern oder sonstigen Steinen auszumeißeln. Beim Versuch, die feindliche deutsche Vergangenheit auszulöschen, wurden Aufschriften, Geschäftstafeln, Straßenschilder entfernt, die deutsche Sprache wurde verboten, die Geschichte tabuisiert und die Orte und Straßen neu benannt.

In den traditionell gemischt-konfessionellen Städten und Dörfern Nieder- und Mittelschlesiens gab es oft eine katholische und eine evangelische Kirche. Bei den katholischen Kirchen gelang den neuen polnischen, katholischen Bewohnern die kulturelle Inbesitznahme am leichtesten.

1948 arbeiten die Polen am Wiederaufbau des Breslauer Doms.

Die evangelischen Kirchen wurden manchmal umgewidmet, oft aber nicht mehr gebraucht und dem Verfall preisgegeben. Auch heute noch findet man immer wieder in diesen Gebieten Ruinen evangelischer Kirchen. Mancherorts aber wurden die protestantischen Kirchen restauriert und einer neuen Nutzung, z. B. einem Museum, übergeben. Die neuen Bewohner betrachteten die Häuser, die Landschaften, die Spuren der fremden Geschichte, überhaupt alles Vorgefundene mit Misstrauen. Sie richteten sich zwar in den ehemaligen deutschen Häusern und Möbeln ein, aber hatten auch lange das Gefühl, dass die Deutschen zurückkommen könnten und sie dann das Feld wieder räumen müssten. Noch bis in die 1990er-Jahre hinein gab es unter Kindern in Schlesien das Spiel „Die Deutschen kommen zurück".

Es gab in den propagandistisch genannten „wiedergewonnenen Gebieten" kaum etwas, woran man direkt anknüpfen konnte, keinen Dialekt, kein Brauchtum, keine Küche. Die neuen Bewohner, die aus Ostpolen nach Schlesien kamen, brachten nicht nur ihren östlichen Dialekt mit, einen sympathischen Singsang, der heute noch manchmal in Schlesien zu hören ist, sondern auch ihre Lieder, ihre Geschichten und ihre Küche. Heute noch wird diese Kultur in der „Karczma Lwowska", dem Lemberger Wirtshaus in Breslau, gepflegt.

Historische Tabus

Offiziell war im sozialistischen Polen zweierlei verboten: Ähnlich, wie in der DDR Schlesien tabuisiert wurde, sollte in Polen nicht an das verlorene Ostpolen erinnert werden, ein Verbot, das aber gerne von der Bevölkerung ignoriert wurde. Zum anderen wurde die deutsche Geschichte tabuisiert, ein Tabu, das relativ zäh und lange wirksam war und erst nach 1990 durch eine jüngere Generation hinterfragt wurde. So erscheinen in Schlesien seit den 1990er-Jahren Bücher, Romane und Krimis, die sich mit der deutschen Vergangenheit beschäftigen, die sogar die deutsche Zeit rekonstruieren und deutsche Romanhelden darin spielen lassen. Junge Studenten interessieren sich mittlerweile ganz unbefangen für die deutsche Geschichte, unternehmen seit Längerem schon freiwillige Exkursionen zu den schlesischen Festungsbauten Friedrichs des Großen, empfinden ein Gedicht des deutschen Autors Max Hermann-Neiße „als das schönste Gedicht über Breslau" und erobern sich ihre Stadt Breslau auf den Spuren von Edith Stein. Ein polnischer Student, der in Breslau geboren wurde und erst ganz normal dort aufwuchs, erzählt, dass ihm im Alter von 17 Jahren, als er ein historisches Bewusstsein entwickelte, die Stadt mit ihrer anderen Architektur und Geschichte plötzlich fremd wurde. Es habe erst des Oderhochwassers 1997 bedurft, dass er sich im Kontakt mit den Sandsäcken, den Steinen, dem Wasser, also mittels einer konkreten Berührung, der Stadt vergewisserte und seither durch die tatkräftige Rettung der Stadt ein neues Heimatgefühl Breslau gegenüber verspüre. Und vor einiger Zeit fragte ein junger polnischer Wissenschaftler in Kreisau, ob in Deutschland der schlesische, also der nieder- und mittelschlesische Dialekt noch viel gesprochen würde. Die Antwort, dass dieser Dialekt so gut wie ausgestorben sei, empfand er als traurig, „denn wir wollen

Durch das Oderhochwasser 1997 rückten Deutsche und Polen zusammen. Hier Bundeswehrsoldaten an der Oder.

Das Haus Schlesien bei Bonn gilt heute als eines der wichtigsten schlesischen Kulturzentren außerhalb der Region.

doch wissen, wie die Leute, die früher hier gelebt haben, gesprochen haben".

In Oberschlesien war die Situation nach 1945 etwas anders gelagert. Da es sich traditionell um eine deutsch-polnische Mischregion handelt, wurden nur die nicht polnischsprachigen Deutschen vertrieben, die anderen kurzerhand zu Polen erklärt, die dann nicht mehr deutsch sprechen durften. Zwar gab es in Oberschlesien wegen des Kohlereviers immer eine gewisse Bergbau-Folklore. Aber vor allem nach 1990 entwickelte sich eine spezielle oberschlesische Identität. Diese „Schlonsaken" setzen sich aus einheimischen Oberschlesiern zusammen, die nach 1945 aus verschiedenen Gründen in der Heimat blieben. Zum Teil bekennen sich diese Oberschlesier heute zur deutschen Minderheit, zum Teil suchen sie nach einer eigenen oberschlesischen Identität und bemühen sich um die Autonomie Oberschlesiens gegenüber Warschau.

Die deutsche Minderheit, die sich vor allem im Oppelner Raum findet, ist geprägt von einer einzigartigen Verschmelzung deutscher, polnischer und tschechischer Einflüsse. Hier gibt es einen eigenen Dialekt, eine eigene Küche und eigene Trachten, Lieder, Sitten und Bräuche, die sich erhalten haben. Unter diesen volkstümlichen Traditionen findet sich das Bärentreiben am letzten Karnevalssamstag, das in den schlesischen Dörfern um Oppeln bis heute gepflegt wird. Bei einem bunten, musikumrahmten Umzug mit verkleideten Dorfbewohnern von Haus zu Haus steht ein Bär im Mittelpunkt, der alles Böse symbolisiert, das den Menschen widerfahren kann. Die vom Bären aufgesuchten Hausbewohner müssen sich mit Geld, Süßigkeiten oder Alkohol vom Unglück freikaufen. Den Abschluss der lauten und geselligen Karnevalszeit bildet ein Trauerumzug mit verkleideten Dorfbewohnern, die symbolisch verschiedene Musikinstrumente beerdigen. Der populärste Frühjahrsbrauch ist das Ertränken der Strohpuppe Marzanna, die den Winter verkörpert. Diese Puppe wird am ersten Frühlingstag angezündet und von einer Brücke ins Wasser geworfen.

Zu Ostern verziert man hier nach mittelalterlicher Tradition Ostereier, die mit natürlichen Farbstoffen gefärbt und kunstvoll mit eingeritzten Pflanzenmotiven dekoriert werden. Nach der Ernte im Sommer findet das Erntedankfest statt, das mit einem Dankgottesdienst beginnt. Dorfbewohner tragen eine mit Naturgaben reich geschmückte Erntekrone in die Kirche. Dann zieht der Umzug mit verkleideten Dorfbewohnern durchs Dorf und mündet nach Erntekronen-Wettbewerb in einen munteren Tanzabend ein. Meist im Dezember findet das Federnrupfen oder -schleißen statt, bei dem sich Frauen gemeinsam die Zeit mit volkstümlichen

Geschichten und Gesängen vertreiben. Auch heute noch findet man in Oppelner Dörfern Vertreter mancher „aussterbender Berufe" wie Schmiede, Töpfer und Korbflechter. Ihre traditionellen Erzeugnisse stehen bei Touristen als Reisemitbringsel hoch im Kurs.

Schlesier in der Bundesrepublik

Nach 1945 wurde in der Bundesrepublik versucht, das kulturelle Erbe Schlesiens, Kunst und Literatur, Brauchtum und Trachten, Dialekte und Lieder, regionale Speisen und traditionelles Handwerk zu bewahren. Da die gemeinsame Landschaft als verbindende Größe fehlte, gerieten Bestrebungen der Landsmannschaften, die schlesische Identität mittels Trachten und Volkstanzvorführungen zu stärken, zu recht künstlichen Veranstaltungen. Verbindend waren und sind zumindest unter den katholischen Vertriebenen aus Schlesien die Schlesierwallfahrten, die an vielen Orten der Bundesrepublik regelmäßig stattfanden und -finden. Bei diesen Wallfahrten pilgern traditionsbewusste Schlesier gemeinsam zu Orten in der Bundesrepublik, wo beispielsweise die Heilige Anna verehrt wird. Diese Wallfahrten sind häufig Festivals der schlesischen Kultur – man trifft alte Freunde und Bekannte und pflegt das Brauchtum.

In den 1960er-, 1970er- und 1980er-Jahren wurden verschiedene Kulturhäuser, die sich zentral mit Schlesien beschäftigen, eröffnet, so das „Haus Schlesien" in Heisterbacherrott bei Bonn, das Gerhart-Hauptmann-Haus in Düsseldorf und das Oberschlesische Landesmuseum Ratingen. Nach der Wende kam das Schlesische Museum in Görlitz hinzu.

Hier wurde und wird nicht nur die schlesische Kultur bewahrt, sondern mittels Treffen, Seminaren, Vorträgen, Ausstellungen, Lesungen, Filmvorführungen, Konzerten und Konferenzen verlebendigt. Längst haben sich diese Häuser der grenzüberschreitenden Arbeit zugewandt. Der fruchtbare Austausch mit Polen und Tschechen führt zu einer Überwindung nationaler Grenzen auf allen Seiten und zur Neugierde auf das andere Land und auf eine vergessene Vergangenheit. Im polnischen Schlesien ist es heute gang und gäbe, das deutsche Erbe zu bewahren, zu pflegen und zu erforschen. Das Wissen in interessierten Kreisen Polens über das deutsche Schlesien dürfte mittlerweile größer sein als in Deutschland selbst, wo diese reiche, vielfältige Landschaft bei den meisten in Vergessenheit geraten ist. Es kommt sogar vor, dass die Bestände einiger Heimatstuben, die seit Jahrzehnten in der Bundesrepublik aufgebaut wurden, nach Schlesien gelangen. Heimatstuben sind lokale Einrichtungen, die meist die aus den Nachlässen Vertriebener stammenden Erinnerungsgegenstände an einzelne schlesische Orte gesammelt haben.

In Trachten aus Oberschlesien tanzen im Juni 2015 junge Leute zum Auftakt des Deutschlandtreffens der Schlesier in Hannover (Niedersachsen). Niedersachsen ist Partnerland der Schlesier, da die Mehrzahl der Vertriebenen nach dem Krieg dort eine neue Heimat fand.

NIEDERSCHLESIEN

Das Rathaus von Hoyerswerda wurde 1449 im Renaissancestil erbaut. Nach mehreren Stadtbränden in den folgenden 200 Jahren wurde das Gebäude mit seinem schmucken Rundbogenportal und dem angedeuteten Turm 1680 wiedererrichtet.

Was heißt hier schlesisch? Schlesien in Deutschland

Der nordwestliche Teil Schlesiens, von der Lausitzer Neiße in eine kleinere deutsche und eine größere polnische Hälfte geteilt, lebt vom Gegensatz zwischen Flachland, Wäldern und Bergen. Niederschlesien endet nicht an der deutsch-polnischen Grenze: Die Gegend rund um die Städte Görlitz, Muskau, Hoyerswerda, Ruhland, Niesky, Rothenburg und Weißwasser ragt nach Deutschland hinein. Aber diese Region gehörte traditionell nicht zum schlesischen Kernland, das seine Identität seit dem Mittelalter ausprägte. Erst ab 1825 gehörte sie zu Schlesien. Plötzlich sollte sich also eine Bevölkerung, die lange unter sächsischer Oberhoheit gestanden hatte, als Schlesier fühlen? Das konnte schon im 19. Jahrhundert nicht so einfach gelingen. Und später, nach dem Zweiten Weltkrieg, war in der DDR die Erwähnung von Schlesien geradezu verpönt.

Sorbische Traditionen

Heute werden hier weniger schlesische Traditionen gepflegt, sondern die des in der Lausitz beheimateten slawischen Volkes der Sorben. Ein Zentrum dieser Brauchtumspflege ist Hoyerswerda. Dieses Städtchen, das 1423 das Stadtrecht erhielt, wurde zwar in der DDR-Zeit wegen des Braunkohlekombinats Schwarze Pumpe zu einer sozialistischen Mustersiedlung ausgebaut. Aber in der denkmalgeschützten Altstadt von Hoyerswerda sind nicht nur der historische Marktplatz mit Rathaus und Sorbenbrunnen sehenswert, sondern auch die Lange Straße aus dem 18. Jahrhundert, ein Ensemble von eingeschossigen zusammenhängenden Handwerkerhäusern, das in Deutschland eine Rarität darstellt. Auch heute noch haben sich in der Region von Hoyerswerda eine Vielzahl sorbischer Bräuche erhalten, allen voran das besonders bunte und originelle Osterbrauchtum wie Osterwasserholen, Ostereierverzieren, Osterfeuer, Ostersingen und das traditionelle Osterreiten der katholischen Männer. Hoyerswerda steht ganz im Spannungsfeld zwischen Tradition und Moderne. Auf der einen Seite wird uraltes Brauchtum gepflegt, die früher angestammte sorbische Sprache kann als slawische Zweitsprache erlernt werden. Auf der anderen Seite zeugt nicht nur die innovative, sozialistische Musterstadt von der Moderne, sondern auch das Konrad-Zuse-Computermuseum von 2017. Der Computerpionier Konrad Zuse, der 1941 den ersten Computer der Welt gebaut hatte, wuchs in den 1920er-Jahren in Hoyerswerda auf, erfand schon als 14-jähriger Schüler einen Mandarinen-Automaten mit Wechselgeldausgabe und legte hier sein Abitur ab, worauf die Stadt in der heutigen Zeit der Digitalisierung stolz ist.

Niesky und Weißwasser

Auf dem Weg zur Lausitzer Neiße gelangt man zum Biosphärenreservat „Oberlausitzer Heide und Teichlandschaft“, das mit dem niederlausitzer Teil die größte zusammenhängende Teichlandschaft Mitteleuropas bildet. Die Vielfalt der Arten von Pflanzen und Tieren sucht hier ihresgleichen. Dass das nahe gelegene hübsche Städtchen Niesky 1742 von protestantischen Flüchtlingen aus Böhmen gegründet wurde und eine wichtige Niederlassung der frommen protestantischen Herrnhuter Brüdergemeine war, sieht man noch heute am denkmalgeschützten Zinzendorfplatz, der mit seiner protestantischen Kirche, dem bedeutenden Gymnasium und seinen klassizistischen Gebäuden das Zentrum des Ortes bildet.

Ein Glasmacher formt 1996 in Weißwasser in der Bärenhütte ein Kunstwerk aus Glas. 1997 musste der Betrieb eingestellt werden; heute kann man die Glasmachertradition im Glasmuseum von Weißwasser kennenlernen.

Weißwasser liegt inmitten braunkohlenreicher Kiefernwälder und der Lausitzer Seenlandschaft nahe der deutsch-polnischen Grenze. Da es über die Jahrhunderte in den großen Waldgebieten um die Stadt herum immer wieder zu verheerenden Waldbränden kam, gelang es 1902, den weltweit ersten Feuerwachturm, von dem aus man den Brandherd direkt orten konnte, zu entwickeln und patentieren zu lassen. Geprägt ist die Stadt vom Braunkohlenbergbau und von Glashütten. Hier hat Weißwasser noch einen weiteren Rekord zu verzeichnen: Die „Vereinigten Lausitzer Glaswerke“ galten um 1900 als das größte Glaswerk auf dem europäischen Festland. 75 Prozent der Bevölkerung arbeitete zu der Zeit in der Glasindustrie. Nicht nur Fensterglas und die damals neuen Osram-Glühbirnen wurden hier hergestellt, sondern auch geschliffenes Kristallglas. Die meisten historischen Gebäude der Stadt stammen aus der Blütezeit Weißwassers um 1900. Heute weisen Skulpturen, der Glasmacherbrunnen vor dem Bahnhof, die Stele Neuer Glasmacherbrunnen aus buntem Glas und das Glasmuseum auf diese, für den Ort wichtige Industriegeschichte hin.

RUHLAND

Obwohl auch Ruhland im allerwestlichsten Zipfel Niederschlesiens erst 1825 zu Schlesien kam, bekennt der Ort sich deutlich zu seiner knapp 200-jährigen Tradition. So ist am alten Zollhaus ein Schild mit der Aufschrift „Willkommen in Ruhland Oberlausitz/ Niederschlesien“ zu sehen, wobei „Niederschlesien“ in viel größeren Lettern prangt und das Schild vom schlesischen Adler bekrönt wird. Dieses Zollhaus erlangte übrigens in den 1960er-Jahren eine Berühmtheit als Hochburg der oppositionellen Jugendkultur in der DDR, ja, Ruhland galt als „Mekka der Osthippies“.

Ein Highlight für Eisenbahnfans: Bei Weißwasser gibt es noch eine historische Schmalspurbahn. Jahr für Jahr lockt die Bahn 40 000 Gäste aus nah und fern an.

Fürst Pückler-Muskau und sein berühmter Park

Das Fürst-Pückler-Eis, dieser Dreiklang aus Vanille-, Erdbeer- und Schokoladeneis, ist noch heute buchstäblich in aller Munde. Dass sein Schöpfer, der exzentrische Aristokrat Hermann Fürst von Pückler-Muskau, sich im 19. Jahrhundert als Reiseschriftsteller und als Landschaftsgartenkünstler hervorgetan hatte, ist weniger bekannt. Zeugnis legt davon die bedeutendste deutsche Parkanlage dieser Zeit ab, der großartige Landschaftspark in Muskau, der sich westlich und in größeren Teilen östlich der Neiße erstreckt, also im heutigen Polen. Die Parkareale, die sich nach 1945 auf polnischem Territorium befanden, wurden als Naturschutzgebiet behandelt und wucherten in der Folge zu. Erst nach der Wende konnte der gesamte Park wiederhergestellt und durch mehrere Brücken über die Neiße verbunden werden.

Romantik pur: Schloss und Park in Muskau entführen die Besucher in eine Traumwelt der Neorenaissance. Der nach Westen gelegene Mittelflügel des Schlosses weist zahlreiche Verzierungen und an seinen Enden unterschiedlich hohe Türme auf.

Pücklers romantisches Schloss

Zentrum des Parks ist das Neue Schloss auf deutscher Seite, ein märchenhaftes, romantisches Gebäude im Stil der Neorenaissance. Auch der Park ist, anders als ein Barockpark mit seiner starren Geometrie, als romantischer, mit der Landschaft verschmelzender englischer Garten angelegt. Fürst Pückler-Muskau unternahm ausgedehnte Reisen durch Europa und hielt sich vor allem lange in England auf, um dort die englischen Landschaftsparks zu studieren, die ihn zu seiner eigenen Parkgestaltung in Muskau anregten. Nicht nur, dass er die umgebende Landschaft in die gärtnerischen Anlagen mit einbezog, er entwickelte auch erfolgreich ein Verfahren, ausgewachsene Bäume in seinen Park zu verpflanzen, sodass er auf diese Weise geschickte und überraschende Blickachsen und -schneisen anlegen konnte.

Durch seine aufwendigen Anlagen und seinen exzentrischen Lebensstil geriet er in finanzielle Schwierigkeiten. Die monatelange Suche nach einer begüterten Braut in England verlief erfolglos. Stattdessen begann er, sich als Reiseschriftsteller zu etablieren, und feierte Erfolge in ganz Europa. Seine 1828 verfassten „Briefe eines Verstorbenen“ geben ein lebhaftes, anschauliches

Bild verschiedener Länder und ihrer Sitten, von Kunst und – damals neu – auch von Sport. Befeuert durch seinen nun endlich eintretenden finanziellen Erfolg, brach er nach Nordafrika auf, in den Sudan, nach Algier und Ägypten, wo er wie ein Staatsgast empfangen wurde. Weil Schloss Muskau für ihn zu kostspielig wurde, zog sich der Fürst 1845 nach Schloss Branitz zurück, dessen Umgebung er zu einem weiteren eleganten Landschaftspark gestaltete. Zeit seines Lebens blieb Pückler-Muskau dem Militär verbunden. 1866, mit 81 Jahren, meldete er sich noch einmal beim preußischen Generalstab als Freiwilliger, verschlief aber die für Preußen erfolgreiche Schlacht bei Königgrätz. Nach seinem Tod mit 86 Jahren wurde er 1871 in einer Erdpyramide im See des Branitzer Schlossparks beigesetzt.

Der Muskauer Park lohnt einen Besuch zu jeder Jahreszeit. Hauptbezugspunkt ist das Neue Schloss, dessen aufwendige Renovierung 2011 abgeschlossen wurde. Vom 35 Meter hohen Schlossturm lässt sich ein fantastischer Blick über den gesamten Park genießen. Im Alten Schloss befindet sich ein Museum, das Kavaliershaus dient heute als Moorbad. Auch das Tropenhaus mit Kakteen und die im maurischen Stil erbaute Orangerie sind sehenswert. Am eindrucksvollsten aber ist es, den mit großem Raffinement angelegten Spazierwegen zu folgen, die sich von Deutschland nach Polen und zurück schlängeln. Hier lassen sich immer wieder neue Ausblicke genießen und durch die Blickachsen neue Perspektiven auf Parkgebäude und auf die umgebende Landschaft entdecken.

Heute ist der Park ein Musterbeispiel an grenzüberschreitender Zusammenarbeit, getragen von einem Sinn für Schönheit, Romantik und Poesie jenseits der nationalen Grenzen.

Mit seinen 830 Hektar ist der Muskauer Park der größte Park auf dem europäischen Festland und gehört heute zum UNESCO-Weltkulturerbe.

LUGKNITZ (ŁĘKNICA)

Einen Kontrast zum romantischen Parkensemble bildet die Marktstadt in Lugknitz (Łęknica) auf der polnischen Seite der Neiße. Dieser Einkaufsmagnet – vor allem für deutsche Besucher – ist mit seinem ausgedehnten, überdachten Labyrinth von Verkaufsständen im wahrsten Sinne des Wortes ein Markt Hier findet man eine schier unbegrenzte Auswahl an günstigen Waren, vor allem Alkohol und Zigaretten, aber auch Blumen, Lebensmittel und Textilien, Korbwaren, Anglerbedarf und Tiernahrung. Auch das Tanken ist preiswerter als auf der deutschen Seite der Grenze.

Der Belvedere-Palast befindet sich auf der polnischen Seite des Muskauer Parks und gehört zu Lugknitz.

Von weither sichtbar ist das Wahrzeichen von Görlitz, die dichtbewaldete Landeskrone mit ihrem schönen Aussichtsturm. Der Hausberg der Görlitzer ist ein beliebtes Ausflugsziel.

Kleinod an der Lausitzer Neiße: Görlitz und Zgorzelec

Vom Gipfel der Landeskrone öffnet sich ein herrlicher Blick auf die nähere Mittelgebirgslandschaft, bei guter Sicht sogar bis zum Riesengebirge mit der Schneekoppe. Der mit Laubbäumen bewachsene Hausberg von Görlitz ist ein beliebtes Naturschutzgebiet. Die Umgebung ist einst durch aktive Vulkane entstanden.

Eine Stadt mit Geschichte

Seit 1945 ist Görlitz eine geteilte Stadt. Auf der westlichen, der deutschen Seite der Neiße liegt das Zentrum der Altstadt, auf der östlichen, der polnischen Flussseite, in Zgorzelec, befinden sich schöne Straßenzüge aus der Zeit um 1900. Obwohl Görlitz im Zweiten Weltkrieg nicht zerstört wurde, verfiel die Altbausubstanz während der DDR-Zeit und es gab kaum Verbindungen zwischen den beiden Stadthälften. Trotz der behaupteten Freundschaft zwischen den „sozialistischen Bruderländern" lag Görlitz damals eher in einem toten Winkel. Nach 1990 jedoch wurden neue Brücken über die Neiße erbaut. Auf der im Jahr 2004 errichteten, stark frequentierten Fußgängerbrücke in der Altstadt lässt es sich bequem von Deutschland nach Polen und zurück schlendern. Gleichzeitig wurden die historischen Gebäude rechts und links der Neiße durch aufwendige Restaurierungsarbeiten vor dem Verfall gerettet. Das von der EU geförderte Projekt „Brückenpark/Park Mostów" setzt sich die Wiederherstellung und Neugestaltung von

Grünanlagen und Freiflächen beidseits der Neiße zum Ziel. Seit 1998 nennt sich die deutsch-polnische Doppelstadt, die auch Mitglied der „Europaregion Neiße“ ist, noch zusätzlich „Europastadt“. Mit seinen über 4000 historischen Gebäuden aus der Zeit der Gotik, der Renaissance, des Barock und der Zeit um 1900 gilt Görlitz als das größte zusammenhängende Denkmalgebiet Deutschlands, ja die Stadt besitzt einen der besterhaltenen Stadtkerne Mitteleuropas. Aufgrund seiner unversehrten Altstadt wurde das Kleinod an der Lausitzer Neiße bereits zu DDR-Zeiten zu einem begehrten Filmdrehstandort, was ihm den Beinamen „Görliwood“ eintrug, die bedeutendsten Filme „made in Görlitz“ aber entstanden erst in den letzten Jahren. So wurde 2008 in Görlitz der Roman „Der Vorleser“ mit Kate Winslet in der Hauptrolle verfilmt. 2008 war Brad Pitt in der Rolle eines Nazijägers im Film „Inglourious Basterds“ bei den Dreharbeiten in „Görliwood“ zugegen. Und 2015 entstand hier die Verfilmung von Hans Falladas Roman „Jeder stirbt für sich allein“, wobei die alten Straßen von Görlitz das Berlin während der NS-Zeit darstellen sollten.

Zeugen der Vergangenheit

In der Geschichte der Stadt Görlitz wechselten immer wieder Blütezeiten mit Zeiten des Niedergangs ab. Am Kreuzungspunkt zweier Handelswege von Böhmen zur Ostsee und vom Westen bis Kiew gelegen, entstand um 1200 aus einer Kaufmannssiedlung eine planmäßige Stadtanlage. Tuchhandel und das Monopol für das Färbemittel Waid, die Farbe Blau für die Tuchfärbung, brachten der „Stadt der Türme“ im Mittelalter ihre erste Blüte und großen Wohlstand. Das älteste Haus der Stadt, das „Waidhaus“, ist auch heute noch in der Altstadt zu sehen. Als Waid aber durch Indigo aus Amerika ersetzt wurde, schrumpfte Görlitz langsam zu einer Provinzstadt zusammen. Wie reich und mächtig die Stadt einmal gewesen sein muss, lässt sich an etlichen Bauwerken auch heute noch ablesen. So sind noch drei Türme der mittelalterlichen Stadtbefestigung erhalten, darunter der beeindruckend wehrhafte Kaisertrutz. Mehrere gotische Kirchen zeugen vom einstigen Reichtum der Stadt, vor allem die imposante Kirche St. Peter

RUNDGANG DURCH GÖRLITZ

Wir beginnen unseren Rundgang durch die Altstadt an dem fast kreisrunden Bollwerk Kaisertrutz und dem mittelalterlichen Reichenbacher Wehrturm. Entlang schöner Renaissance- und Barockfassaden und der gotischen Dreifaltigkeitskirche überqueren wir den lang gestreckten Obermarkt und gelangen durch die enge Brüderstraße zum Untermarkt, der sich am Schönhof trichterförmig öffnet. Hier sehen wir das Rathaus mit der berühmten, geschwungenen Treppe, den Rathausturm mit der originellen Doppeluhr, das reich verzierte Neue Rathaus von 1903 und die markante Ratsapotheke mit den beiden Sonnenuhren.

Durch die typischen Laubengänge aus der Renaissance kommen wir zur Neißstraße, wo wir entlang prachtvoller Fassaden und Tore zur Kirche St. Peter und Paul gelangen, deren beherrschende Türme als eines der Wahrzeichen von Görlitz gelten. Ein Blick in die gotische Kirche ist lohnenswert, auch wegen der einzigartigen Sonnenorgel, bei der die Orgelpfeifen wie Sonnenstrahlen von 16 Sonnen angeordnet sind.

Wer gut zu Fuß ist, kann von hier einen Abstecher zum Heiligen Grab von 1504 machen, einer Nachbildung des Heiligen Grabes in Jerusalem, die eine beliebte Pilgerstätte ist. Über die Fußgängerbrücke über die Neiße gelangt man bequem nach Zgorzelec. Wir begeben uns in südwestlicher Richtung in die Altstadt zurück, wo man sich in diversen Restaurants am Ober- und Untermarkt nicht die typische schlesische Küche entgehen lassen sollte.

Eine Attraktion stellen die heute noch funktionierenden Rathausuhren dar: Der Kriegerkopf am unteren Zifferblatt bewegt seine Kinnlade und rollt mit den Augen, der steinerne Löwe im Spitzbogenfenster brüllt mittags und um Mitternacht.

Rechte Seite:
In Zgorzelec, auf der polnischen Seite der Görlitzer Altstadtbrücke, ist 2011 der Postplatz nach seinem historischen Vorbild neu entstanden. Der markante Turm links gehört zur Dreiradenmühle, einer von drei großen Getreidemühlen, die einstmals in Görlitz betrieben wurden.

und Paul, deren bedeutende Glasfenster leider bei der Sprengung der Neißebrücke durch die Rote Armee im April 1945 unwiederbringlich zersplitterten. Auch viele Bürgerhäuser aus der Renaissance und das Rathaus mit seiner berühmten Freitreppe lassen die vergangene Pracht erahnen.

Der „Schönhof" von 1525, in dem sich heute das Schlesische Museum befindet, ist das älteste Renaissancehaus Deutschlands. Typisch für Görlitz sind die alten Laubengänge meist aus der gotischen Zeit, die einst als Verkaufslauben dienten. Berühmtester Sohn der Stadt um 1600 ist der gottsuchende Schuhmacher Jakob Böhme, der aufsehenerregende philosophische und mystische Schriften verfasste.

In den Jahrhunderten zwischen dem Mittelalter und dem 19. Jahrhundert wechselte die Zugehörigkeit von Görlitz zwischen Böhmen, Brandenburg und Sachsen. Erst ab 1815 gehörte die Stadt zu Preußen. Die Industrialisierung im ausgehenden 19. Jahrhundert bescherte Görlitz eine zweite wirtschaftliche Blüte. Heute noch kann der Besucher durch die unversehrten, mit Fingerspitzengefühl restaurierten Wohnviertel spazieren, die um 1900 entstanden sind – und zwar auf beiden Seiten der Neiße. Auch Zgorzelec ist 1945 fast unzerstört geblieben, seine vielen Jugendstilhäuser werden heute Schritt für Schritt renoviert. Auf der polnischen Seite der Stadt steht eine 1902 erbaute Miniaturausgabe des Berliner Reichstags, die ehemalige „Oberlausitzer Gedenkhalle". Hier wurde 1950 das Abkommen zwischen der DDR und Polen zur Unverletzlichkeit der Oder-Neiße-Linie unterzeichnet. Die Halle wird auch für grenzüberschreitende Veranstaltungen wie etwa die „Literaturtage an der Neiße" genutzt. Auf der deutschen Seite ist beim Stadtpark die Stadthalle zu besichtigen, die 1910 für die „Schlesischen Musikfestspiele" entstand.

Schlesien oder Oberlausitz?

Da Görlitz erst 1919 zu Niederschlesien kam, hat sich in der Bevölkerung keine ausgeprägte schlesische Identität entwickeln können, zumal das Erinnern an Schlesien in der DDR geradezu verboten war. Nach 1990 wurde zwar in einem ersten Überschwang versucht, an die schlesische Vergangenheit anzuknüpfen. So bekamen Görlitz und Umgebung zunächst das Auto-

SCHLESIEN IN GÖRLITZ

Ebenso wie die zentral gelegene Buchhandlung „Schlesische Schatztruhe" ist auch das benachbarte Schlesische Museum im Görlitzer Schönhof eine wahre Fundgrube. Eine Fülle von Ausstellungsgegenständen aus und über Schlesien erwartet den interessierten Besucher. Besonders eindrucksvoll ist eine Wand, an der viele alte Schlüssel hängen. Es sind Hausschlüssel, die vertriebene Schlesier mit auf die Flucht nahmen, weil sie hofften, bald wieder in ihr Haus zurückkommen zu können. Als die organisierte Vertreibung begann, war es verboten, die Schlüssel mitzunehmen. Viele aber setzten sich über diese Anordnung hinweg. Später wurden viele dieser Schlüssel von ihren Besitzern oder deren Erben dem Museum geschenkt. Die Wand mit den schlesischen Schlüsseln zeigt die Sehnsucht nach einer Rückkehrmöglichkeit in die alte Heimat, die sich nie erfüllte.

Das Schlesische Museum befindet sich in einem prächtigen Renaissancebau.

kennzeichen NSL für Niederschlesien, neben der „Niederschlesischen Sparkasse“ lag die „Niederschlesische Handelsgenossenschaft“, an Fleischergeschäften war „Qualität aus Schlesien“ zu lesen und viele Restaurants und Cafés boten mit einem Mal traditionelle schlesische Küche an. Mittlerweile jedoch macht die ältere, angestammte oberlausitzer Identität der neuen schlesischen wieder den Rang streitig. Trotzdem: Der schlesische „Sträßelkuchen“, Mohngerichte und das süß-saure, deftige Gericht „Schlesisches Himmelreich“ erfreuen sich weiterhin großer Beliebtheit, sowohl bei Touristen als auch bei Einheimischen.

Seit über zwei Jahrzehnten, spätestens seitdem die Altstadt perfekt renoviert wurde, wandelte sich das einst im toten Winkel der DDR gelegene Görlitz zu einem Magneten für westdeutsche Rentner, die aus München oder aus dem Sauerland hierher ziehen. Wegen der preiswerten Mieten und der Schönheit der Stadt tauschen nicht wenige Senioren ihren bisherigen Wohnort mit Görlitz, das sie begeistert als ihre neue Heimat ansehen. Zwar trägt dieser Zuzug nicht unbedingt zu einer Verjüngung der Stadt bei, die eher auf der polnischen Seite zu verzeichnen ist. Aber in vielen Neu-Görlitzern, die sich an der Neiße ansiedeln, ist durch die Grenzlage nicht nur das Interesse an den polnischen Nachbarn gewachsen, sondern auch an der vielfältigen Region Schlesien, in die sich von hier aus bestens aufbrechen lässt.

Die Oberlausitzer Gedenkhalle (oft auch „Ruhmeshalle“ genannt), Anfang des 20. Jahrhunderts in wilhelminischem Stil errichtet, wird heute als Kulturhaus von Zgorzelec genutzt.

Der berühmte Astronom Johannes Kepler (1571–1630) lebte von 1628 bis kurz vor seinem Tod auf Einladung Albrecht von Wallsteins in Sagan, wo er für den Feldherrn als Astrologe arbeitete. Ein Denkmal Keplers befindet sich heute im Stadtzentrum von Sagan.

Wein und Wallenstein: Sagan, Sprottau, Freystadt und Grünberg

Das einstmals bedeutende Städtchen Sagan (Żagań) liegt inmitten der ausgedehnten Kiefernwälder Niederschlesiens am Bober, einem Nebenfluss der Oder. Seit dem 13. Jahrhundert schon war der Ort eine bedeutende Handelsstadt. Zeugnis davon gibt die gotische Stadtpfarrkirche St. Maria, deren Turm mit dem ersten Blitzableiter Schlesiens versehen wurde. Weit über seine Grenzen bekannt wurde Sagan im Dreißigjährigen Krieg durch den Feldherrn Wallenstein. Dieser ließ hier ein repräsentatives Schloss errichten. Das frühbarocke, von italienischen Baumeistern errichtete Gebäude wurde zum Vorbild für eine Reihe von schlesischen Schlossbauten italienischer Architekten. Mit seinen blockartigen Fassaden wirkt es fast wie eine Festung. Im 19. Jahrhundert war Fürst Hermann von Pückler-Muskau bei der Parkgestaltung im englischen Stil beratend tätig. Die kostbare Innenausstattung, darunter der Tisch, an dem 1815 die Beschlüsse des Wiener Kongresses unterzeichnet wurden, ging 1945 in Flammen auf oder wurde verschleppt. Heute sind im restaurierten Schloss Kultureinrichtungen untergebracht.

Westlich von Sagan liegt das alte Städtchen Sprottau (Szprotawa) mit seinem fast quadratischen Marktplatz. Sehenswert sind nicht nur die Reste der mittelalterlichen Stadtbefestigung, sondern vor allem das Rathaus, das einen Renaissanceturm und einen barocken Turm besitzt. Diese Doppelturmanlage ist in Schlesien einmalig.

Hatte es in der deutschen Zeit, wie so oft in Schlesien, auch in Sprottau katholische und evangelische Kirchen gegeben, so wurde nach 1945 wegen des katholischen Bekenntnisses der neuen polnischen Bevölkerung die evangelische Kirche vielerorts überflüssig. In Sprottau ist sie heute nur noch als gesicherte Ruine zu sehen. Im Turm der gewaltigen katholischen Stadtpfarrkirche aus der frühgotischen Zeit verbirgt sich der älteste Grabstein Schlesiens aus dem Jahr 1316. Etwa zehn Kilometer in östlicher Richtung befindet sich die unter Friedrich dem Großen angelegte Kolonie Sprottischwaldau, in der ein über 250 Jahre alter Maulbeerbaum aus dem Gründungsjahr 1776 zu bewundern ist.

Gut 20 Kilometer nördlich von Sprottau liegt das mittelalterliche Städtchen Freystadt (Kożuchów), dessen doppelte Stadtmauer mit dicken Tortürmen und Basteien fast vollständig erhalten ist und daher unbedingt einen Besuch lohnt. Obwohl im Zweiten Weltkrieg viel von der alten Bausubstanz vernichtet wurde, sind am Markt und in den Gassen der Altstadt

EIN SCHLESISCHER KINDERREIM

Wer einst den schlesischen Kinderreim „Sag an, mein Kind, so rau der Wind, Berlin, Stettin, wie viel Städte das sind" hörte, antwortete in der Regel: Na, zwei Städte, Berlin und Stettin natürlich. Woraufhin das gewitzte schlesische Kind vergnügt antworten konnte: Nein, es sind vier Städte, denn Sagan und Sohrau zählen auch noch dazu!

zahlreiche Bürgerhäuser aus dem 16. bis zum 19. Jahrhundert erhalten. Auch das mehrfach umgebaute gotische Schloss und die vom Ende des 13. Jahrhunderts stammende gotische Stadtpfarrkirche sind sehenswert. Das etwas klotzige Rathaus mit seinem Turm in der Mitte des Marktplatzes geht auf die Zeit des Klassizismus zurück. Um 1700 wurde vor den Toren der Stadt die evangelische Gnadenkirche „Zum Weinberge Jesu" errichtet, die von einem sehenswerten alten deutschen Friedhof mit schönen Grabdenkmälern und Grufthäusern umgeben ist. Von der Kirche selbst ist nur noch der Turm übrig geblieben.

Wein aus Schlesien

Das von Freystadt gut 20 Kilometer nördlich gelegene Grünberg (Zielona Góra) macht seinem Namen alle Ehre. Inmitten grüner Hügel gelegen, gilt es nicht nur als schlesische Weinstadt, sondern als nördlichstes zusammenhängendes Weinbaugebiet der Welt. Bereits seit dem frühen 14. Jahrhundert konnten die günstigen klimatischen Bedingungen und der ungewöhnliche Sonnenreichtum der Region für den Weinbau genutzt werden. Traminer Reben aus Tirol wurden hier angepflanzt und 1826 entstand die älteste deutsche Sektkellerei. Auch die tiefe Zäsur 1945 konnte dem Weinanbau in und um Grünberg langfristig wenig anhaben. Jedes Jahr im September zur Zeit der Weinlese knüpft man heute wieder an die jahrhundertealte Weintradition Grünbergs mit einem großen Fest an – und natürlich nicht nur mit Weinumzug, Gesang und Tanz, sondern auch mit der Verkostung des frischen Grünberger Weißweins (Monte Verde) sowie des Weins aus 30 niederschlesischen Kellereien. Zwar hatte der hiesige Wein seit jeher den Ruf, besonders sauer zu sein, weswegen er in Spottversen besungen wurde. So heißt es in einer abschätzigen Zeile „... aber der Grünberger / ist noch sehr viel ärger", und August Kopisch, der aus Breslau stammende Dichter der „Heinzelmännchen von Köln", dichtete: „Doch mehr zu trinken solch sauren Wein, / müßt ich ein geborner Schlesier sein." Dennoch ist der Grünberger Wein wesentlich besser als sein Ruf. Denn er bildete die Grundlage für eine moderne Schaumwein- und Weinbrandherstellung.

Zu Beginn des alljährlich stattfindenden Grünberger Weinfestes übernimmt Bacchus symbolisch die Macht über die Stadt.

RUNDGANG DURCH GRÜNBERG

Wir beginnen unseren Rundgang am Markt, wo das stattliche Rathaus mit dem schlanken, hohen Turm und die reichen Fassaden der Bürgerhäuser auf den früheren Wohlstand der Weinhändler hinweisen. Vorbei am Hungerturm schlendern wir durch die geschmackvoll renovierten Gassen der Altstadt und gelangen zur früheren evangelischen Kirche, einem typischen Fachwerkbau aus der Zeit Friedrichs des Großen.

Auf dem Weg zum Weinberg, dem Ziel unseres Spaziergangs, kommen wir an der katholischen Pfarrkirche St. Hedwig vorbei. An den steilen Hängen des Ziegelbergs, heute Weinpark, wachsen die Reben, aus denen der hiesige Weißwein gewonnen wird. In einem großen Palmenhaus befindet sich das schönste Café der Stadt, von dem aus man den Blick weit in die gesamte Umgebung schweifen lassen kann.

Die ehemalige evangelische Pfarrkirche am Marktplatz von Schlawa wurde 1834 als Dreifaltigkeitskirche gebaut. Der berühmte Architekt Karl Friedrich Schinkel plante das Gotteshaus als Ziegelbau, später wurde es verputzt. Innen sind schöne Emporen auf Säulen zu bewundern – die Kirche ist, wie man auch an der doppelten Fensterreihe von außen sehen kann, „zweistöckig".

Schlawa und Fraustadt

Östlich von Grünberg, jenseits der Oder, erstreckt sich eine weite Wald- und Seenlandschaft. Zu Schlesien aber zählt nur ein einziger See, der Schlawaer See bei Schlawa (Sława). Mit seinen fast zehn Kilometern Länge, anderthalb Kilometern Breite und nahezu 25 Kilometern Uferlinie ist er der größte See Schlesiens und trägt den Beinamen „Schlesisches Meer". Schon in der deutschen Zeit lebte die kleine Stadt vom Ausflugsverkehr. Auch heute wird der Tourismus rund um den See großgeschrieben. Der Schlawaer See ist nicht nur ein Paradies für Segler, sondern auch für Angler und Ruderer, für Wanderer und Fahrradfahrer. Im Winter treffen sich hier die Eissegler. Viele Unterkünfte, vor allem Ferienhäuschen, stehen für die erholungssuchenden Urlauber bereit. Auch die den See umgebenden ausgedehnten Wälder laden zu Wanderungen ein.

Das Städtchen Schlawa selbst wurde bereits 1312 urkundlich erwähnt. Die Stadt war niemals ummauert, besaß aber drei Stadttore. Eine gotische Pfarrkirche und ein Barockschloss prägen das Bild bis heute. Nur vier Kilometer nordöstlich verlief jahrhundertelang die Grenze zu Großpolen. So lebte Schlawa traditionell nicht nur von der Tuchmacherei und vom Fischfang, sondern auch vom Handel mit dem nahen Polen. In der Zeit des Nationalsozialismus wurden in allen Grenzregionen Orte umbenannt, deren Namen man nicht „deutsch genug" fand, in Oberschlesien ebenso wie in Ostpreußen. Auch Schlawa und der dazugehörige See waren von dieser Germanisierungsmaßnahme betroffen: Zwischen 1937 und 1945 hießen Ort und See „Schlesiersee". In der Nähe von „Schlesiersee" entstand ein Außenlager des Konzentrationslagers Groß-Rosen.

In Grenznähe

Fraustadt (Wschowa), knapp 20 Kilometer östlich von Schlawa an der wichtigen Straße Glogau – Posen – Warschau gelegen, war immer eine Grenzstadt, um die sich ein fruchtbares Flachland ausbreitet. Der sprechende Name lässt sich wohl von der Patronin der Stadt, der Gottesmutter Maria, herleiten.

Der Blick in die Geschichte von Fraustadt zeigt, dass Wohlstand und Toleranz auch an Grenzen blühen können. Schon im Mittelalter wurde die Stadt in einem Gebiet, um das zwischen Schlesien und Großpolen gestritten wurde, von deutschen Kolonisten gegründet. Vermutlich entstand die Stadt aus einer ursprünglichen Grenzburg, Stadtmauern sind heute noch gut erhalten. Zunächst konnten sich deutsche und polnische Ansprüche nicht dauerhaft durchsetzen, bis das Fraustädter Land endgültig vom polnischen König erobert wurde. Die Bevölkerung aber war vorwiegend deutsch. Auch die religiöse Zugehörigkeit nahm sich kompliziert aus: Während die Starosten, also die polnischen Landräte, katholisch waren, bekannte sich die deutsche Bürgerschaft zum Protestantismus. Doch trotz der unterschiedlichen Glaubensrichtungen blieb Polen tolerant. Die deutschen Lutheraner durften eine eigene Kirche bauen, das „Kripplein Christi". Sowohl diese Kirche als auch der evangelische Friedhof von 1609 sind heute noch zu besichtigen. Außerdem nahm Polen Flüchtlinge auf, die wegen ihres protestantischen Glaubens Schlesien verlassen mussten – so auch in Fraustadt, unter ihnen der berühmte schlesische Dichter Andreas Gryphius. Dieser Zustrom von Menschen brachte eine neue wirtschaftliche Blüte für Fraustadt. Dank seiner günstigen Lage an der Hauptstraße zwischen Sachsen und Polen wurden in Fraustadt mehrfach Reichstage abgehalten und ausländische Gesandtschaften empfangen, sogar türkische und persische. Mit der Zweiten Teilung Polens wurde Fraustadt 1795 preußisch. Aber diese Zugehörigkeit blieb nicht stabil: Über 150 Jahre gab es immer wieder Besitzwechsel, mal war Fraustadt polnisch, mal preußisch. Nach 1945 wurde die seit dem Mittelalter deutsche Bevölkerung vertrieben und eine neue polnische Bevölkerung, vor allem aus Ostpolen, siedelte sich an.

Trotz dieser besonderen Lage war Fraustadt jahrhundertelang wohlhabend, was sich nicht nur an der Stadtmauer und der hübschen ehemals evangelischen Kirche ablesen lässt, sondern auch an reichen Bürgerhäusern, am prachtvollen, beherrschende Rathaus, der stolzen Pfarrkirche, die der namensgebenden Maria geweiht ist, und dem idyllisch-romantischen Franziskanerkloster.

Erwähnenswert ist auch das Städtchen Guhrau (Góra) südöstlich von Fraustadt. Einstmals als „Stadt der Windmühlen" bezeichnet – 1753 waren es 145, 1840 noch 84 –, weist heute nur noch ein großes industrielles Mühlengebäude auf diese Tradition hin. Beherrscht wird die kreisförmige Altstadt mit dem rechteckigen Ring von der gewaltigen spätgotischen Pfarrkirche St. Katharina. Auch Reste der Stadtbefestigung, so der eckige Glogauer Torturm mit historischer Stundenglocke, sind sehenswert.

Das neugotische Rathaus (oben) des geschichtsträchtigen, 14 000 Einwohner zählenden Städtchens Fraustadt erinnert sehr an das Rathaus des bei Görlitz gelegenen Zittau. Die Stadtpfarrkirche (unten) ist das Wahrzeichen Guhraus. Die gigantische Backstein-Hallenkirche wurde um 1500 gebaut, innen kann man eine überbordende Barockausstattung bewundern.

GRENZEN VERSCHIEBEN SICH

Die Grenzen Schlesiens sind eine komplizierte Angelegenheit: Im Laufe der Jahrhunderte verschoben sie sich ständig. Nur die Südgrenze blieb, wo sie war: Stießen Schlesiens Grenzen im Westen an die Lausitz, im Norden und Osten an Polen, so verlief im Süden die traditionelle Grenze zwischen Böhmen und Schlesien, später zwischen Österreich und Preußen bzw. dem Deutschen Reich und heute zwischen Polen und Tschechien.

Entlang der Oder: Neusalz, Beuthen und Glogau

Weniger als bei anderen großen Flüssen griff der Mensch bei der Oder regulierend ein. Zwar wird der „Schlesische Strom" auch für den Schiffsverkehr genutzt, aber starke Wasserstandsschwankungen und Eisgang im Winter schränken die Schiffbarkeit über weite Strecken ein.

Als Schlesien zu Deutschland gehörte, mussten schlesische Schulkinder die Nebenflüsse der Oder in einem Merkvers wie am Schnürchen hersagen können. Da lauteten die Nebenflüsse links der Oder: Oppa, Zinna, Hotzenplotz, Glatzer Neisse, Ohle, Lohe, Weisstritz, Katzbach, Bober mit dem Queis. Und rechts der Oder: Ostra, Witza, Olsa, Ruda, Birawka, Klodnitz, Malapane, Stober, Weide, Bartsch und die Warthe mit der Netze. Beliebt war in Schlesien auch das Kinderrätsel: Was ist größer? Messer oder Gabel? Na, natürlich die Oder!

Der schlesische Strom

Die Oder war und ist Schlesiens wichtigster Strom. Hier wurden und werden Waren verschifft, hier wird bis heute Kohle aus Oberschlesien nach Berlin transportiert, hier wurde geflößt, wie der schlesische Schriftsteller Gerhart Hauptmann noch Ende des 19. Jahrhunderts beobachtete. Fasziniert von den polnischen oder oberschlesischen Oderflößern, die auf ihren Flößen lebten, schrieb er: „Wie sie die beinahe ins Wasser gebauten Schlafstellen auf ihren aneinandergekoppelten Baumstämmen trocken hielten, begriff ich nicht, ebensowenig, wie sie das Reisigfeuer, über dem sie ihre Suppe kochten, ermöglichten." Diese Flößer sprachen Wasserpolnisch, einen polnischen Dialekt, der mit vielen deutschen Wörten versetzt war und der zu Ehren des Oderwassers, auf dem die Schiffer jede Menge Deutsch aufschnappten, Wasserpolnisch genannt wurde.

Die auf dem linken Oderufer gelegene Stadt Neusalz (Nowa Sól) erhielt ihren

Namen vom Salzhandel auf der Oder. Mitte des 16. Jahrhunderts ließ der österreichische Kaiser Ferdinand I. hier ein großes Salzsiedewerk für gereinigtes Meersalz errichten. Da er das salzarme Schlesien vom polnischen Salz unabhängig machen wollte, gründete er die Salzsiederei „Zum Neuen Saltze", die dann der Stadt ihren Namen gab. Das Salz stammte damals von französischen und spanischen Küsten, aus La Rochelle und den iberischen Salzgärten, und wurde über Binnenschifffahrtswege über Hamburg und Stettin nach Schlesien eingeführt. Das ehemalige Salzamtmannhaus von 1573 dient heute als Rathaus von Nowa Sól. Zwar wirkte sich der Dreißigjährige Krieg, der in Schlesien heftig wütete, sehr ungünstig auf den Siedebetrieb aus, der dann 1710 eingestellt werden musste. Aber bis dahin war die Oderschifffahrt in Neusalz derart florierend, dass hier der größte Umschlagplatz an der schlesischen Oder entstanden war. Daher wurde unter Friedrich dem Großen, der gerne ökonomisch dachte und handelte, die Stadt neu angelegt, die erst in dieser Zeit, 1743, die Stadtrechte verliehen bekam.

Zu einer zweiten Blüte gelangte Neusalz vor allem auch dadurch, dass sich eine Kolonie der protestantischen Herrnhuter Brüdergemeine hier ansiedelte und der Stadt zum wirtschaftlichen Aufschwung verhalf. Das Bethaus der Herrnhuter dient heute den katholischen Gläubigen als Kirche. Im 19. Jahrhundert entstanden Eisenhütten- und Emaillierwerke, Eisengießereien mit bedeutender Eisengusskunst, Ofenfabriken und Textilwerke. Dass Neusalz vor allem eine Industriestadt war, ist auch heute noch zu spüren. Doch Schritt für Schritt werden heute die schönen Häuser aus der Gründerzeit, also aus der Zeit der Industrialisierung, renoviert. In der Stadt selbst gibt es allerdings kaum Hinweise auf ihre alte Salzgeschichte. Lediglich das alte Salzmagazin und der Name Salzplatz verraten ein wenig von der glorreichen, aber untergegangenen Vergangenheit. Dafür bekommt der Besucher anschaulich die Stadtgeschichte im Museum vor Augen geführt, das in der ehemaligen Villa des Textilfabrikanten Gruschwitz untergebracht ist. Dieses sehr repräsentative, sehenswerte Gebäude lohnt unbedingt einen Besuch.

Die Hafenbrücke in Neusalz verfügt über eine ausgeklügelte Konstruktion, die die Durchfahrt größerer Schiffe erlaubt: Das mittlere Brückenstück kann bei Bedarf mehrere Meter angehoben werden.

Das kleinere Beuthen

In Schlesien gibt es den Städtenamen Beuthen gleich zweimal: einmal das größere Beuthen, die Industriestadt in Oberschlesien, und das kleinere, romantische Beuthen an der Oder (Bytom Odrzański). Obwohl diese Kleinstadt im Zweiten Weltkrieg fast zur Hälfte zerstört wurde, die Häuser am Markt 1967 einem Brand zum Opfer fielen und die ganze Stadt vom Oderhochwasser 1997 stark in Mitleidenschaft gezogen wurde, baute man die Altstadt immer wieder auf. Heute erstrahlt sie in neuem Glanz. Noch heute wird hier spürbar, wie sehr einstmals, und zwar um 1600, das Engagement eines Mannes die Stadt prägte: Der Grundherr Georg von Schönaich ließ nicht nur die erste Oderbrücke und einen Oderdamm bauen, er ließ nicht nur das ansehnliche Rathaus auf dem

Auf dem Beuthener Marktplatz sieht man die amüsante Skulptur eines schwarzen Katers (nicht zu verwechseln mit dem aus dem Märchen der Gebrüder Grimm), der einen Betrunkenen begleitet, der den Weg nach Hause nicht mehr findet. Laut Inschrift soll der Kater schon seit vier Jahrhunderten berauschten Gästen der Stadt behilflich sein.

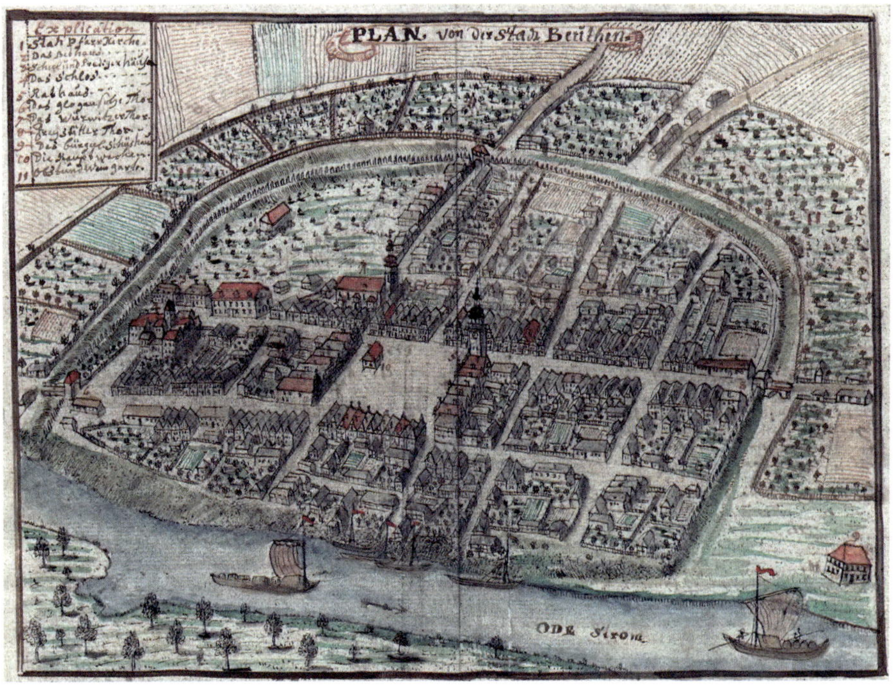

Dieser historische Plan von Beuthen aus dem 18. Jahrhundert zeigt in der Mitte den Marktplatz mit dem markanten Rathaus (genau am Falz des Plans). Die Stadt brannte 1694 nieder, fand aber ab 1766 als Garnisonsstadt zu neuer Blüte.

Der bekannte Schriftsteller und Kirchenlieddichter Jochen Klepper („Die Nacht ist vorgedrungen") wurde 1903 in Beuthen an der Oder als Sohn eines evangelischen Pfarrers geboren.

schönen großen Marktplatz errichten, sondern gründete sogar eine theologische Hochschule.

Der aus Beuthen stammende Schriftsteller Jochen Klepper (1903–42) erzählt in seinem Roman „Der Kahn der fröhlichen Leute" vom Leben der Oderschiffer. In der Geschichte erbt ein Mädchen von seinen Eltern einen Oderkahn und stellt als Schifferin die Traditionen der Kleinstadt auf den Kopf. Und noch etwas weist auf den guten Geist des Ortes hin: Heute sind auch die neuen polnischen Bewohner stolz auf ihre Stadt, bauen die schönen Bürgerhäuser aus der Renaissance und dem Barock am Markt wieder auf oder renovieren sie, sodass das Städtchen als romantische Perle an der Oder gilt.

Die Oderbrücke wurde im Krieg zerstört, aber wer möchte, kann sich wie in uralten Zeiten von einem Fährmann kostenlos in einem Boot für Fußgänger und Fahrräder über die Oder setzen lassen. An die deutsche Zeit angeknüpft wird seit einigen Jahren mit dem traditionellen Fliederfest im Mai, das eine unsichtbare violette, duftende Brücke zwischen Beuthen und der Schlossruine auf der anderen Oderseite schlagen soll, durch Gesang, Tanz und fliedergeschmückte Umzüge. Wer dann wieder nach Beuthen zurückfahren möchte, muss den Fährmann herbeirufen. Und bis dieser mit seinem kleinen Kahn herbeigestakt ist, kann man in aller Ruhe die romantische Silhouette des wie aus der Zeit gefallenen Oderstädtchens auf sich wirken lassen.

Die Stadt der Gegensätze

Die im fruchtbaren Odertal gelegene Stadt Glogau (Głogów) ist eine Stadt der Gegensätze. Bereits um das Jahr 1000 erwähnt als wichtiger Stützpunkt, wurde die Stadt im 13. Jahrhundert von neu herbeiströmenden Kolonisten planmäßig und großzügig angelegt. Im 16. Jahrhundert erlebte die Stadt eine Blütezeit. Durch die günstige Lage an der Oder florierten der Handel, die Tuchmacherei, die Pelzverarbeitung und die Bierbrauerei. Obwohl die Stadt, die zur Festungsstadt ausgebaut worden war, im Dreißigjährigen Krieg stark in Mitleidenschaft gezogen wurde, war das geistige Leben in Glogau sehr rege. Berühmtester Sohn der Stadt war und ist der Barockdichter Andreas Gryphius, der die Greuel des Krieges und die Vergänglichkeit des menschlichen Lebens in seinen wuchtigen Gedichten schonungslos beschrieb und beklagte. Unter Friedrich dem Großen wurde Glogau zur Festungs- und Garnisonsstadt weiter ausgebaut. Gefängnisaufenthalte in der Festung Glogau waren berühmt-berüchtigt. Bis ins 20. Jahrhundert hinein hatte Glogau den etwas strengen und düsteren Charakter einer Soldaten- und Garnisonsstadt. 1945 wurde die Stadt zu etwa 90 Prozent zerstört. Der Aufbau ging in den nächsten Jahrzehnten nur langsam vonstatten. Erst in den späten 1990er-Jahren kam neuer Elan auf.

Sehenswert in der Stadt der Kontraste ist der Marktplatz: Das jüngst originalgetreu wieder aufgebaute Rathaus steht neben neuen bunten Bürgerhäusern. Das aus den Ruinen neu errichtete Stadttheater, das nach Andreas Gryphius benannt ist, steht in der Nähe der eindrucksvollen Ruine der St. Nikolauskirche, die nicht wieder rekonstuiert werden wird, sondern als Mahnmal erhalten bleiben soll. Wie sehr passen

Noch heute macht die Ruine der Stadtpfarrkirche von Glogau einen imposanten Eindruck. Die neu errichteten, farbenfrohen Gebäude links erinnern an mittelalterliche Häuser.

die Verse von Andreas Gryphius aus dem Gedicht „Tränen des Vaterlandes, anno 1636“ zu diesem Anblick: „Die Türme stehn in Glut, die Kirch ist umgekehret, / Das Rathaus liegt im Graus, die Starken sind zerhaun, / Die Jungfraun sind geschänd't, und wo wir hin nur schaun, / Ist Feuer, Pest und Tod.“

Allerdings wurden die Jesuitenkirche, das Schloss, in dem das Museum für Archäologie und Geschichte untergebracht ist, und der ursprünglich gotische Dom auf der nördlichen Seite der Oder vollständig wieder aufgebaut. Die gebeutelte Stadt Glogau versucht heute mit bewundernswerter Energie, die Wunden, die der Zweite Weltkrieg unübersehbar geschlagen hat, nicht zu beschönigen, sondern sie mit enormen Aufbauleistungen langsam wieder zu schließen.

NIEDERSCHLESISCHE SCHRIFTSTELLER

Schlesien, vor allem Niederschlesien, hat eine überdurchschnittliche Fülle von Dichtern und Schriftstellern hervorgebracht. In Görlitz hörten wir bereits vom Mystiker Jakob Böhme, in Glogau wurden wir mit dem Barockdichter Andreas Gryphius bekannt. Auch viele andere wichtige Barockautoren stammten aus Schlesien, so Martin Opitz aus Bunzlau, Angelus Silesius und Hofmannswaldau aus Breslau, um nur die wichtigsten zu nennen. Der Nobelpreisträger Gerhart Hauptmann wurde in Ober-Salzbrunn geboren, und Jochen Klepper in Beuthen an der Oder.

Der aus Sprottau stammende Schriftsteller Heinrich Laube stellte um 1830 fest: „Schlesien und Schwaben, die östlichen und westlichen Zipfel von Deutschland, produzieren immer die meisten deutschen Dichter; nach den Grenzen hin sprechen die Leute immer am eifrigsten, um die Sprache zu retten.“ Heute ist es unter anderem die in Schlesien lebende erfolgreiche Schriftstellerin Olga Tokarczuk, die diese Tradition für die polnische Literatur weiterführt.

Andreas Gryphius (1616–64)

Stadt des guten Tons: Bunzlau mit Haynau und Lüben

Bunzlau (Bolesławiec) liegt zwischen dem Bober-Katzbach-Gebirge und den ausgedehnten Kiefernwäldern der niederschlesischen Heide am rechten Ufer des Bober. Wer mit dem Zug über den Bober nach Bunzlau reist, fährt über das jüngst restaurierte Bober-Eisenbahnviadukt von 1846. Diese schöne, fast einen halben Kilometer lange Bogenbrücke ist das älteste und längste Viadukt in Schlesien und war Teil der ersten Eisenbahnverbindung zwischen Berlin und Wien.

Bunzlau ist wegen seiner Keramikproduktion weit über die Grenzen Schlesiens hinaus berühmt. Schon im 17. Jahrhundert war das Bunzlauer Braungeschirr ein Tonprodukt von Weltruf. Die industrielle Keramikfertigung, die bis heute weitergeführt wird, entstand im 19. Jahrhundert. Wer das alte, traditionelle Bunzlauer Braungeschirr und die vielfältige, zumeist blau-weiß gemusterte Buntkeramik sehen und mehr darüber erfahren möchte, dem sei das Bunzlauer Keramikmuseum empfohlen, das auch über die wirtschaftliche Entwicklung der Stadt Auskunft gibt.

Mehr als nur Ton

Aber auch über die Töpferkunst hinaus hat die Stadt einiges Interessantes zu bieten. Die ovale Stadtanlage mit teilweise erhal-

Die typische Keramik, die man auch heute in der Bunzlauer Altstadt kaufen kann, zeigt meist farbenfrohe Dekore. Ende des 19. Jahrhunderts kam das „Schwämmeldekor" auf, bei dem mit speziell geschnittenen Schwämmchen sich wiederholende Muster auf die Tonwaren aufgestempelt wurden. Heute sind auch gemalte Verzierungen üblich, die noch immer meist kleinteilige Muster aufweisen.

tener, doppelter Stadtmauer weist einen großen, viereckigen Marktplatz auf, auf dem das Renaissance-Rathaus mit sehr hohem Turm von barocken Giebelhäusern umstanden ist. Obwohl die Stadt 1945 zu 60 Prozent zerstört war, wurden Neubauten in der unmittelbaren Altstadt dem Stil der traditionellen Häuser angepasst. Nicht nur im Inneren des Rathauses, sondern auch in manchen Bürgerhäusern sind prächtige gotische Gewölbe zu bewundern. Das sehr repräsentative Rathaus gilt neben den Töpferprodukten als Wahrzeichen der Stadt.

Die Blütezeit Bunzlaus lag im 16. Jahrhundert. Bereits damals konnte sich die reiche Stadt ein aufwendiges Abwassersystem leisten, was um 1550 noch unüblich war. So besaß Bunzlau die erste deutsche Kanalisation überhaupt. Berühmtester Sohn der Stadt ist der 1597 hier geborene Barockdichter Martin Opitz, auf dessen Geburtshaus nun auch im polnischen Bunzlau hingewiesen wird. Martin Opitz, der als „Vater der deutschen Dichtkunst" bezeichnet wird, reformierte in seinen Dichtungen und übrigen Schriften die deutsche Sprache, indem er sie von lateinischen Einsprengseln und klobigem sprachlichen Ballast reinigte. Er trug viel dazu bei, eine geschmeidigere Sprache zu entwickeln, auf der unser heutiges Deutsch beruht. Seine Heimatstadt Bunzlau bezeichnet er hymnisch als „allerschönste Stadt", ja sogar als „Prinzessin aller Städte". Die Verwüstungen des Dreißigjährigen Krieges, der auch in Bunzlau beim Brand der gotischen Pfarrkirche große Schäden anrichtete, geißelte Opitz in seinem aufwühlenden, durchaus aktuellen Anti-Kriegsgedicht „Trostgedicht in den Widerwärtigkeiten des Krieges", in dem er schonungslos die grausamen Kriegsgreuel schildert. So spricht er von massenhaften Vergewaltigungen, von Äckern, die „mit Leichen zugesät" sind, Äcker, auf denen nun „feistes Menschen-Blut" den Regen ersetze. Über das unterschiedslose Hinmorden heißt es bei ihm: „Hier half kein Adel nicht / hier ward kein Stand geachtet / sie mussten alle fort / sie wurden hingeschlachtet. (..) / Die Schwester ward entleibt in ihres Bruders Armen / Herr / Diener / Frau und Magd erwürget ohn Erbarmen." Schließlich hält er ein flammendes, sehr modernes Plädoyer für Toleranz und Glaubensfreiheit: „Gewalt macht keinen fromm / macht keinen Christen nicht. / Es ist ja nichts so frei / nicht also ungedrungen / als wohl der Gottesdienst: so bald er wird erzwungen / so ist er nur ein Schein / ein hohler falscher Ton. / Gut von sich selber tun, das heißt Religion."

Interessant ist zu erwähnen, dass etliche der niederschlesischen Barockschriftsteller wichtige öffentliche Posten bekleideten. So war Opitz in diplomatischen Diensten zwischen den Kriegsparteien tätig, Hofmannswaldau bekleidete das Amt eines Ratsherrn in Breslau und Lohenstein das eines Gesandten.

Dass der traditionelle schlesische Witz oft auf einem Wortspiel beruhte, zeigt sich an der früheren Bezeichnung Bunzlaus als „Stadt des guten Tons". So ist es auch

BUNZLAUER KERAMIK

Betritt der Besucher die Verkaufshalle eines Keramikwerkes in Bunzlau, so flimmern ihm beinahe die Augen von den vielen verschiedenen blau-weißen Mustern, die manchmal auch mit Grün, Braun und Orange versetzt sind. Töpferwaren aus Bunzlau sind schon seit dem 14. Jahrhundert bekannt, und zwar weil hier in der Umgebung besonders reine Tonlager vorkommen. Die Gefäße vertragen hohe Brenntemperaturen bei 1 260 °C und können so besonders haltbar, hart und feuerfest gemacht werden. Bunzlauer Keramik war traditionell braun und mit Lehmglasur überzogen. Sie wurde für Küchengeräte und Essgeschirr verwendet, so unter anderem für Schüsseln, Kannen, Backformen und sogar für Kochtöpfe. Bunzlauer Töpfchen, auf Schlesisch „Bunzel-Tippel", wurden für Senf, Honig oder Marmelade benutzt.

Nach 1945 versuchten Bunzlauer Töpfer, vor allem Familienbetriebe, im Westen erneut Fuß zu fassen. Die Keramikproduktion in Bunzlau wurde von polnischen Töpfern weitergeführt. Auch heute erfreuen sich diese Produkte, vor allem Keramik mit dem traditionellen Pfauenaugenmuster, großer Beliebtheit, weil sie aufgrund der guten Qualität des Tons spülmaschinen- und mikrowellenfest sind.

Eine Postkarte von Bunzlau von 1900 zeigt eine Stadt ganz aus Tonwaren.

auf einer humoristischen gezeichneten Postkarte von 1900 zu lesen. Die Türme und Gebäude von Bunzlau, die die Stadtsilhouette bilden, sind mittels Tongefäßen dargestellt, besonders hohe Türme entstehen durch aufeinandergestapelte Tassen. Auch die Bewohner der Stadt stammen aus dem Fundus der Bunzlauer Keramik. Meist als Kannen dargestellt und mit Ärmchen und Füßchen versehen, manche sogar mit Handtäschchen und Schirmchen, säumen sie sehr artig die Landstraße, auf der ein mit Bunzlauer Tonwaren beladenes Pferdefuhrwerk vorbeifährt. Wohlerzogen machen die Bunzlauer Kannen-Einwohner dem Fuhrwerk Platz und verneigen sich höflich – es ist eben eine Stadt des guten Tons, ein Wortspiel, das in der polnischen Sprache leider nicht mehr funktioniert. Seit 2001 feiert Bunzlau ein Keramikfest, das sich mittlerweile zu einer großen, mehrtägigen Veranstaltung von internationalem Ruf entwickelt hat. Vater dieses Festes ist der Töpfermeister Stanisław Wiza, der sowohl die traditionelle Bunzlauer Keramik herstellt, als auch neue Formen und Muster entwirft und sich über die Jahrzehnte sehr für den Erhalt der Bunzlauer Keramiktradition eingesetzt hat.

Zur Kur in Bunzlau

Sehr empfehlenswert sind auch die Bunzlauer Thermen, die im Jahr 2017 ihr 120-jähriges Bestehen feierten. Das sehr schön restaurierte historische Thermengebäude diente bereits um 1900 als Stadtbad und als Schwimmhalle. Selbstverständlich wurde diese Halle mit Bunzlauer Keramikkacheln verkleidet. Flachreliefs der Bunzlauer Künstlerin Jenny Barry-Doussin verzierten die Wände der Therme. In den Jahren 2013 bis 2015 wurden die Bunzlauer Thermen gründlich restauriert und saniert und dienen heute als modernes Erholungszentrum mit finnischer Dampfsauna, Fitnessräumen und innovativen Reha-Einrichtungen. Vor allem aber gibt es hier Solebäder, die mit ihrem Jod- und Bromgehalt nicht nur entspannend wirken, sondern bei Erkrankungen des Bewegungsapparats und bei rheumatischen Beschwerden wohltuend sind, darüber hinaus die Heilung der Atemwege unterstützen, den Blutkreislauf anregen, die Haut straffen und überhaupt entzündungshemmend und antibakteriell wirken. Die jodhaltige Luft der Salzgrotte, deren Salze aus dem Toten Meer, dem Himalaja, aus Pakistan und aus dem polnischen Kłodawa stam-

Der Bunzlauer Marktplatz erstrahlt heute in neuem Glanz. Nach den Zerstörungen des Zweiten Weltkrieges wurde der Platz nahezu vollständig neu errichtet.

men, fördert bei besonderen Lichtspielen und angenehmer musikalischer Untermalung nicht nur die Entspannung. Der Aufenthalt von einer Dreiviertelstunde in der Grotte soll ebenso gesundheitsfördernd sein wie ein mehrtägiger Aufenthalt an der See, die Abwehrkräfte stärken und Atemwegserkrankungen lindern. Nordwestlich von Bunzlau lädt das romantische Schloss Klitschdorf (Kliczków) ein, das inmitten eines gepflegten, abwechslungsreichen Parks am Flüsschen Queis liegt. Hier, wo sich einst der deutsche Hochadel traf, wo einst Kaiser Wilhelm II. jagte und dessen Besitzer Friedrich zu Solms-Baruth zum Widerstand gegen Hitler gehörte, lässt sich heute stilvoll feiern und übernachten.

Das östlich von Bunzlau gelegene Landstädtchen Haynau (Chojnów) war im ausgehenden Mittelalter wegen seiner günstigen Lage nahe der Hohen Straße, eines wichtigen Handelswegs von West nach Ost, ein bedeutsamer Ort. Bis heute legen die große gotische Pfarrkirche und Teile der Stadtmauern mit Wehrturm davon Zeugnis ab. Doch seit dem Dreißigjährigen Krieg besteht die Geschichte der Stadt in einer Kette von Niedergängen, Aufschwungsversuchen und erneuten Niedergängen. 1945 erlitt Haynau zwar beträchtliche Zerstörungen, aber glücklicherweise blieben die wichtigsten Baudenkmäler erhalten. Am lang gestreckten Marktplatz ist die eindrucksvolle gotische Kirche mit wuchtigem Turm zu bewundern, die übrigens die größte dreischiffige Backsteinkirche ganz Schlesiens darstellt. Ebenfalls am Markt kann man das alte Renaissanceschloss mit einem schön verzierten, bedeutsamen Portal besichtigen. Hier ist heute das Stadtmuseum untergebracht, das neben alten Waffen und schlesischem Kunsthandwerk auch viele Exponate und Dokumente zeigt, die auf die deutsche Geschichte des Ortes hinweisen.

Polnische Geschichte in Lüben

Die größere Stadt Lüben (Lubin), die am Ostrand der niederschlesischen Heide liegt, hat mit zwei ungünstigen Faktoren zu kämpfen: Zum einen wurde Lüben am Ende des Zweiten Weltkriegs stark zerstört und kaum wieder aufgebaut. Lediglich das Rathaus am Markt und die beiden Hauptkirchen der Stadt wurden wiederhergestellt. Der eckige, schmucklose Glogauer Torturm weist auf die mittelalterliche Stadtbefestigung hin. Sonst sind alle alten Gebäude am Markt und in der Altstadt verschwunden, was einen etwas trostlosen Eindruck hinterlässt. Zum anderen ist die Stadt seit 1957 Zentrum des niederschlesischen Kupferreviers und entwickelte sich so zu einem der bedeutendsten Industriestandorte Niederschlesiens. Die Einwohnerzahl vervielfachte sich um das Dreiunddreißigfache! Der wirtschaftliche Aufschwung hat aber zur Folge, dass diese industriell geprägte Stadt noch heute unter sehr starker Luftverschmutzung zu leiden hat.

In der Arbeiterstadt Lüben wurden während des Kriegsrechts in Polen 1982 bei einer Demonstration drei Arbeiter getötet und viele verletzt, woran eine pathetische Gedenkstätte erinnert. Diese befindet sich in der Nähe des Rathauses und besteht aus einer Reihe von Felsblöcken mit Inschriften, hinter denen ein großes, rostiges Kreuz schräg hervorschaut.

Das futuristische Einkaufszentrum „Cuprum Arena“ mit seiner mit Kupfer verkleideten Fassade wurde 2009 in Lüben eröffnet.

1630 schuf Matthäus Merian der Ältere diesen später kolorierten Stich der Schlacht bei Wahlstatt. Im Hintergrund ist das brennende Liegnitz zu sehen. Die Mongolen rieben bei diesem Gemetzel das knapp 4 000 Mann starke Heer des schlesischen Herzogs Heinrich II. vollständig auf.

„Bis hierher und nicht weiter": Wahlstatt und Liegnitz

Wer auf der Autobahn Richtung Breslau fährt, sieht bei Liegnitz auf der rechten Seite eine doppeltürmige Barockkirche auf einem Hügel aufragen. Hier liegt Wahlstatt (Legnickie Pole), ein einstmals sehr bedeutendes Schlachtfeld. Denn bis hierher und nicht weiter kam im Jahr 1241 ein mongolisches Reiterheer aus der asiatischen Steppe, das gleichzeitig eine Großoffensive gegen Ungarn verfolgte. Die Mongolen waren bereits durch Krakau und Breslau gezogen und drangen nun unaufhaltsam nach Nordwesten vor.

Mongolen auf Eroberungszug

In Wahlstatt stellte sich am 9. April 1241 Herzog Heinrich II. mit seinem 10 000 Mann starken Heer, bestehend aus deutschen und polnischen Rittern und Bauern, dem mongolischen Reiterheer der Goldenen Horde entgegen. Da die Mongolen dreimal so stark waren, wurden Heinrichs Soldaten von dieser Übermacht geschlagen, er selbst fiel ebenso im Kampf wie fast sämtliche Kommandeure seines Heeres. Aber auch Mongolen mussten einen hohen Blutzoll entrichten. Es gelang ihnen nach ihrem Sieg in dem „Schlacht bei Liegnitz" genannten Kampf nicht, die Stadt selbst zu erobern. Sie verzichteten auf ein weiteres Vordringen Richtung Westen und zogen sich langsam nach Osten zurück. Im Bewusstsein der Schlesier aber lebte der Heldentod Heinrichs II. als die große, rettende Wende in ihrer Geschichte weiter fort. Die Mutter Heinrichs II., die heilige Hedwig, stiftete schon im Jahr der

Schlacht direkt an der Stelle, wo sie ihren Sohn gefunden hatte, eine kleine Kirche. In diesem schlichten, mittelalterlichen Bau befindet sich heute das neu gestaltete Museum zur Geschichte dieser Schlacht. Um 1730 entstand dann die sehenswerte barocke Klosteranlage der Benediktiner, die von der Autobahn weithin sichtbar ist und die einen Besuch unbedingt lohnt. Die zweitürmige Klosterkirche, die der heiligen Hedwig geweiht ist, geht auf Pläne des berühmten böhmischen Barockbaumeisters Kilian Ignatz Dientzenhofer zurück, der in Prag und in ganz Böhmen viele schöne Barockgebäude hinterlassen hat. Die Spitzen der beiden Kirchtürme sind als Herzogshüte gestaltet. Das ovale Innere der Kirche mit den geschwungenen Wänden wirkt dynamisch, ein Eindruck, der noch durch das komplizierte Gewölbe und durch die sehr bewegten Deckenmalereien verstärkt wird. Auf diesem Meisterstück des berühmten süddeutschen Malers Cosmas Damian Asam ist über der Orgelempore auch die Szene zu sehen, wie die Leiche von Heinrich II. auf dem Schlachtfeld gefunden wird.

In der preußischen Zeit wurde das Kloster als Kadetten- und Erziehungsanstalt genutzt. Bekannteste Schüler dieser Anstalt waren Paul von Hindenburg und Manfred von Richthofen, die beide im Ersten Weltkrieg zu Helden avancierten: Hindenburg als Sieger der Schlacht im ostpreußischen Tannenberg, Richthofen als Jagdflieger, der unter dem Beinamen „Roter Baron“ bekannt wurde. Während der NS-Zeit war im ehemaligen Kloster eine nationalpolitische Erziehungsanstalt (Napola) für die junge Nazi-Elite untergebracht, gegen Kriegsende dann ein Lager für Kriegsgefangene, die hier für Menschenversuche missbraucht wurden. Heute befindet sich in dem ehemaligen Kloster eine Pflegeeinrichtung.

Liegnitz

Liegnitz (Legnica), die drittgrößte Stadt Niederschlesiens, hat sich erst ab 1993, nach Abzug der russischen Truppen, freier entwickeln können. Zu dieser positiven

Die ehemalige Klosterkirche in Wahlstatt zählt zu den eindrucksvollsten Barockbauten Schlesiens. Das 1738 geweihte Gotteshaus gilt als Meisterwerk des Stiftsbaumeisters Kilian Ignatz Dientzenhofer. Die Hauptfassade zeigt eine reiche Verzierung aus Säulen und Skulpturen, der Innenraum ist ein barockes Gesamtkunstwerk.

LIEGNITZER BOMBEN (24 STÜCK)

Zu diesem schlesischen Weihnachtsgebäck nehme man 250 Gramm Weizenmehl, 200 Gramm Honig, 200 Gramm Kuvertüre, 175 Gramm Aprikosenkonfitüre, 125 Gramm Zucker, 65 Gramm Butter, 65 Gramm Rosinen, 65 Gramm gehackte Mandeln, 65 Gramm gewürfeltes Zitronat, 25 Gramm Kakao, 2 EL Milch, 3 TL Backpulver, 2 Eier, ½ TL gemahlene Nelken, etwas gemahlenes Kardamom, Zimt, Saft einer halben Zitrone.

Den Honig und die Butter zusammen mit der Milch und dem Zucker in einem Topf zerlassen. Dann alles in eine Rührschüssel geben und abkühlen lassen. Unter die abgekühlte Masse die Eier, den Zitronensaft, Kardamom, Nelken und den Zimt einrühren. Dann das Mehl, Kakao und Backpulver, Rosinen, Mandeln und Zitronat hinzugeben und alles zu einem homogenen Teig verkneten. Den Teig löffelweise in kleine Backförmchen füllen und im vorgeheizten Ofen bei 175–200 Grad 10–15 Minuten backen. Das Gebäck noch heiß aus den Förmchen lösen und erkalten lassen. Die Aprikosenkonfitüre durch ein Sieb in einen Topf streichen und mit 2 EL Wasser aufkochen. Das erkaltete Gebäck damit bestreichen. Die Kuvertüre unter Rühren ebenfalls erhitzen und das Gebäck zum Abschluss damit überziehen.

Entwicklung trägt sicherlich auch die boomende Liegnitzer Sonderwirtschaftszone bei. Nach 1945 und während der Zeit des Kalten Krieges war Liegnitz der Hauptstandort der Sowjetarmee in der Volksrepublik Polen. Die Stadt diente als wichtige Schaltzentrale des Warschauer Pakts. Das Armeegelände nahm ein Drittel der Stadtfläche ein und wurde „Klein-Moskau" genannt. Von hier aus brachen die Sowjettruppen im Sommer 1968 in die Tschechoslowakei auf, um den Prager Frühling blutig niederzuschlagen.

Hat man den Gürtel von Industrieanlagen, Kupferhütten, Schornsteinen und Plattenbauvierteln hinter sich gelassen, öffnet sich die mittlerweile wieder lohnenswerte Altstadt von Liegnitz. Zwar wurde nicht im Krieg, sondern erst in den Jahren danach die Altstadt von der russischen Besatzung stark beschädigt. Den verwinkelten mittelalterlichen Stadtkern, der den Krieg unversehrt überstanden hatte, ebneten die Sowjets in den 1960er-Jahren ein und ersetzten ihn durch Neubauten und eine vereinfachte Straßenführung.

Das Liegnitzer Piastenschloss wurde nach Plänen des berühmten Baumeisters Karl Friedrich Schinkel wieder aufgebaut, nachdem es 1835 abgebrannt war.

Nur die öffentlichen Gebäude wie Rathaus, Schloss, Kirchen, Türme und Schulen blieben unangetastet. Heute bemüht man sich in Liegnitz, die Altstadt zu verschönern und zu verlebendigen. Mit der sorgfältigen Restaurierung aller alten, noch verbliebenen Gebäude möchte man auch wieder an die stolze Geschichte der Stadt anknüpfen.

Liegnitzer Geschichte

Nach dem Angriff der Mongolen, die Liegnitz verwüstet hatten, wurde die Stadt 1241 mit einem Netz rechtwinklig verlaufender Straßen und einem großen Ring neu angelegt. Da die Stadt günstig an wichtigen Straßen gelegen war und das Zentrum eines selbstständigen Herzogtums bildete, gewann sie immer mehr an Stärke und Einfluss und begann, mit dem mächtigen Breslau zu konkurrieren. Zeiten des Aufschwungs wechselten mit Zeiten des wirtschaftlichen Niedergangs ab, auf die immer wieder neue Blütezeiten folgten. Über 400 Jahre residierten hier die Piasten, deren Mausoleum wir auf einem Rundgang durch die Altstadt sehen können. Da Liegnitz an einer Art Kreuzung zweier Handelsstraßen lag, blühte der Handel über die Jahrhunderte. Auch der Gemüseanbau florierte. Saure Gurken, die „Liegnitzer Gurken", wurden zu einer Art Markenzeichen. Für die Herstellung von Sauerkraut errichtete man im Zeitalter der Industrialisierung Sauerkrautfabriken, damals die größten ihrer Art in Deutschland. Immer schon wurde hier mit Gemüse gehandelt, zunächst mit rohem Gemüse, dann, als es in den Gurkeneinlegereien und Sauerkrautfabriken möglich war, das Gemüse zu konservieren, auch weit über die Landesgrenzen hinaus. Der Reichtum dieser Handelsstadt drückte sich in den repräsentativen Gebäuden der Altstadt aus, in großen Kirchenbauten, zwei Rathäusern, dem Schloss, Klosteranlagen, der Ritterakademie und dem Theater, aber auch in hervorragenden Bauten der klassischen Moderne aus den 1920er-Jahren. All diese Bauwerke aus verschiedenen Epochen lohnen einen Spaziergang von Höhepunkt zu Höhepunkt.

RUNDGANG DURCH LIEGNITZ

Wir beginnen unseren Rundweg am reich verzierten Neuen Rathaus von 1906. Neben diesem prachtvollen Bau steht ein historisches dreistöckiges Schulhaus aus dem 16. Jahrhundert. Von hier gelangen wir zum lang gestreckten Ring, an dem die gotische Backsteinkirche St. Peter und Paul mit zwei verschiedenartigen Türmen aufragt. Sie zählt zu den schönsten Gotteshäusern in Schlesien. Außen an der Kirche sind alte Grabdenkmäler (Epitaphen) mit lateinischen und deutschen Inschriften zu sehen. Am Hauptportal an der Westseite kann man heute noch in verschnörkelten Buchstaben den berühmten Ausspruch Luthers lesen: „Hier stehe ich, ich kann nicht anders, Gott helfe mir Amen."

Das historische Theater von Liegnitz wurde nach den Plänen von Carl Ferdinand Langhans gebaut und 1842 eröffnet. Im Hintergrund sind die Türme der Kathedrale St. Peter und Paul zu sehen.

Vom Neptunbrunnen neben der Kirche gelangen wir zum Alten Rathaus mit einer weit ausladenden, elegant geschwungenen Freitreppe. An das Alte Rathaus schließt sich das Theater an, das in Anklang an einen Palast in Florenz errichtet wurde. Der Architekt des Theaters, Carl Ferdinand Langhans, war der Sohn des berühmten Baumeisters Carl Gotthard Langhans, Schöpfer des Brandenburger Tors in Berlin. Die acht sehr schmalen Giebelhäuser an der Rückseite des Theaters, die aus der Zeit der Renaissance stammen, trugen früher den sprechenden Namen „Heringsbuden".

In der Nähe ist das wieder aufgebaute Haus zum Wachtelkorb zu sehen, das mit einem runden Erker versehen ist und dessen ganze Fassade mit Illustrationen aus Fabeln bemalt ist. Vorbei am alten Fischweib-Brunnen kommen wir zur berühmten ehemaligen Liegnitzer Ritterakademie, die eine Bildungsstätte für junge schlesische und polnische Adlige beider Konfessionen war und in der heute Abteilungen des städtischen Museums untergebracht sind. Seit 2001 findet hier kurz vor Weihnachten die Toleranz fördernde „Weihnacht der Völker" statt, ein gemeinsames Essen mit Vertretern aus verschiedensten Ländern der Welt. Wir sehen in westlicher Richtung den Haynauer Torturm liegen, einen Rest der mittelalterlichen Stadtbefestigung, und gelangen zur früheren Jesuitenkirche. Diese Kirche von 1727 gilt als eines der wichtigsten Werke der Barockarchitektur in Europa. Im Inneren der Kirche befindet sich das helle, lichte Piasten-Mausoleum. Zwischen den Strebepfeilern tun sich Nischen zur Aufbewahrung der Särge auf. Diese Grablege atmet barocke Heiterkeit und nicht die schwere Düsternis einer Kapuzinergruft.

Das Jesuitenkolleg neben der Kirche ist heute von Franziskanermönchen bewohnt. Nun gelangen wir im gegenüberliegenden früheren Abtspalais durch das schöne Barockportal zum Kupfermuseum, in dem nicht nur Exponate zum Kupferbergbau, sondern auch Kunst und Kunsthandwerk der Region ausgestellt sind. Neben dem nördlich gelegenen Renaissance-Schloss der Liegnitzer Herzöge, in dem heute Behörden und ein Archiv untergebracht sind, steht der Glogauer Torturm aus dem 14. Jahrhundert. In einem östlichen Bogen über die elegante gotische Marienkirche mit den doppelten Türmen gehen wir auf kleinen Sträßchen zum Ring zurück, wo wir im Alten Rathaus bzw. vor der geschwungenen Freitreppe im historischen Ambiente einkehren können. Wer es noch stilvoller mag, dem sei der Besuch im zehn Kilometer südlich von Liegnitz gelegenen Schloss Eichholz empfohlen. Hier kann man nicht nur ausgezeichnet essen, sondern im geschmackvoll restaurierten Schloss auch fürstlich übernachten.

Das Herz von Niederschlesien: Kloster Leubus und Neumarkt

Kloster Leubus beeindruckt durch seine gewaltige Fassade. Das Kloster verfiel nach 1950, doch mit der politischen Wende 1989 setzten auch Sicherungs- und Instandhaltungsarbeiten ein. Die Sanierung der historischen Anlage geht weiter voran – allein die Dächer des Klosters, die neu gedeckt wurden, nehmen eine Fläche von 2,5 Hektar ein!

Wer, von Westen kommend, das Kloster Leubus (Klasztor Lubiąż) in der Ferne auf einer sanften Anhöhe über der Oder aufragen sieht, kann es fast für eine Fata Morgana halten, so unerwartet ist der Anblick des riesigen Klostergebäudes in der einsamen Landschaft des Mittleren Odertals. Die zur Oder gerichtete Fassade hat eine Länge von 223 Metern. Kein Wunder, dass Michael Jackson im November 1997, nachdem er in Polen einen Konzertauftritt hatte und ein ganzes Schloss zum Kauf suchte, mit dem Erwerb von Leubus liebäugelte, als er mit dem Helikopter über die gigantische Anlage flog. Der Kauf kam dann jedoch nicht zustande.

Ein Schloss harrt seiner Bestimmung

Bis heute ist die Nutzung der Gebäudefluchten des „schlesischen Escorial", der die gleichnamige berühmte spanische Kloster- und Schlossanlage sogar in der Ausdehnung übertrifft, nicht geklärt. Zwar sind die wichtigsten Teile des Klosters mit den Mitteln der Stiftung deutsch-polnische Zusammenarbeit restauriert worden. Aber was hier langfristig untergebracht werden soll – ob ein Konferenz- und Schulungszentrum, eine Gaststätte, ein Ort für Kulturveranstaltungen und Ausstellungen, ein Luxushotel, ein religiöses ökumenisches Zentrum, ein Sportgelände –, ist noch unentschieden, und zwar so unentschieden, dass das Kloster mehrere Sommer lang als jährlicher Treffpunkt für Harley-Davidson-Fahrer diente.

Die größte und älteste schlesische Klosteranlage hat eine lange Geschichte. Das Kloster, das bald eine wichtige Rolle bei der Besiedlung des schlesischen Raumes spielen sollte, wurde bereits 1175 gegründet.

Aus dem Mittelalter stammt die gotische Marienkirche, die sich in der Mitte des Klosterkomplexes befindet. Hussitenkriege und Dreißigjähriger Krieg verwüsteten das Kloster schwer. Als es danach in der zweiten Hälfte des 17. Jahrhunderts zu einem wirtschaftlichen Aufschwung des Klosters kam, wurde die Anlage grundlegend erneuert und großzügig ausgebaut. Ein wunderschöner, berauschender Barock-Traum war das Ergebnis. Der geniale Maler Michael Willmann, der in vielen schlesischen Orten seine Spuren hinterlassen hat, schmückte die Kirche und das Sommerrefektorium mit barocken Gemälden und Fresken aus, die heute wieder zu bewundern sind, teilweise allerdings im Museum in Breslau. Willmann lebte jahrelang in Leubus und starb hier 1706. Er war eine herausragende Malerpersönlichkeit, die es verstand, mit sehr leichtem Pinsel den biblischen und allegorischen Szenen alles Schwere zu nehmen, ohne je oberflächlich zu sein. Ihm gelang es, die Konturen aufzulösen, raffinierte Wolken zu malen, durch Licht- und Schattenkontraste Dynamik zu erzeugen, sodass seine Malerei heiter und beschwingt die Schwerkraft aufzuheben und zu schweben scheint.

Der renovierte Fürstensaal ist der unbestrittene Höhepunkt des Klosters. Er liegt im Nordflügel und reicht über zwei Stockwerke. Eine Fülle von Gemälden, Skulpturen und Stuckarbeiten von verschiedenen Künstlern wirken hier zu einem barocken Gesamtkunstwerk zusammen. Das riesige Deckengemälde und die Skulpturen dienen vor allem dazu, das Haus Habsburg und seine Taten zu loben, in den Himmel zu heben, quasi zu vergöttern. Aber dieses pompöse Herrscherlob wirkt nicht erdrückend. Vielmehr ist der ganze Raumeindruck von einer unglaublichen Helligkeit, Leichtigkeit und beschwingten Schönheit. In der preußischen Zeit wurde das Kloster aufgelöst und verstaatlicht. In der Folge zogen zunächst ein Gestüt, dann eine Heilanstalt hier ein. In der NS-Zeit diente das ehemalige Kloster Betrieben der Rüstungsindustrie. Viele der hier zur Arbeit eingesetzten Zwangsarbeiter starben an den schlechten Arbeitsbedingungen.

Teile des Klosters sind heute restauriert und werden für Ausstellungen genutzt. Die Anlage lohnt unbedingt einen Besuch.

Neumarkt und der Handel

Einer der vom Kloster Leubus aus gegründeten Orte ist das nahe Städtchen Neumarkt (Środa Śląska), eine der frühesten schlesischen Städte aus dem Jahr 1175. Da es direkt am wichtigen Handelsweg Hohe Straße lag, gelangte es früh zu einigem Wohlstand. Im Mittelalter war dieses Städtchen derart bedeutend, dass es sogar ein „ius noviforense“, das „Neumarkter Recht“, gab, das für über 500 Städte bis an den Bug und in die Ukraine hinein maßgebend wurde. Einige sehr alte romanische und gotische Kirchen zeugen von der Blütezeit des hübschen Ortes ebenso wie die gut erhaltene Stadtmauer und das Rathaus. Auf dem sehenswerten Ring beim Rathaus ist die Figur des Roland zu sehen, das wichtige Symbol der Rechtsprechung und der Handelsfreiheit. Diese besteht bis heute: Unlängst eröffnete die Firma BASF in Neumarkt, das zur erweiterten Sonderwirtschaftszone Liegnitz gehört, eine Produktionsanlage für Autoabgas-Katalysatoren.

Streng wacht die Rolandsstatue in Neumarkt über Recht und Handelsfreiheit der Stadt.

Im ehemaligen Refektorium des Klosters Leubus ist die barocke Pracht von einst noch gut zu erkennen.

Das Bober-Katzbach-Gebirge lockt zu jeder Jahreszeit mit atemberaubenden Aussichten. Durch den Hirschberger Kessel ist der ca. 30 Kilometer lange Höhenzug vom Riesengebirge getrennt. Genau wie dieses zieht das Bober-Katzbach-Gebirge seit jeher Wanderer in seinen Bann.

Das Bober-Katzbach-Gebirge: Auf ins Wanderparadies!

Niederschlesien zeichnet sich nicht nur durch seine vielfältigen historisch bedeutsamen Städte aus, sondern auch durch seine faszinierende Natur. Unweit von Hirschberg liegt ein wahres landschaftliches Kleinod: das Bober-Katzbach-Gebirge (Góry Kaczawskie). Dieser 30 Kilometer lange Höhenzug ist ein Teil der Gebirgskette der Sudeten. Er erhielt seinen Namen vom Bober im Westen und der Katzbach im Norden. Das 300 bis 700 Meter hohe Wanderer-Paradies teilt sich in vier Hauptrücken: den Nordkamm, den Südkamm und dazu gehörig die Bleiberge, den kleinen Kamm und den Ostkamm. In südlicher Richtung schließt sich das Riesengebirge an, in nördlicher Richtung das Bober-Katzbach-Vorgebirge, das durchschnittlich 300 bis 400 Meter hoch ist.

Basalt und Edelsteine

Die Landschaft des Bober-Katzbach-Gebirges ist ungewöhnlich vielfältig, vor allem wegen seiner geologischen Struktur. Die ältesten Felsen bestehen aus 500 bis 600 Millionen Jahre altem kambrischen Schiefer, etwas jünger ist der dolomitische Kalkstein. Erloschene Vulkankegel prägen die eindrucksvolle Landschaft des Vorgebirges heute noch. Auf den Vulkanismus geht auch das Basaltgestein zurück, das sich vielerorts findet. Erde und Gestein sind reich an Mineralien. So findet man neben Pyrit, Azurit, Calcit und Anhydrit auch Silber, Malachit, Achat, Amethyst,

Kristall, Rubin, Granat, Topas, Turmalin und Smaragd. Auch Goldvorkommen sind hier seit dem Mittelalter bekannt und Erze wie Kupfer, Blei, Silber, Arsen und Eisen wurden hier abgebaut. Noch heute können Mineraliensucher auf ihre Kosten kommen. Weltweit werden besonders die von hier stammenden Achate sehr geschätzt.

Auch die Natur im Bober-Katzbach-Gebirge ist eine Reise wert. Im Frühling und Sommer ist das Gebiet ein Paradies für wilde Orchideen wie Türkenbund, Gelber Frauenschuh, Geflecktes Knabenkraut und viele andere. Die Begrünung der Laubbäume zwischen den Nadelbäumen im Frühling und die Laubfärbung im Herbst sind von atemberaubender Schönheit.

Das Bober-Katzbach-Gebirge trägt den Beinamen „Land der erloschenen Vulkane". Die höchsten Berge des Gebirges sind die Melkgelte (Skopiec) und der Hogolie (Okole), von deren Gipfeln man eine weite Aussicht über die ganze Region genießen kann. Vier gut erhaltene Vulkankegel sind deutlich als solche zu erkennen, wovon der in der Bevölkerung so genannte „schlesische Fujijama", der Spitzberg bei Probsthain (Ostrzyca Proboszczowicka), wohl der bekannteste ist und als Wahrzeichen des gesamten Bober-Katzbach-Gebirges dient. Der Aufstieg auf den Berg wird durch Stufen erleichtert, die Aussicht vom Gipfel über die gesamte Region ist prächtig. Im Chełmy-Naturreservat, das 1992 auf einem Gebiet von knapp 16 000 Hektar geschaffen wurde, verbergen sich drei landschaftlich reizvolle Schluchten mit interessanten Felsblöcken und Felsformationen und der sogenannte Orchideenhügel. Kuppelförmige Basaltanhöhen, Überreste einstiger vulkanischer Kamine und Feuersteinlager weisen auf den vulkanischen Ursprung hin. Mineraliensammler können hier auf der Suche nach Amethysten fündig werden. In der Nähe von Moisdorf (Myślibórz) befindet sich die sehenswerte Felsformation „Kleine Orgel". Immer wieder kann man derartige Strukturen sehen, so auch am Pombsener Spitzberg (Czartowska Skała), wo früher Basalt abgebaut wurde. Von seinem Gipfel sieht man bis zum Riesengebirge, zum Zobten, zum Waldenburger Bergland und weit ins Eulengebirge hinein.

Die „Kleine Orgel" bei Moisdorf ist eine beeindruckende Felsformation aus 30 Meter hohen Basaltsäulen.

Westlich des Naturreservats ist der Willenberg (Wielisławka) in Röversdorf (Sędziszowa) am Ufer der Katzbach die größte Attraktion. Hier wurde Quarzporphyr freigelegt, der durch seine deutliche Säulenstruktur an einen Orgelprospekt erinnert und daher „Große Orgel" genannt wird. Auch eine interessante Höhle vulkanischen Ursprungs ist hier zu besuchen.

WANDERTIPPS

Mit Höhenlagen zwischen 400 bis 725 Metern eignet sich das Bober-Katzbach-Gebirge hervorragend für ausgedehnte Wander- und Fahrradtouren. Besonders empfehlenswert ist dabei das Naturreservat Chełmy mit dem Naturschutzgebiet Wąwóz Myśliborski, in dem sich markante Basaltfelsen und -säulen befinden. Auch eine Besteigung des erloschenen Vulkans Probsthainer Spitzberg ist sehr empfehlenswert.

Durch das Bober-Katzbach-Gebirge verläuft ein gut ausgebautes Netz von gekennzeichneten Wanderwegen. Darüber hinaus gibt es noch den beschilderten Zisterzienserweg und den Jakobsweg. Der Schieferberg (Góra Szybowcowa) mit herrlicher Aussicht auf die Sudeten und das Hirschberger Tal ist ein Paradies für Gleitflieger. Auch Wintersportler kommen hier auf ihre Kosten: Pisten mit bis zu fünf Kilometern und Lifts auf der Blücher-Höhe (Łysa Góra) bei Berbisdorf (Dziwiszów) stehen für Freunde des Skisports bereit.

Goldberg, Löwenberg und Lauban

Jährlich finden in Goldberg im Rahmen des Stadtfestes Weltmeisterschaften im Goldwaschen statt! Die Besucher begeistern sich für historische Kostüme und viele andere mittelalterliche Attraktionen.

Nördlich und westlich des Bober-Katzbach-Gebirges erstreckt sich ein Perlenkranz interessanter Städtchen und Burgen. Die Stadt Goldberg (Złotoryja) am rechten Hochufer der Katzbach ist die älteste bezeugte Stadtgründung in Schlesien von 1211 und steht, wie der Ortsname bereits verrät, ganz im Zeichen des Goldes. Schon seit dem Jahr 1200 ist das Waschen von Gold hier bezeugt. Als das Goldvorkommen im 15. Jahrhundert erschöpft war, gingen die Bergleute zum Kupferbergbau über, der heute noch betrieben wird. Die hübsche, ovale Altstadt mit rechteckigem Ring und Rathaus war einstmals von einer Stadtbefestigung umgeben, von der heute nur der zinnenbekrönte, runde Schmiedeturm übrig geblieben ist. Von oben genießt man einen schönen Rundblick über die Stadt, die am Fuße des erloschenen Vulkans Wolfsberg (Wilcza Góra) liegt. Ebenso ist der Blick vom Turm der Pfarrkirche St. Maria zu empfehlen, der weit über das Bober-Katzbach-Gebirge bis zum Riesengebirge reicht. Die Kirche zählt mit ihren früheren romanischen und späteren gotischen Gebäudeteilen zu den schönsten mittelalterlichen Kirchenbauten Schlesiens. Berühmtester Schüler der hiesigen evangelischen Lateinschule, des ersten humanistischen Gymnasiums in Schlesien, war Ende des 16. Jahrhunderts der spätere Feldherr Wallenstein. Auch die barocke Hedwigskirche lohnt einen Besuch. Wer sich über den Goldabbau und die im Bergland vorkommenden Mineralien informieren möchte, dem sei das Gold-

museum in der Altstadt empfohlen. Eine noch direktere Vorstellung von der früheren Gewinnung des Edelmetalls bekommt man im Goldbergwerk Aurelia, das mit seinen in die Felsen gehauenen Gängen bei Groß und Klein Schatzgräberfantasien freisetzt. Diese werden auch genährt vom Wettbewerb der Goldwäscher, der jährlich im Mai stattfindet. Ein großer Festumzug mit historischen Trachten und Kostümen umrahmt die Feierlichkeiten rund um die Goldsuche.

Auf dem Weg ins westlich gelegene Löwenberg machen wir einen kurzen Abstecher nach Norden zur Gröditzburg (Grodziec), die inmitten der weiten Landschaft auf einem steilen Basalthügel vulkanischen Ursprungs liegt. Die Reste der ursprünglichen Burg aus dem frühen Mittelalter wurden um 1900 zu einer romantischen, neugotischen Ritterburg ergänzt. Zwar brannte die Burg 1945 ab, wurde aber in großen Teilen wieder aufgebaut. In den letzten Jahren sind in der romantischen Burgkulisse mehrere Filme entstanden.

Kurz vor Löwenberg, in Plagwitz (Płakowice), ist der Besuch eines weiteren Schlosses empfehlenswert. Zwar befinden sich noch nicht alle Gebäudeteile des bedeutenden schlesischen Adelsschlosses aus dem 15. Jahrhundert in bestem Zustand. Dennoch sind das reiche Renaissanceportal, der Fassadenschmuck und vor allem der Innenhof mit den wunderschönen Arkaden, die dem Schloss den Beinamen „schlesischer Wawel" eintragen, unbedingt sehenswert.

SCHLESISCHER STREUSELKUCHEN

Dieses Traditionsrezept darf auch heute bei keiner Familienfeier fehlen. Zunächst einen Vorteig aus 500 Gramm Mehl, 50–60 Gramm Hefe und Milch bereiten, der aufgehen muss. Dieser wird sodann mit den übrigen Zutaten (insgesamt 750 Gramm Mehl, ¼ Liter Milch, etwas Salz, 125 Gramm Butter oder Margarine, 125 Gramm Zucker, 1 bis 2 Eier, evtl. abgeriebene Zitronenschale und Vanillezucker) vermengt und geknetet. Auf dem vorbereiteten Blech muss er nach dem Ausrollen noch einmal gehen. Man kann unter diesen Teig auch wahlweise in Rum getränkte Rosinen mischen.

Für die Streusel benötigt man: 600 Gramm Mehl, 250 Gramm Zucker, abgeriebene Zitronenschale oder Vanillezucker, nach Wunsch auch gemahlene Mandeln, etwas Muskat, dann 1 TL Backpulver, 300 Gramm Butter oder Margarine. Die Streusel werden hergestellt, indem man die heiße Butter vorsichtig mit den anderen Zutaten vermengt und zu einer krümeligen Masse verarbeitet. Sie werden sodann auf dem vorbereiteten Teig verteilt und der Kuchen 20–25 Minuten bei mittelstarker Hitze gebacken. Nach Belieben mit Puderzucker besieben.

Das schlesische Rothenburg

Das Städtchen Löwenberg (Lwówek Śląski) am Bober, das vor dem Zweiten Weltkrieg im Volksmund „schlesisches Rothenburg" hieß, wurde im Jahr 1945 und danach sehr stark in Mitleidenschaft gezogen. Dennoch lohnt sich der Besuch Löwenbergs, denn die wichtigsten Baudenkmäler blieben erhalten bzw. wurden wiederhergestellt. Zentrum der Stadt ist das berühmte Rathaus, das wegen seiner gotischen Gewölbe und seiner Renaissancefassaden nach dem Breslauer Rathaus als das schönste in ganz Schlesien gilt. Es war längere Zeit nach dem Zweiten Weltkrieg im deutschen Bewusstsein sogar derart präsent, dass die gotische Rathaushalle von Löwenberg noch im Jahr 1966 auf einer bundesdeutschen Briefmarke der Serie „Deutsche Städte" erscheinen konnte. Der schlanke, hohe Rathausturm beherrscht die Altstadt und ist weithin sichtbar. Zwei runde Tortürme am Laubaner und am Bunzlauer Tor und ein Teil der Stadtmauer sind erhalten. Auch die

DIE LÖWENBERGER BRAUEREI

Das äußerlich schlichte Gebäude der Löwenberger Brauerei lässt ihre sehr alte Geschichte nicht ahnen. Im Kellergeschoss aber befindet sich seit 2010 das Museum der Niederschlesischen Bierbraukunst. Gut 400 Exponate sind hier ausgestellt, und man kann, auch durch einen informativen Film, viel über die spannende Geschichte des Löwenberger Brauwesens erfahren. Schon seit dem 13. Jahrhundert wurde in Löwenberg gebraut. Diese Kunst allerdings durften damals nur Handwerker und Mönche ausüben.

Mitte des 16. Jahrhunderts gab es in Löwenberg 74 Malzbrauereien sowie die unglaubliche Anzahl von 456 (!) Bierbrauereien in Bürgerhäusern. Die Brauerei in ihrer heutigen Form baute die Familie von Hochberg am Ende des 19. Jahrhunderts. Sie wurde im Zweiten Weltkrieg nicht zerstört und nach 1945 von Polen übernommen, die die Bierherstellung fortsetzten.

Obwohl hiesige Biere eine Reihe von Preisen gewannen, verschlechterte sich die finanzielle Lage der Brauerei, 2007 musste sie Konkurs anmelden. Ende 2008 übernahm die Gesellschaft „Browar Ciechan" den größten Teil der Brauerei, modernisierte den Betrieb und nahm gleichzeitig im Rahmen der neuen Gesellschaft „Browar Lwówek Śląski 1209" (Brauerei Lwówek Śląski 1209) die Bierproduktion wieder auf. Das hiesige Bier ist unpasteurisiert, wird ohne chemische Zusatzstoffe gebraut und enthält 6,2 Prozent Alkohol. Heute gewinnt das in Löwenberg gebraute Bier zahlreiche Auszeichnungen in verschiedensten Wettbewerben. Bei internationalen Verkostungen wird das helle, goldgelbe Bier mit dem hopfigen, malzigen und milden Geschmack als harmonisch und bekömmlich eingeschätzt und sehr positiv bewertet.

Nach dem Besuch des Museums können angemeldete Gruppen das Brauhaus besichtigen. Hier führt ein didaktischer Weg durch das Sudhaus, die Lagerhalle und die Abfüllhalle. Auf dem Rundweg sieht man, wie das Bier auf der Basis von Grundwasser, das aus einem eigenen Brunnen gewonnen wird, gebraut wird. Nicht Maschinen, sondern Menschen überwachen die Fermentierung der gemälzten Gerste in offenen Fässern. Dank dieser Brauprozesse, die über einen Monat in Anspruch nehmen, entsteht der charakteristische malzige Geschmack des „Lwówek-Śląski"-Biers, das in der Brauerei zur Verkostung ausgeschenkt wird.

Das Löwenberger Rathaus mit seinem markanten Turm zeigt die wechselvolle Geschichte der Stadt. Es wurde bereits 1345 erwähnt und in der Folge mehrfach umgebaut. Sogar der bekannte Architekt Hans Poelzig versah das Gebäude zwischen 1903 und 1905 mit einem Anbau. Das Rathaus wurde im Zweiten Weltkrieg beschädigt, brannte aus und wurde in den 1950er-Jahren rekonstruiert.

gotische Pfarrkirche Mariä Himmelfahrt verleiht mit ihrem älteren romanischen Westwerk mit Portal und zwei Türmen dem Stadtbild eine charakteristische Note.

Tauben in Lähn

Südlich von Löwenberg erhebt sich die „Löwenberger Schweiz", eine Gruppe von eindrucksvoll geformten Sandsteinfelsen, von denen aus sich ein schöner weiter Rundblick öffnet. Der Löwenberger Raum war berühmt für seine Sandsteinvorkommen. So stammten die Sandsteinblöcke, aus denen das Brandenburger Tor und der Reichstag in Berlin erbaut wurden, aus dieser Region. Noch weiter südlich beginnt der Landschaftsschutzpark Bobertal, ein landschaftlich reizvolles, waldreiches Gebiet zu beiden Ufern des Bober. Sehenswert ist hier das hübsche Städtchen Lähn (Wleń), in dem bis ins 19. Jahrhundert ein berühmter Taubenmarkt abgehalten wurde. Der Brunnen mit der „Taubengustel" vor dem Rathaus, der anlässlich der 700-Jahrfeier 1914 eröffnet wurde, erinnert daran. Seit der 800-Jahrfeier im Juni 2014 knüpft man heute mit dem „Flug der Lähner Tauben“ und der „Wahl des Lähner Taubenmädchens“ wieder an die alte Tradition an.

Lauban wischt der Welt die Nase

Von Löwenberg gelangen wir in westlicher Richtung nach Lauban (Lubań). Am linken Ufer des Flüsschen Queis gelegen, bildete die Stadt bis 1815 die Grenze zwischen Schlesien und der Oberlausitz. Im März 1945 kam Lauban in die deutsche Wochenschau, als die Stadt von deutschen Truppen noch einmal von der Roten Armee zurückerobert wurde. Trotz starker Zerstörungen 1945 sind in Lauban nicht nur Teile der mittelalterlichen Stadtbefestigung mit halbkreisförmigen Verteidigungstürmen in der Stadtmauer und der eindrucksvolle Brüderturm erhalten geblieben. Auch das Rathaus, der Krämerturm auf dem Ring, das beinahe fensterlose, steinerne Salzhaus von 1539, einige Kirchen und das „Haus zum Schiff“ von 1700 können heute noch bewundert werden. Letzteres wurde im Auftrag eines wohlhabenden Tuchhändlers erbaut und verweist auf die alten handwerklichen und kaufmännischen Traditionen der Stadt. Aus der Tuchmacherei, dem Leinen- und Garnhandel in Lauban entwickelte sich im 19. Jahrhundert ein Zentrum der Textilindustrie, die sich dann vor allem auf die Herstellung von Stofftaschentüchern spezialisierte. Vor dem Zweiten Weltkrieg wurden 95 Prozent aller Taschentücher in Deutschland in Lauban produziert. Daher rührt der etwas großmannssüchtig klingende ehemalige Werbeslogan „Lauban wischt der ganzen Welt die Nase“. Heute werden hier trockene Zellstofftücher und Feuchttücher für den medizinischen Bedarf und für die Verwendung im Haushalt hergestellt. Ob das Zufall ist oder an die alte Tradition anknüpft, sei dahingestellt.

Die neu aufgestellten Nachbildungen alter Meilensteine und Postdistanzsäulen beziehen sich bewusst auf die deutsche Zeit. Vielleicht möchte die Stadt Lauban auf diese Weise auch an ein rühmliches, da tolerantes Kapitel der Stadtgeschichte anknüpfen. In der Zeit der Reformation nämlich, als die Bürger der Stadt evangelisch wurden, blieben die Nonnen im Kloster katholisch. In der Folge teilten sich die Bürger und die Nonnen die Kirche und nutzten sie friedlich gemeinsam – ein schönes Beispiel gelungener und gelebter Toleranz in Schlesien.

Durchhalteparolen für die Heimat: Am 9. März 1945 zeichnet NS-Propagandaminister Joseph Goebbels einen Jungen auf dem Marktplatz von Lauban mit dem Eisernen Kreuz aus.

In Lauban befanden sich ursprünglich drei historische Postmeilensäulen. Die letzte davon wurde nach dem Zweiten Weltkrieg als „deutsches Symbol“ beseitigt. Auf Initiative des Vereins „Freunde der polnischen Lausitz“ wurde 2005 eine Kopie dieser Säule von 1725 angefertigt und neu aufgestellt.

RIESENGEBIRGE UND HIRSCHBERGER TAL

Das Isergebirge (Góry Izerskie), ein Gebirgszug zwischen der Lausitzer Neiße im Westen und dem Riesengebirge im Osten, weist breite, gewölbte Bergrücken und nur wenige schroffe Felsspitzen auf. Hauptgebirgszug ist der hohe Iserkamm. In dem nahezu unbewohnten Gebiet ist der Himmel nachts tiefschwarz und erlaubt einzigartige astronomische Beobachtungen.

Das Isergebirge: Von Greiffenberg nach Bad Flinsberg

Wer das hübsche, muntere Städtchen Greiffenberg (Gryfów Śląski) im Vorland des Isergebirges besucht, kann sich nur schwer vorstellen, dass sich hier im 15. Jahrhundert verschiedene Brände, Stürme und Überschwemmungen ereigneten. Diese Katastrophen und die Pest entvölkerten die Stadt. Heute findet man hier die Reste der Stadtbefestigung, den schönen Marktplatz mit den Laubenhäusern am Ring, das stattliche Rathaus und die prächtige dreischiffige Pfarrkirche St. Hedwig. Immer wieder wird uns vor allem in Niederschlesien das alte schlesische Adelsgeschlecht derer von Schaffgotsch begegnen. In der Greiffenberger Hedwigskirche befindet sich ein sehenswertes Grabmal dieser Familie mit elf lebensgroßen Figuren, das an die unglückliche Zeit am Ende des 16. Jahrhunderts erinnert, als nicht nur die Eltern Schaffgotsch, sondern auch ihr Sohn, ihre Tochter und deren Mann innerhalb von nur fünf Jahren verstarben.

Einen Abstecher in westlicher Richtung lohnt die mittelalterliche Burg Tzschocha (Zamek Czocha), die romantisch auf einem Granit-Felsvorsprung über dem Queis gelegen ist. Nicht nur die

GARN AUS MARKLISSA

Auch im nicht weit von Greiffenberg gelegenen Städtchen Marklissa (Leśna) spielten die Tuchmacherei und Leinenweberei traditionell eine große Rolle. Berühmt wurde der Ort dadurch, dass hier die erste maschinelle Kammgarnspinnerei Deutschlands entstand. Die 1855 gegründete Spinnerei der Gebrüder Woller entwickelte sich zu einem weitverzweigten Unternehmen, das nach 1925 auch Kunstseide herstellte. Diese traditionsreiche industrielle Textilfertigung wurde nach 1945 weitergeführt und besteht noch heute.

Das Rathaus von Greiffenberg besitzt einen modernen dreistöckigen Turm, der 1929 errichtet wurde. Der Turm ist eine der ersten Stahlbeton-Konstruktionen in Schlesien.

nähere Umgebung, in der man Wassersport treiben und hervorragend wandern kann, sondern auch das Burggelände selbst hält viele Attraktionen bereit. So werden nächtliche Besichtigungen der Burg und der Folterkammer angeboten, Ritterkämpfe lassen das Mittelalter wiedererstehen, eine Honigwein-Verkostung in der Schlossweinstube steht hoch im Kurs, und immer wieder stößt der Besucher auf Geheimgänge, die sich geschickt getarnt in den Wänden öffnen. Da die Burg mit ihren Türmen, Befestigungsmauern und Wassergräben der Inbegriff von Romantik ist, verwundert es nicht, dass hier bereits mehrere historische Filme gedreht wurden.

Erholung in Bad Flinsberg

Die Kämme des Isergebirges sind ab 730 Metern nicht mehr mit dichten Nadelgehölzen bewaldet, sondern mit niedrigem Knieholzgebüsch. Ausgedehnte Hochmoore zwischen den Kämmen verleihen der Landschaft einen charakteristischen, leicht melancholischen Reiz. Da das Gebiet nahezu unbewohnt ist und demnach keine Lichtverschmutzung herrscht, wurde die ganze Gegend zu einem „Sternenpark" erklärt. Hier kann man nachts am tiefschwarzen Himmel das funkelnde Band der Milchstraße und andere Gestirne leuchten sehen.

Der traditionsreiche Kurort Bad Flinsberg (Świeradów Zdrój) liegt im westlichen Isergebirge am Fuß des Heufuder, zu dem eine moderne Gondelbahn emporführt. Das Bad bietet dem Besucher eine Vielfalt an Erholungsmöglichkeiten. Die seit Hunderten von Jahren bekannten kohlensäurehaltigen Eisen- und Radium-Quellen werden für medizinische Zwecke eingesetzt. Auch die Moorvorkommen werden medizinisch zum Einsatz gebracht. Die hübschen Badehäuser wie das Leopoldsbad, das Ludwigsbad und das Marienbad, die lichtdurchflutete hölzerne Wandelhalle, die übrigens die längste dieser Art in den Sudeten ist, und das burgartige Kurhaus entstanden alle um 1900. Gemeinsam mit den in die Berghänge gebauten verwinkelten Fachwerkhäusern mit Türmchen und Giebelchen verleihen sie dem Bad eine romantische Note. Die bergige Umgebung von Bad Flinsberg ist im Sommer ein Paradies für Wanderer und Radfahrer auf gut ausgeschilderten Wegen. Im Winter ziehen die Berghänge um den Kurort Wintersportler an. Vom Heufuder abwärts beginnt eine der längsten Skipisten der Region. Kunstfreunde kommen im „Museum konkreter Kunst" (Muzeum Sztuki Konkretnej) auf ihre Kosten. Denn hier kann man Kunst ganz nah erleben, indem man zeitgenössischen Künstlern aus Polen, Tschechien und Deutschland bei ihrer Arbeit zuschauen darf.

Burg Tzschocha gilt als eine der besterhaltenen Burganlagen Schlesiens. Einstmals als Grenzburg zwischen der Oberlausitz und Schlesien errichtet, dient sie heute als stilvolles Restaurant und Hotel, gerne für Hochzeiten und andere Feierlichkeiten, sowie als Schulungszentrum für Manager.

Am Fuß der blauen Berge: Hirschberg, Bad Warmbrunn und Burg Kynast

Hirschberg (Jelenia Góra) liegt auf einer Anhöhe am Fuße des Riesengebirges und bildet den Mittelpunkt des nach ihm benannten, anmutigen Tales. Bereits im Mittelalter bekam Hirschberg verschiedene Privilegien verliehen, so das Münzrecht und die Zollfreiheit im Handel mit dem benachbarten Böhmen. Im 16. und 17. Jahrhundert erlangte die Stadt eine besondere Bedeutung durch ihre Leinenerzeugung, vor allem durch ihre Schleierweberei. Der schwunghafte Leinenhandel, der sich sogar bis nach Übersee erstreckte, machte Hirschberg reich. Im 19. Jahrhundert wurde der Leinen- und Schleierhandel durch Maschinen und industrielle Textilfertigung ersetzt, die sich zum Teil bis heute erhalten hat.

Dass Hirschberg eine Stadt der verschiedenen Glaubensrichtungen war und ist, sieht man an unterschiedlichen Kirchenbauten. So gibt es die alte katholische Pfarrkirche, eine orthodoxe Kirche, die seit 1948 einem Teil der neuen Bewohner Hirschbergs aus dem Osten Polens zur Verfügung steht, und die einstmals evangelische Gnadenkirche.

Glas aus Hirschberg

Sehr empfehlenswert ist ein Besuch des Regionalmuseums (Muzeum Okręgowe). Mit seinen 8 000 sorgfältig zusammengestellten Ausstellungsgegenständen gilt das Hirschberger Museum als ein Juwel unter den schlesischen Museen, und zwar nicht zuletzt wegen seiner sehr umfangreichen

Die mittlerweile sorgfältig restaurierte Altstadt Hirschbergs ist reich an Sehenswürdigkeiten, die auf die zentrale Stellung der Stadt durch die Jahrhunderte hinweisen. Links ist der Turm der Kirche St. Emmaus und Pankratius zu sehen, rechts der Turm des Rathauses.

RUNDGANG DURCH HIRSCHBERG

Wir beginnen unsere Spazierrunde am Burgtor. Dieser runde Turm mit einer achteckigen Spitze ist der letzte Rest der mittelalterlichen Stadtbefestigung, die ansonsten im 19. Jahrhundert, als die Stadt wegen der Industrialisierung über ihre engen Mauern hinauswuchs, abgerissen wurde. Von dort erreichen wir den nahe gelegenen Ring, der durch seine umlaufenden Laubenhäuser anheimelnd und freundlich wirkt. Das Rathaus aus dem 18. Jahrhundert steht in der Mitte des Marktplatzes. An der Nordostecke des Marktes ist das älteste Bauwerk der Stadt aus dem 14. Jahrhundert zu sehen, die katholische Pfarrkirche St. Erasmus und Pankratius. Der eher strenge gotische Innenraum der Kirche wird harmonisch aufgelockert durch den bewegten barocken Hochaltar. Auch die Mariensäule vor dem Westportal der Kirche zeigt die Dynamik ekstatischer Figuren.

Vorbei an der Annenkirche gelangen wir in östlicher Richtung zur ehemaligen Marienkirche, die seit 1948 der orthodoxen Glaubensgemeinschaft zur Verfügung steht. In unmittelbarer Nähe gelegen ist die einstmals evangelische Gnadenkirche, die um 1710 von den protestantischen Bürgern der Stadt erbaut wurde. Es lohnt sich, in dieser Kirche, die heute katholischen Gläubigen zur Verfügung steht, ein Konzert auf der gewaltigen, reich mit Figuren geschmückten Orgel anzuhören. Nun begeben wir uns in südlicher Richtung zum Regionalmuseum, das, ebenso wie das nahe Theater von 1904, aus der Zeit des Jugendstils stammt. Leuchtende Gläser in verschiedenen Farben, Rubinglas mit eingeschliffenen schlesischen Motiven, kostbares Milchglas und amüsante Hochzeitstrinkgefäße ziehen den Besucher ebenso an wie die reich ausgestattete Kaufmannsstube und die düstere Leineweberstube, die im Erdgeschoss des Museums nachgebaut sind. Vom Museum aus können wir uns in nordwestlicher Richtung zum einladenden Marktplatz zurückbegeben und dort in einem der gemütlichen Cafés und Restaurants einkehren.

Das Burgtor wurde bereits 1787 in ein offenes Tor umgebaut, nachdem es vorher ungebetenen Besuchern der Stadt über Jahrhunderte den Eingang verwehrt hatte.

Glassammlung. Diese zählt zu den vielfältigsten und reichsten in ganz Europa. Vor allem wird schlesisch-böhmisches Glas gezeigt, dessen Herstellung im Riesengebirge schon seit dem 13. Jahrhundert bezeugt ist. Die schlesischen Glaskünstler aus der berühmten Josephinenhütte in Petersdorf hatten sich raffinierte Verfahren der Bleikristallherstellung aus Murano bei Venedig zum Vorbild genommen. In Gerhart Hauptmanns Glashüttenmärchen „Und Pippa tanzt“ spielen diese Beziehungen zwischen Venedig und dem Riesengebirge eine zentrale Rolle. Nicht nur Humpen und volkstümliche Gläser werden im Museum ausgestellt, sondern auch elegante, kristallene Glaskelche mit eingravierten Ansichten von schlesischen Städten und Landschaften.

Der Marktplatz, der von gut erhaltenen Barock- und Rokokohäusern mit Laubengängen umstanden ist, gilt als einer der schönsten in ganz Schlesien. In der Zeit des Sozialismus verfallen und verwahrlost, erstrahlen die historischen Gebäude heute wieder in neuem Glanz, und zwar in geschmackvoll auf einander abgestimmten pastellfarbenen Tönen. Fiaker, die mit ein oder zwei Pferdestärken gemächlich über das Kopfsteinpflaster fahren, versetzen den Besucher in eine andere Zeit. Zwar ist Hirschberg von einem Gürtel grauer Satellitenstädte und verschiedener Fabriken und Industrien umgeben. Aber die Altstadt, die den Krieg fast unbeschadet überstanden hat, lohnt einen Be-

Schlesisches Glas war auf der ganzen Welt berühmt.
Hier eine Abbildung aus Meyers Konversationslexikon von 1895.

Fig 4. Schlesische Gläser (Josephinenhütte).

such unbedingt. Hier kann man durch die Sträßchen schlendern, am Marktplatz in hübschen Läden einkaufen, sich in Cafés oder Restaurants stärken und auf einem Spaziergang die historische Atmosphäre der Stadt auf sich wirken lassen.

Zur Kur nach Bad Warmbrunn

Das nahe gelegene Bad Warmbrunn (Cieplice Zdrój), das heute zum Stadtgebiet von Hirschberg gehört, gilt als ältester Kurort in den Sudeten, der über die Jahrhunderte auch prominente Kurgäste wie Johann Wolfgang von Goethe anzog. Die bis zu 87 Grad heißen Quellen waren schon im 12. Jahrhundert bekannt und werden bis heute zur Heilung von Nerven- und Hautkrankheiten und zur Linderung von Rheuma genutzt. Der Sage nach wurden sie dadurch entdeckt, dass ein verletzter Hirsch, der sich in einer aus dem Boden emporspringenden Quelle wälzte, kurze Zeit darauf gesund und munter davonsprang. Das älteste Kurgebäude, das Lange Haus, und die evangelische Pfarrkirche mit dem sehenswerten Altarbild des Barockkünstlers Michael Willmann stammen aus der Zeit um 1700. Dass die schlesische Adelsfamilie Schaffgotsch sehr segensreich für den Kurort wirkte, lässt sich nicht nur am gegen Ende des 18. Jahrhunderts errichteten barocken Schaffgotschpalais ablesen, das heute restauriert ist. Auch die im 19. Jahrhundert erbaute Trinkhalle, das Theater und das Kurhaus gehen auf das Wirken der Grafen von Schaffgotsch zurück. Durch die Grafen stieg Bad Warmbrunn erst in den Rang bekannter Kurorte auf. Zwei Parks sollte sich der Besucher nicht entgehen lassen. Der im englischen Stil angelegte Kurpark, der sich hinter dem Schloss ausbreitet, lädt entlang von Pavillons und dem Theater zu erholsamen Spaziergängen ein. Und im Norwegischen Park ist ein originelles Blockhaus von 1909 zu bewundern, das einem bekannten Osloer Ausflugslokal nachgebaut wurde. Im Naturkundemuseum, das sich ebenfalls in diesem Park befindet, wird die reiche ornithologische Sammlung der Familie Schaffgotsch gezeigt, eine Sammlung, die vor allem aus einer Vielzahl ausgestopfter Vögel besteht.

Das kleine klassizistische Kurhaus Edward in Bad Warmbrunn, das als Kurhotel fungiert, verfügt über nur 24 Zimmer – ideal, um abseits vom Trubel zur Ruhe zu kommen.

Burgenromantik: Burg Kynast

Unweit von Bad Warmbrunn in südlicher Richtung erhebt sich bei Hermsdorf (Sobieszów) die mythische Kynastburg (Chojnik), die schon aus weiter Ferne sichtbar ist. Wer die sagenumwobene Burgruine erklimmen möchte, kann Wege unterschiedlichen Schwierigkeitsgrads wählen: 45 Minuten wandert man von Hermsdorf auf dem schwarz markierten Weg durch das düstere „Räuberloch“, etwa eine Stunde auf dem nicht ganz so steilen roten Weg, der sich am Nordhang entlangschlängelt. Die Ringmauer, mit der Burg Kynast um 1500 umgeben wurde, verlieh ihr den Ruf einer „uneinnehmbaren Festung“. Nicht einmal während des Dreißigjährigen Krieges konnte sie erobert werden. Allerdings wurde sie 1675 durch Blitzschlag in Mitleidenschaft gezogen. Heute sind von der ursprünglichen Anlage die Ringmauern, ein spätgotischer Kapellenerker und der Bergfried erhalten. Von diesem Turm hat man eine großartige Aussicht auf das Riesengebirge und das Hirschberger Tal. Die Burg, die in fantastischer Lage auf dem Felsen thront und um die sich eine tragische Sage rankt, wurde immer wieder von bedeutenden Persönlichkeiten besucht und besungen. Johann Wolfgang von Goethe und Heinrich von Kleist fanden sich hier ebenso ein wie Könige und Fürsten. Verschiedene Dichter ließen sich zu Gedichten anregen, darunter Friedrich Schiller zu seiner Ballade „Der Handschuh“. Da viele Ritter, so die Sage, um die Hand der schönen, aber grausamen Kunigunde anhielten, stellte sie einem jeden dieselbe Bedingung. Sie würde denjenigen ehelichen, dem es gelänge, in voller Rüstung außen um die Burgmauern herumzureiten. Die Erfüllung dieser Forderung aber war wegen des Steilhanges ein Ding der Unmöglichkeit. So bezahlten alle Ritter, die es dennoch wagten, ihre Tollkühnheit mit dem Leben. Als nach einiger Zeit erneut ein Ritter auftauchte, verliebte Kunigunde sich in ihn und wollte auf die Probe verzichten. Er aber bestand darauf und es gelang ihm tatsächlich, die Burg zu umreiten. Als sie ihm um den Hals fallen wollte, erklärte er, bereits verheiratet zu sein und niemals ihre blutige Hand berühren zu wollen. Tief erschüttert und gedemütigt wegen der verschmähten Liebe stürzte sich Kunigunde nun selbst in den tödlichen Abgrund. Diese unheilvolle Atmosphäre fängt Gerhart Hauptmann in einem Gedicht ein, als er 1899 von seinem Haus Wiesenstein zur Burg Kynast wanderte und dem Gesang der Vögel um das verlassene Mauerwerk lauschte: „Sie geigen wohl um den alten Berg, / Der liegt so totenstille, / Zerbrochen Brück' und Mauerwerk / In seiner Waldeshülle.“

Burg Kynast steht auf einem schroffen, über 620 Meter aufragenden Granitfelsen. Um 1350 vom Fürsten Bolko gegründet, gelangte sie ab dem Ende des 14. Jahrhunderts in den Besitz der Familie Schaffgotsch.

Gerhart Hauptmann (1862–1946)

HAUS WIESENSTEIN UND GERHART HAUPTMANN

Der Literaturnobelpreisträger Gerhart Hauptmann wählte sich das malerische Dörfchen Agnetendorf (Jagniątków) als Ort für sein Haus Wiesenstein aus, in dem er von 1901 bis zu seinem Tod 1946 hauptsächlich lebte. Während der Zeit des Sozialismus diente das burgartige Anwesen als Kindererholungsheim. Das laut Hauptmann „heimlich-unheimliche“ Innere des Hauses mit Jugendstilfresken und mit einem Turm, „der die Dämonen schrecken und in einer Welt von Feinden Trotz bieten soll“, kann heute wieder besichtigt werden.

Um 1900 baute der Berliner Architekt Hans Grisebach für Gerhart Hauptmann das schlossartige Anwesen, das in seinem Inneren ganz im Jugendstil gehalten ist.

Ländliche Pracht: Die Schlösser des Hirschberger Tals

Im anmutigen, lieblich geschwungenen Hirschberger Tal wartet eine Fülle von Sehenswürdigkeiten auf den Besucher. Schlösser und Burgen wechseln mit landschaftlichen Höhepunkten ab, die in der imposanten Bergkulisse des Riesengebirges gipfeln. Als im frühen 19. Jahrhundert der preußische Hof das Tal entdeckte und hier neue prachtvolle Schlösser zu bauen begann, wurden auch andere Mitglieder des europäischen Hochadels angezogen, was bald zu einem regelrechten Bauboom führte. Über 30 Schlösser und Parks entstanden in einer weiten, aber doch überschaubaren Landschaft. Nach dem Zweiten Weltkrieg wurden die Schlösser entweder anders genutzt oder verfielen. Erst nach der Wende von 1990 ist ein Aufschwung zu verzeichnen: Etliche der Schlösser und Herrenhäuser wurden und werden gerettet, nach alten Vorlagen stilecht restauriert und dienen oftmals als noble Hotels.

Eines der ersten dieser Art war Schloss Lomnitz (Łomnica). Es gilt mit seinem Großen und Kleinen Schloss, dem sogenannten Witwenhaus, in dem ein gut geführtes Hotel mit Restaurant untergebracht ist, als eine der am besten gepflegten herrschaftlichen Anlagen im Hirschberger Tal. Das Schloss, das älteren Ursprungs ist, erhielt sein heutiges Aussehen im 19. Jahrhundert. Ab 1970 stand es leer und verfiel. Doch ab 1992 begannen Nachfahren der aus dem Schloss vertriebenen Familie von Küster gemeinsam mit einem polnischen Partner, das Anwesen zu retten. Unterstützt wurde das Ehepaar von Küster durch den 1993 gegründeten deutsch-polnischen „Verein zur Pflege schlesischer Kunst und Kultur“. Dieser Verein richtete in Lomnitz eine Bibliothek ein und erhielt das Recht, hier Aus-

Neben dem Großen Schloss von 1720 befindet sich auf dem Anwesen in Lomnitz das abgebildete Kleine Schloss von 1805, auch Witwenhaus genannt, in dem ein Hotel untergebracht ist.

ZU BESUCH AUF SCHLOSS LOMNITZ

Wer auf schmalen, aber gut ausgeschilderten Straßen nach Lomnitz fährt, wird reich belohnt, wenn er die einladende Schloss- und Gartenanlage erblickt. Besucher, die hier einkehren oder gar übernachten, werden früher oder später den Schlossbesitzern Ulrich und Elisabeth von Küster begegnen, die bereitwillig von dem großen Abenteuer erzählen, Anfang der 1990er-Jahre das verfallene, dem Untergang geweihte Anwesen zu erwerben und Schritt für Schritt in das zu verwandeln, was es jetzt ist: ein blühendes Paradies voller Schönheit, Geschmack und Attraktionen.

Elisabeth von Küster zeigt in der Schlossküche frisches Gemüse, das auf dem Anwesen angebaut wurde.

Das Schlosshotel im Kleinen Schloss ist umgeben von einem ausgedehnten Landschaftspark, der sich am Ufer des Bober hinzieht. Die Schlossherrin ermuntert die Gäste, auf eigene Faust die Umgebung zu erkunden, reizvolle Spaziergänge zu unternehmen, die faszinierende Welt des Gutshofs mit Stallungen, Werkstätten und Läden zu erkunden und die Küche mit heimischen Spezialitäten und frischem Gemüse, Kräutern und Beeren aus dem Küchengarten zu genießen. Der neun Hektar große englische Landschaftspark von Lomnitz ist mit dem Park des benachbarten Schlosses Schildau auf der anderen Seite des Bober verbunden. Dadurch ist die Umgebung der beiden Schlossanlagen zu einer hochromantischen Gesamtlandschaft zusammengewachsen. Auf Gut Lomnitz selbst zieht nicht nur der gut sortierte Leinenladen mit Damen- und Herrenmoden, Tischwäsche und anderen Leinenprodukten die Besucher an, sondern auch die Gutsbäckerei, die Stallungen für Pferde und Schafe, die Schmiede und die Küche, in der täglich frische, köstliche Speisen für den Hofladen zubereitet werden. Im großen Schloss von Lomnitz entsteht ein Schlossmuseum, das das Leben auf einem schlesischen Gut nachempfindet, denn, so die Hausherrin, es waren „die vielen schlesischen Güter, die die Landschaft geprägt und gestaltet haben".

Auf dem ausgedehnten Hofgelände und in der großen Scheune finden das ganze Jahr über Märkte und Festveranstaltungen statt: der Ostermarkt im Frühling, das Leinen- und Handwerkerfest im Sommer, das Erntedankfest im Oktober, das Schlesische Pfefferkuchenfest und die Gänsewochen im November und schließlich der rauschende Silvesterball im Restaurant „Alter Stall". Schloss Lomnitz hat zu jeder Jahreszeit Saison, so Frau von Küster, egal, ob die Gäste die lauen Sommerabende auf der Schlossterrasse genießen wollen oder lieber im Winter durch die stille Schneelandschaft wandern und die behaglich-stilvolle Atmosphäre des Hauses bei einem guten Glas Wein am Kamin verbringen möchten.

stellungen und Bildungsveranstaltungen durchzuführen. Der polnische Zweig dieses Vereins wurde von der segensreich wirkenden Ingeborg Gräfin von Pfeil geleitet, einer pensionierten Diplomatin, die wegen dieser deutsch-polnischen Arbeit in ihre schlesische Heimat zurückgekehrt war.

Ein preußisches Märchenschloss

Das durch den Park mit Lomnitz verbundene Schloss Schildau (Wojanów) am Ufer des Bober hat die Ausstrahlung eines frisch restaurierten Märchenschlosses. Die äußere Form mit den vier Ecktürmen ist sehr markant und geht auf eine Anlage aus der Renaissance zurück, die in späteren Epochen immer wieder überformt wurde. Daher gibt es außen wie innen auch barocke, klassizistische und neugotische Elemente. Bis 1918 gehörte Schloss Schildau dem preußischen Königshaus. In der Zeit des Sozialismus zeitweise als Ferienheim genutzt, verfiel die Anlage immer mehr. Nach der politischen Wende wurde eine aufwendige Renovierung des Gebäudes begonnen. Nach einem Brand 2002 wurden

Nach 2002 wurde Schloss Schildau restauriert und erstrahlt heute in neuem Glanz. Die Parkanlage wurde vermutlich nach Entwürfen des berühmten preußischen Gartenarchitekten Peter Joseph Lenné in den 1840er-Jahren angelegt.

die schlichten Stuckdecken, die Parkettfußböden und die farbigen Wandfassungen für die heutige Nutzung als Schlosshotel neu geschaffen. Für Hotelgäste sind der prächtige, rekonstruierte Park und die Hofanlagen zugänglich.

Einzigartige Parklandschaft

Nicht weit von Schildau findet sich das mittlerweile in ein Luxushotel umgewandelte Königsschloss Fischbach (Karpniki). Das heutige Äußere des in Teilen auf das 16. Jahrhundert zurückgehenden Schlosses stammt aus dem 19. Jahrhundert und erscheint mit romantischen Zinnen und Türmchen wie eine idealtypische mittelalterliche Ritterburg in Formen der Neugotik. Dort, wo einst preußische Prinzen und Prinzessinnen ihre Sommer verbrachten, wurde nun, nach Jahren des Niedergangs im 20. Jahrhundert, im Jahr 2014 ein Nobelhotel eröffnet. Die Innenräume des Erdgeschosses und der Belle Étage wurden originalgetreu rekonstruiert, und zwar mithilfe historischer Grafiken und Aquarelle. Königssuite, Blauer und Roter Salon sind ganz nach historischem Vorbild gestaltet und eingerichtet. Im Nordflügel findet der Gast, teilweise in gotischen Gewölben, drei Restaurant-Räume vor, in denen erlesene Menüs von einem französischen Sternekoch zubereitet werden.

Schloss Buchwald (Bukowiec) ist ein etwas anderer Charakter zu eigen. Der äußerlich eher schlichte, klassizistisch überformte Bau dient nicht Luxus und Wellness, sondern kulturellen Veranstaltungen und Konferenzen. Berühmt wurde Buchwald im 18. Jahrhundert, als Graf von Reden und seine Frau Friederike den Besitz übernahmen. Der Graf galt als der wichtigste Initiator des Bergbauwesens und der Industrialisierung in Oberschlesien. Friederike von Reden, die sich auch sehr für Arme einsetzte, schuf mit dem großen Landschaftspark von Buchwald, der immer wieder Blickschneisen auf den Riesengebirgskamm eröffnete, eine der schönsten Anlagen in ganz Preußen. Schloss Buchwald war unter Graf von Reden ein äußerst gastliches Haus, das nicht nur den Maler Caspar David Friedrich, sondern sogar den preußischen König Friedrich Wilhelm III. und seine Frau Königin Luise in seinen Mauern beherbergte. Die Parks von Buchwald, Fischbach und Erdmannsdorf waren einst im Sinne einer zusammengewachsenen Ideallandschaft verbunden. Auch heute lädt der Park von Buchwald mit den fantastischen Blicken auf die Schneekoppe zu ausgedehnten Spaziergängen ein.

Das nahe Schloss Erdmannsdorf (Mysłakowice), dessen heutige neugotische Gestalt auf Umbauten durch Karl Friedrich Schinkel zurückgeht, wurde 1832 von König Friedrich Wilhelm III. erworben. Um das Schloss herum entstand ein weiteres Kleinod unter den schlesischen Landschaftsparks mit Blick auf die Schneekoppe. Als 1837 protestantische Glaubensflüchtlinge aus dem Zillertal in Tirol nach Preußen strömten, stellte der König ihnen Land in Erdmannsdorf zur Verfügung. Gräfin Friederike von Reden ließ dort für die Flüchtlinge eine Siedlung typisch alpenländischer Holzhäuser anlegen, die „Zillerthal" genannt wurde und heute noch zu sehen ist. Die von Schinkel entworfene evangelische Kirche lohnt ebenfalls einen

Besuch. Der Park um Schloss Erdmannsdorf ist öffentlich zugänglich, das Schlossgebäude selbst jedoch nicht, da dort seit 1951 eine Schule untergebracht ist.

Nicht weit von Erdmannsdorf liegt Arnsdorf (Miłków), eine Ansiedlung, die in früheren Jahrhunderten zu einem Zentrum der Naturheilkunde wurde. Dort wohnten nämlich „Laboranten", Kräutersammler im Riesengebirge, die aus ihren Funden Arzneien herstellten. Eines der heute noch bekannten „Arzneimittel" ist der Kräuterschnaps „Stonsdorfer". Das schön restaurierte Barock- und Neobarockschloss inmitten einer harmonischen Parkanlage lädt mit vornehmer Zurückhaltung Restaurant- und Übernachtungsgäste ein.

Schloss Stonsdorf (Staniszów), eine der Perlen des Hirschberger Tals, wurde über die Jahrhunderte immer wieder baulich verändert, bis es im 19. Jahrhundert sein heutiges Aussehen erhielt. Berühmt ist der wunderbare Schlosspark, der als einer der originellsten Landschaftsparks Niederschlesiens galt. Das Schloss selbst wurde zu einem sehr attraktiven und stilvollen Hotel umgebaut, mit großem Spa-Bereich. Höhepunkt ist das große Schwimmbad unter Kronleuchtern. Schloss Stonsdorf beherbergt seit 2004 die Stiftung Stonsdorfer Forum, die Kunst und Kultur in Niederschlesien, besonders im Riesengebirge, fördern will. Gemälde, Grafik und Keramik werden in der Orangerie ausgestellt. Seit 2006 findet hier regelmäßig ein hochkarätiges Musikfestival statt. Schloss Stonsdorf wurde bereits mit mehreren renommierten Hotel- und Kulturpreisen ausgezeichnet. Der sehr rührige Hotelier stellt inzwischen einen „Stonsdorfer" in eigener Rezeptur her. Der Besucher sollte nicht nur das prachtvolle Hotel genießen und die anmutige Landschaft erkunden, sondern auch den echten „Likier Staniszowski", Likör aus Stonsdorf, probieren.

Der Park des Schlosses Stonsdorf bezieht die umliegenden Wälder in die Parkgestaltung mit ein und verbindet so eine natürliche Umgebung mit einer Parklandschaft, die zu herrlichen Spaziergängen und Wanderungen einlädt.

Prinz Wilhelm von Preußen, der Bruder König Friedrich Wilhelms III., verbrachte ab 1822 mit seiner Familie jedes Jahr einige Monate auf Schloss Fischbach. Ab 1844 ließ Wilhelm das Schloss im Stil der Neugotik umbauen.

Das Skigebiet rund um Schreiberhau ist eines der beliebtesten Wintersportgebiete in Polen. Beim größten polnischen Ski-Rennen treffen sich jeden März zahlreiche Sportler zum Langlauf-Massenstart.

Magnet für Künstler und Wanderer: Bergromantik in Schreiberhau

An der Grenze zwischen Iser- und Riesengebirge liegt Schreiberhau (Szklarska Poręba), ein Ort, der sich über mehr als 20 Kilometer durch ein reizvolles Tal in Richtung Riesengebirgsmassiv hinzieht. Bedingt durch die enorme Länge der Stadt besaß sie in der deutschen Zeit sechs (!) Bahnhöfe. Ursprünglich war Schreiberhau berühmt für seine Glasmacherkunst und wird als „Glashütte in der Schribirshau“ bereits in einem Dokument von 1366 erwähnt. Seine Blütezeit erlebte die hiesige Glasmacherei im 17. Jahrhundert. Die 1840 gegründete Josephinenhütte entwickelte sich vor allem wegen der Kristallglasherstellung zur bedeutendsten Kunstglashütte Schlesiens. Seit 1956 wird diese berühmte Hütte als Huta Julia weitergeführt. Und noch ein wichtiger Wirtschaftszweig prägt den Ort bis heute: der Fremdenverkehr. Seit 1870 wurde Schreiberhau zum stark besuchten Luftkurort, vor allem aber zu einem Zentrum des Wintersports. Heute gilt der Ort mit seiner bergigen Umgebung als eines der besten Skigebiete in Polen. Mit dem modernen Sessellift in Ober-Schreiberhau gelangt man in neun Minuten auf den zweithöchsten Berg des Riesengebirges, den Reifträger (Szrenica). Das sich dort erstreckende Skigebiet lockt mit langen und abwechslungsreichen Panorama-Abfahrten. Schneesicherheit wird im Winter garantiert. Auch das bei Schreiberhau beginnende Jakobstal (Jakuszyce) stellt eine Attraktion für Wintersportler dar, die den Langlaufsport bevorzugen. Einhundert Loipenkilometer werden in diesem Langlaufgebiet, einem der besten und schönsten in Polen, regelmäßig gespurt, wobei die Strecken geschickt miteinander verbunden sind. Eine besonders schöne Route führt zur 17 Kilometer entfernten Schneekoppe. Schreiberhau ist aber auch der ideale Ausgangspunkt für Wanderungen. Nicht nur die reizvolle unmittelbare Umgebung des

Ortes lässt sich nach allen Richtungen zu Fuß erkunden. Sehr beliebt sind von hier aus vor allem Wanderungen in die höheren Lagen des Riesengebirges.

Caspar David Friedrich malte im Riesengebirge zahlreiche Bilder. „Morgen im Riesengebirge" entstand 1810/11.

Inspiration für Künstler

Die Schönheiten der Landschaft zu allen Jahreszeiten zog bereits vor 1900 verschiedene Künstler und Schriftsteller an, die sich zum Teil hier niederließen, um sich immer wieder von den romantischen Natureindrücken inspirieren zu lassen. Vorläufer dieser Künstlerkolonie in Schreiberhau war der bedeutendste Maler der deutschen Romantik, Caspar David Friedrich, der bereits 1810 eine Riesengebirgswanderung unternahm. Die dadurch angeregten Gemälde mit Titeln wie „Morgen im Riesengebirge", ein Bild, das einen weiten Blick über die unendliche Bergwelt mit zierlichem Gipfelkreuz und zarten Nebelschleiern in der Dämmerung zeigt, sind der Inbegriff der romantischen Malerei. Der deutsche Maler ist im Riesengebirge auch heute beliebt. In Seifershau (Kopaniec) im Riesengebirgsvorland wurde sogar eine Schule nach ihm benannt.

Zusammen mit seinem ebenfalls schreibenden Bruder Carl ließ sich der berühmte Schriftsteller und Nobelpreisträger Gerhart Hauptmann von 1891 bis 1898 in Mittel-Schreiberhau nieder, bis er nach Agnetendorf zog. In Schreiberhau verfasste er unter anderem sein weltberühmtes Drama „Die Weber".

ZU BESUCH IN DER GLASHÜTTE JULIA

In der Huta Julia kann man seit 2006 wieder die alte Kunst des Glasblasens bewundern.

Wer die südlich von Schreiberhau in Petersdorf (Piechowice) liegende Glashütte Julia besucht, in der auch Führungen in deutscher Sprache angeboten werden, wird staunen. Nicht nur, dass der Besucher hier jeden Schritt der Glasherstellung live miterleben kann, so vom Glasblasen und -formen über das Polieren und Färben bis hin zu den verschiedenen Schliffen. Er darf sich auch selbst im Glasblasen versuchen oder Schleiftechniken ausprobieren. Kinder können in der Hütte Julia ihr Glasbläser-Diplom erwerben.

Darüber hinaus zeigt ein neues interaktives Museum die Geschichte der Glasproduktion im Riesengebirge und vor allem der früheren traditionsreichen Josephinenhütte. Alle Produkte, die auf der Grundlage von Quarzsand aus Niederschlesien entstehen, werden auch heute noch von Hand hergestellt, dabei 80 Prozent der Bleigläser auf Bestellung. Das Kristallglas dieser Hütte, das ein charakteristisches Leuchten aufweist, ist in der ganzen Welt beliebt. Bei der Hochzeit des britischen Prinzen William mit Kate soll eine prachtvolle Schale aus Petersdorf den Tisch geziert haben.

Gut 50 Skipisten und zahlreiche Lifte machen das Riesengebirge zu einem beliebten Wintersportgebiet.

In Rübezahls Reich: Vom Reifträger bis zur Schneekoppe

Das Riesengebirge (poln. Karkonosze, tschech. Krkonoše) ist das eigentliche Hochgebirge der Sudeten. Es hat zwar, anders als sein Name vermuten lässt, keine riesige Ausdehnung, sondern erstreckt sich nur etwa 40 Kilometer in die Länge und gut 20 Kilometer in die Breite. Dafür rangiert es aber, was seine Höhe angeht, nach den Alpen und den Karpaten an dritter Stelle in Mitteleuropa. Sein Name kommt vermutlich von den „risen", den Gleitrinnen, in denen das geschlagene Holz einst zu Tal befördert wurde. Im Mittelalter verbreitete sich die Kunde, dass das geheimnisvolle Riesengebirge reich an Edelsteinen und Edelmetallen sei, was sogar Schatzsucher aus dem fernen Italien anzog.

Wer sich ins Riesengebirge zum Wandern aufmacht, sollte sich vor dem schnell wechselnden Wetter in Acht nehmen. Blauer Himmel und strahlender Sonnenschein sind trügerisch, denn aus heiterem Himmel kann das Wetter umschlagen. Plötzlich ziehen dichte Regenwolken auf, Kälte stellt sich ein, starke Winde und gefährlicher Nebel kommen auf. Diese rapiden Wetterumschwünge forderten über die Jahrhunderte viele Todesopfer, denen auf der tschechischen Seite des Gebirges in einer kleinen Kapelle gedacht wird.

Grenzland zwischen Polen und Tschechien

Das Riesengebirge ist ein traditionelles Grenzgebirge. Über seinen Kamm verlief lange die Grenze zwischen Schlesien und Böhmen, die sich heute mit der zwischen Polen und Tschechien deckt. Von der südlichen, der böhmischen Seite steigt das Riesengebirge nur allmählich an. Dagegen fällt es auf der nördlichen, der schlesischen Seite schroff in das 1 000 Meter tiefer gelegene Hirschberger Tal ab. Der Gebirgskamm mit seiner durchschnittlichen

Höhe von 1 250 Metern wird überragt von einigen Kuppen, dem Reifträger (Szrenica, 1 362 Meter), dem Hohen Rad (poln. Wielki Szyszak, tschech. Vysoké Kolo, 1 509 Meter), der Großen Sturmhaube (poln. Śmielec, tschech. Velký Šišák, 1 424 Meter), der Kleinen Sturmhaube (poln. Mały Szyszak, tschech. Malý Šišák, 1 440 Meter), der Schwarzen Koppe (poln. Czarna kopa, tschech. Svorova hora, 1 407 Meter) und dem höchsten Gipfel, der berühmten Schneekoppe (poln. Śnieżka, tschech. Sněžka, 1 603 Meter). Die Gebirgskämme auf der böhmischen Seite werden durchbrochen von der Talschlucht der Elbe, die im Riesengebirge entspringt und die beim Hinabstürzen in den tiefen Elbgrund (tschech. Labský důl) den Elbfall bildet. Nördlich der Schneekoppe, auf der schlesischen Seite, befinden sich die großartigen Felsenschluchten der Kleinen und Großen Schneegrube (poln. Śnieżne Kotły). Die Gewässer der Nordhänge fließen sämtlich zum Bober und bilden einige eindrucksvolle Wasserfälle, so den Zackelfall (Wodospad Kamieńczyka), der 27 Meter in drei Kaskaden herabstürzt, und den etwas kleineren Kochelfall (Wodospad Szklarki).

Das Riesengebirge besteht hauptsächlich aus Granit. Es sind zahlreiche, durch Wind und Regen über die Jahrtausende geformte Gesteinsgruppen erhalten, die sich zu pittoresk verwitterten Felsenmassen und Einzelfelsen erheben, so der Teufelsstein über dem Großen Teich, der Mittagsstein an der Kleinen Sturmhaube, der Mädelstein und die Rübezahlkanzel. Bis etwa 500 Meter ist das Riesengebirge mit Mischwald, bis 1 250 Meter mit Nadelwald bewachsen. Darüber erhebt sich die Hochgebirgsregion mit Knieholz und alpinen Pflanzen wie Enzian und Arnika, die über 1400 Metern aufhören. Die höchste Region wird nur noch von Flechten bedeckt.

Markante Granitformationen wie hier die Pilgersteine im östlichen Riesengebirge faszinieren jeden Wanderer. Bei den Pilgersteinen handelt es sich um drei dicht beieinanderstehende Felsen, von denen hier einer zu sehen ist.

Das Panorama des Riesengebirges zeigt im Hintergrund die Schneekoppe und vorne den Kleinen Teich.

Das Wasser des Flüsschens Zackel fällt am Zackelfall 27 Meter tief – ein einzigartiges Naturschauspiel.

Es gibt verschiedene Möglichkeiten, den Hauptgipfel des Riesengebirges, die Schneekoppe, zu erreichen. Am bequemsten ist es, von der tschechischen Seite, von Petzer (tschech. Pec pod Sněžkou), mit der Seilbahn direkt auf den Gipfel zu fahren, was zwar einer Koppenbesteigung viel von ihrem romantischen Reiz nimmt, aber dafür auch nicht gehfreudigen Menschen eine fantastische Aussicht über die Bergwelt ermöglicht. Von der schlesischen Seite, von Krummhübel aus, führt ein Sessellift auf die Kleine Koppe (poln. Kopa), von der aus man zu Fuß in etwa 45 Minuten den Gipfel der Schneekoppe erreichen kann. Am eindrucksvollsten allerdings ist es für diejenigen, die gut zu Fuß sind, die etwa 20 Kilometer lange Kammwanderung vom Reifträger bis zur Schneekoppe zu wagen. Dieser rot markierte Kammweg auf über 1 300 Metern Höhe, der sich entlang der polnisch-tschechischen Grenze schlängelt, bietet bei gutem Wetter atemberaubend weite Blicke nach Norden und nach Süden. Wer einen mühsamen Aufstieg zu Beginn vermeiden will, fährt von Schreiberhau mit der Seilbahn auf den Reifträger und beginnt die Kammwanderung dort in östlicher Richtung. Es lohnt sich, auf dem Weg einen kurzen Abstecher zur Elbquelle auf der tschechischen Seite zu machen. Weiter geht es entlang der Schneegruben genannten Gletscherkare, an denen die Felsen fast 200 Meter tief abstürzen – für nicht schwindelfreie Wanderer eine Herausforderung. Der Weg führt am Hang des majestätisch aufragenden Hohen Rades weiter und überrascht immer wieder mit fantastischen Panoramablicken. Unterwegs kann man sich in der Spindlerbaude auf tschechischer Seite stärken. Vorbei an der Kleinen Sturmhaube gelangt man schließlich zum Mittagsstein und zum Großen Teich (Wielki Staw), einem von der Eiszeit geschaffenen Gletschersee, der nur von oben bewundert werden kann. Bald daneben kommt bei einem Felsabsturz der Kleine Teich (Mały Staw) in Sicht, an

DER NATIONALPARK RIESENGEBIRGE

Bereits im Jahr 1959 entstand auf der polnischen Seite des Riesengebirges der „Karkonoski Park Narodowy“, der ein Gebiet von etwa 56 Quadratkilometern umfasst und damit einer der kleineren Nationalparks in Polen ist. Dafür aber erstreckt er sich über mehr als tausend Höhenmeter. Im Jahr 1963 wurde dann auf der anderen Seite der Grenze der „Krkonošský národní park“ als erster Nationalpark in Tschechien eingerichtet. Seine Fläche beträgt annähernd 370 Quadratkilometer.

Noch heute sieht man an den abgestorbenen Fichten, wie dramatisch das Waldsterben auch im Riesengebirge war.

Unter Schutz stehen nicht nur die Flora und Fauna der Kammlagen, sondern auch die Bereiche bis an den Fuß des Gebirges. Werden auf der tschechischen Seite Waldgebiete neu aufgeforstet, die in den 1970er- und 1980er-Jahren vom Waldsterben betroffen waren, so ist aufgrund der strengen Naturschutzbestimmungen eine künstliche Wiederaufforstung auf der polnischen Seite untersagt. Beide Teile des Nationalparks bilden seit 1993 das grenzüberschreitende UNESCO-Biosphärenreservat „Karkonosze/Krkonoš“. Der Sitz der Nationalparkverwaltung auf polnischer Seite befindet sich in Hirschberg. Sie betreibt in Schreiberhau ein ökologisches Bildungszentrum mit naturkundlicher Ausstellung. Der Eintritt in den Nationalpark ist gebührenpflichtig und das Verhalten der Besucher durch Besucherordnungen streng geregelt. So ist es u. a. untersagt, Blumen zu pflücken, Beeren und Pilze zu sammeln, zu zelten, Feuer zu machen und außerhalb von ausdrücklich erlaubten Wegen Fahrrad zu fahren. Polnische und tschechische Naturschützer sind unermüdlich damit beschäftigt, die jährlich weit über zehn Millionen Besucher zu einer sauberen Umwelt anzuhalten.

dessen Ufer die Kleine Teichbaude mit hübschem Glockentürmchen idyllisch liegt. Selbst wenn im Gebirge ein Sturm tobt, zeigen die beiden Bergseen immer eine spiegelglatte Oberfläche. Weiter geht es auf dem Kammweg zum breiten Plateau Koppenplan (Równia pod Śnieżką), von dem aus auf Wegen von unterschiedlichem Schwierigkeitsgrad sich die Schneekoppe in einer halben oder einer Stunde besteigen lässt. Nur an wenigen Tagen im Jahr ist der überwältigende Rundblick von diesem Höhepunkt des Riesengebirges zu genießen, denn zumeist hüllen Nebel und Wolken den Gipfel ein.

Auf der Schneekoppe

Auf dem Plateau steht die runde Laurentiuskapelle mit schindelgedecktem Zeltdach, die 1681 geweiht wurde. Sie wurde als Ausdruck christlichen Glaubens gegenüber dem Dämonen- und Geisterglauben der Bergbevölkerung errichtet. Fünfmal im Jahr fanden hier Gottesdienste statt, die die wallfahrenden Gläubigen zu Tausenden anzogen. Aus dieser Pilgerbewegung entwickelte sich schließlich das Freizeit-Wandern im Riesengebirge, und die Kapelle wurde als Herberge für müde Wanderer genutzt. Nachdem sie aber mehrfach vom Blitz getroffen wurde, einmal sogar mit tödlichem Ausgang, dient sie heute wieder ausschließlich als Gotteshaus. Beherrschend ist das moderne, aluminiumverkleidete Gebäude der meteorologischen Station, das großen, übereinander angeordneten Diskusscheiben ähnelt. Meteorologisch interessierten Wanderern ist der Besuch der Station empfohlen. Der heutige moderne Bau geht auf eine erste Wetterstation aus dem Jahr 1890 zurück. Eine Gaststätte befindet sich bei der Seilbahnstation. Im Winter sind die Schneekoppe und das Gebiet um den Reifträger herum ein beliebtes Wintersportgebiet für Skifahrer, Rodler, Schlittschuhläufer, Schneeschuhwanderer und Snow-Scooter-Fahrer. Zwar sind Schneestürme, Lawinen und dichter Schneefall nicht ungefährlich, hinterlassen aber bizarre Schneeverwehungen und Eisformationen von sagenhafter Schönheit.

Im Spätsommer und im Herbst ist im Riesengebirge die Hauptwandersaison.

Der Abstieg auf der schlesischen Seite geht zur Kleinen Koppe, von wo ein neuer Sessellift den Wanderer nach Krummhübel hinunterfährt und ein Linienbus ihn zurück nach Schreiberhau bringt.

Die Beschilderung der Wanderwege im Riesengebirge ist hervorragend. Wer sich auf eigene Faust zum Wandern aufmacht, kann sich hier sehr gut orientieren. In den vielen Bauden kann man zum Essen einkehren, bei schlechtem Wetter Schutz suchen und auch preiswert übernachten.

Teile der Kleinen Teichbaude (Samotnia-Hütte) sind schon über 400 Jahre alt. Heute laden zahlreiche traditionelle Hütten Riesengebirgswanderer zur Rast und Übernachtung ein.

Erkundungen rund um die Schneekoppe: Krummhübel, Kirche Wang und Schmiedeberg

Die Kirche Wang, die sich harmonisch in die Gebirgslandschaft einpasst, ist nicht nur mit 855 Metern über dem Meer die höchstgelegene Kirche Schlesiens, sondern auch die einzige von heute noch erhaltenen 30 Stabkirchen, die außerhalb Norwegens steht.

Krummhübel (Karpacz) ist sehr malerisch am nördlichen Fuß der Schneekoppe gelegen und gilt als der bedeutendste Urlaubsort der Region. Ähnlich wie Schreiberhau, nur in bergigerem Terrain, schlängelt sich der Ort entlang den Serpentinen der Hauptstraße vier Kilometer den Berg hinauf. Die durch und durch vom Fremdenverkehr geprägte Stadt ist ein hervorragender Ausgangspunkt sowohl für Bergwanderungen als auch für den Wintersport. Neue Lifte, Kunstschneeanlagen und Pisten verschiedener Schwierigkeitsgrade machen die Umgebung von Krummhübel zu einem perfekten und äußerst beliebten Skigebiet.

Eine Kirche aus Norwegen

Nördlich von Krummhübel liegt Brückenberg (Karpacz Górny). Hier steht die aus Norwegen stammende, hölzerne Stabkirche Wang, die 1844 aus dem hohen Norden ins Riesengebirge versetzt wurde. Die Geschichte dieses „Umzugs“ ist erzählenswert: Da die alte, mit Wikingerschnitzereien versehene Holzkirche aus dem 12. Jahrhundert in Südnorwegen, im Wangener Fjord bei Drontheim, abgerissen werden sollte, erwarb der norwegische Maler Johann Clausen Dahl dieses mittelalterliche Kleinod, um es in Oslo wieder aufstellen zu lassen. Aber sein Plan scheiterte, und so wandte er sich an den preußischen König Friedrich Wilhelm IV., der sich sogleich für eine Aufstellung der Kirche in Preußen begeisterte. Die Kirche wurde in Einzelteile zerlegt, verpackt und gelangte nach einer fast ein Jahr dauernden Reise auf abenteuerlichen Wegen und quer über die

Ostsee nach Stettin und schließlich nach Berlin, wo sie zunächst auf der Pfaueninsel aufgestellt werden sollte. Durch Vermittlung der Gräfin Reden in Schloss Buchwald schenkte der König den Bewohnern von Brückenberg, denen eine Kirche fehlte, die Holzteile, die nun auf einer weiteren abenteuerlichen Fahrt über Flüsse und Kanäle schließlich auf schmalen Bergstraßen ins Riesengebirge transportiert wurden. Hier wurde die Kirche wieder zusammengesetzt und im Sinne der Spätromantik rekonstruiert. Der Baumeister Friedrich Stüler fügte den massiven Turm neu hinzu.

Heute ist in Schmiedeberg, in dem nach dem Zweiten Weltkrieg auch Uran abgebaut wurde, ein Besucherstollen zugänglich.

Unter Tage

Schmiedeberg (Kowary) am Fuß der Schneekoppe war im Mittelalter als Bergarbeitersiedlung bekannt. Auch heute wird hier noch Magneteisenerz abgebaut. Im 18. Jahrhundert war Schmiedeberg ein Zentrum der Leinenherstellung und des Leinenhandels, da der Ort an einer alten Passstraße zwischen Schlesien und Böhmen liegt. Heute ist Schmiedeberg ein freundliches Städtchen, in dem nicht nur die gotische Pfarrkirche mit Barockkapellen und das klassizistische Rathaus zu bewundern sind, sondern auch prachtvolle Fachwerksanatorien von 1900 und das Hotel „Smyrna", die einstige Fabrikantenvilla der Teppichfabrik. Auf dem ehemaligen Fabrikgelände breitet sich ein liebevoll angelegter Miniaturenpark aus, in dem alle wichtigen niederschlesischen Architekturdenkmäler in Kleinformat versammelt sind.

RÜBEZAHL

Rübezahl verjagt Wanderer, die ihm zu nahe kommen. Schulwandbild, um 1950

Rübezahl ist der Berggeist des Riesengebirges. Er kann die Naturgewalten entfesseln und steht mit dem Teufel im Bunde. In der Fantasie der Bergbewohner ist Rübezahl ein zwiespältiger Geist. Wer ihn sich zum Feind macht, und das sind gemeine, habgierige und betrügerische Menschen, wird bestraft oder zumindest an der Nase herumgeführt. Wer der Hilfe bedarf, wer arm, schwach und krank ist und sich vertrauensvoll an ihn wendet, dem gegenüber zeigt er sich großzügig, denn Rübezahl hat auch eine mitleidige, gutmütige und hilfsbereite Seite. Dank seiner Zauberkraft taucht er in verschiedenen Gestalten auf, als Edelmann genauso wie als galanter Liebhaber, als Mönch oder als Kräutersammler. Er ist ebenso wetterwendisch, donnernd, nebulös oder mild und strahlend wie die Naturgewalten des Gebirgslandes zwischen Böhmen und Schlesien, wo er seine Wohnstätte hat. In Sagen, Geschichten und Märchen wurde diese schillernde Figur festzuhalten versucht.

Carl Hauptmann und der berühmte Kinderbuchautor Otfried Preußler haben Rübezahl-Bücher hinterlassen, daneben gibt es beliebte Märchensammlungen für Kinder und Rübezahl-Filme. Heute sieht man im Riesengebirge viele holzgeschnitzte Figuren von „Liczyrzepa", wie Rübezahl im Polnischen genannt wird, die die Figur des mächtigen Berggeistes verewigen.

Im 17. Jahrhundert, nach dem Ende des Dreißigjährigen Krieges, entwickelte sich in Schömberg die Leineweberei. Die Holzhäuser der „Zwölf Apostel", von denen heute noch elf Gebäude erhalten sind, sind Zeugnisse der damals entstandenen Webersiedlung in dem dicht an der Grenze zu Tschechien liegenden Städtchen.

Triumph des Barock: Kloster Grüssau und die Laubenhäuser in Schömberg

Die Klosteranlage von Grüssau (Krzeszów), die harmonisch in ein Vorgebirgstal eingebettet und von Wiesen und Feldern umgeben ist, wirkt wie ein wahrer Barocktraum. Besonders sehenswert sind die Kirche St. Joseph sowie die große Abteikirche Mariä Himmelfahrt. Grüssau war von seiner Gründung im Mittelalter an mit kurzen Unterbrechungen immer ein Ort der frommen Marienverehrung, die in der Barockzeit eine besondere Blüte erlebte. Das wundertätige Marienbild, das die Mönche rechtzeitig versteckt hatten, als die tschechischen Hussiten im 15. Jahrhundert das Kloster niederbrannten, blieb unversehrt und wird bis heute verehrt.

Das „Goldene Zeitalter" Grüssaus brach in der Barockzeit an. Die beiden Grüssauer Kirchen, die in dieser Zeit entstanden, sind Maria und Josef geweiht. Die großen Wandmalereien in der Josephskirche erzählen die sieben Freuden und Leiden aus dem Leben von Joseph wie eine fortlaufende Bildergeschichte. Die gesamte malerische Ausstattung dieser Kirche zählt zu den großartigsten Werken, die der Barockmaler Michael Willmann, den wir schon in Kloster Leubus kennengelernt hatten, geschaffen hat. Mit zart hingetupf-

DAS BAROCKKLOSTER ALS LAGER IN DER NS-ZEIT

Kloster Grüssau wurde im September 1940 durch das NS-Regime beschlagnahmt, alle Mönche mussten das Kloster verlassen. Offiziell als „Lager Grüssau" bezeichnet, diente das Kloster zunächst als Durchgangslager für Volksdeutsche aus der Bukowina und für Karpatendeutsche, die 1940 im besetzten Polen angesiedelt wurden. Ab Oktober 1941 wurde Grüssau in ein Lager für schlesische Juden umgewandelt. Inhaftiert waren hier mehrere hundert ältere Männer und Frauen aus Breslau, die monatelang unter furchtbaren Ernährungs- und Hygienebedingungen leiden mussten, bis sie schließlich 1942/43 in mehreren Transporten ins Konzentrationslager Theresienstadt deportiert und dort in den meisten Fällen ermordet wurden.

1943/44 diente das Lager Grüssau für Verschleppte aus dem Elsass und aus Lothringen, im letzten Kriegsjahr für Ungarndeutsche, die als „Gäste des Führers" eine wesentlich bessere Behandlung erfuhren als andere Lagerinsassen vor ihnen. Am 7. Mai 1945 endete die Beschlagnahmung des Klosters. Nach Grüssau waren im Krieg etwa 300 000 Bände aus der Berliner Staatsbibliothek ausgelagert worden, die mit dem Kriegsende an Polen fielen und heute als „Sammlung Berlinka" in der Krakauer Jagiellonen-Universität für Forschungszwecke zugänglich sind.

tem und lässig gewischtem Pinselstrich gelingt es ihm, zentrale Szenen aus dem Leben Josephs in unmittelbarer Frische, die für den heutigen Betrachter noch spürbar ist, festzuhalten. Besonders gelungen ist das Bild „Flucht nach Ägypten", auf dem die empfindsamen, glänzenden Augen eines Esels den Betrachter direkt anzublicken scheinen.

Ebenso prachtvoll, wie die Klosterkirche von außen gestaltet ist, setzt sich ihr Figurenschmuck im Inneren fort. Stuck und Fresken verbinden sich zu einem barocken Gesamtkunstwerk. Der Bildschmuck erzählt Szenen aus dem Leben von Maria und ihrem Sohn Jesus.

Grüssau wurde mit seinen prächtigen Kirchen und dem wundertätigen Marienbild über die Jahrhunderte zu einer Pilgerstätte für deutsche Katholiken. Der deutsche Benediktinerkonvent, der von hier vertrieben wurde, fand dann eine neue Heimat in Wimpfen am Neckar. Hier wurde sogar eine Kopie der Muttergottes von Grüssau aufgestellt. Seit 1947 wird das Kloster von polnischen Benediktinerinnen, die aus Lemberg vertrieben wurden, weitergeführt. Papst Johannes Paul II., der während seiner Polenreise 1997 auch Grüssau einen Besuch abstattete, krönte das zuvor seit dem Mittelalter von Deutschen verehrte Marienbild und übergab es den polnischen Katholiken zum Geschenk. Damit setzt sich die Tradition der frommen Marienverehrung in diesem grandiosen Ambiente unter zahlreichen Gläubigen weiter fort.

„Zwölf Apostel" in Schömberg

Auf einer landschaftlich reizvollen Straße gelangt man von Grüssau in südlicher Richtung in das kleine Städtchen Schömberg (Chełmsko Śląskie), das an der ehemaligen „Garnstraße" von Landeshut nach Trautenau in Böhmen liegt und einst ein bedeutendes Zentrum der Leinenweberei war. Das hübsche Städtchen, das bis 1810 zum Kloster Grüssau gehörte, erhielt sehenswerte Barockbauten – das Rathaus, die Pfarrkirche und die reichen Laubenhäuser am Ring. Ein besonderes Kulturdenkmal sind die „Zwölf Apostel", originelle Holzlaubenhäuser, die zur Webersiedlung von 1707 gehörten und deren spitze Dächer in einer langen Reihe miteinander verbunden sind. Erhalten sind heute elf der Häuser. Von der Häusergruppe „Sieben Brüder", in die 1763 bayrische Damastweber einzogen, haben vier der Häuser bis heute überdauert.

In der Klosterkirche, der „Abteikirche der Allerheiligsten Jungfrau Maria", können Besucher ein barockes Gesamtkunstwerk bestaunen.

Grenzwächter: Landeshut und Bolkenhain

Landeshut (Kamienna Góra), in einer Senke zwischen dem Riesengebirge und dem Waldenburger Bergland gelegen, erhielt einst seinen Namen durch die mittelalterliche Burg, die am Osteingang zum Gebirge stand und heute nicht mehr existiert. Von ihr aus ließ sich die nahe Grenze nach Böhmen sehr gut „behüten". Die Anlage der Stadt an der Straße von Schlesien nach Prag zwischen zwei Mittelgebirgszügen erwies sich im Laufe der Geschichte immer wieder als schwierig: Zwar florierte durch die günstige Lage der Handel, andererseits aber waren auch feindlichen Heeren Tor und Tür geöffnet. So wurde Landeshut nicht nur im 15. Jahrhundert von den Hussiten, sondern auch während des Dreißigjährigen Krieges und in den drei Schlesischen Kriegen im 18. Jahrhundert in Mitleidenschaft gezogen. Dennoch konnte sich die Stadt immer wieder erholen und wurde schließlich im 19. Jahrhundert zu einem Zentrum der Leinenindustrie. Ab 1850 wurden hier deutschlandweit führende Textilwerke gegründet. Sehenswert sind die Reste der Stadtmauer, der rechteckige Ring mit den Laubenhäusern, die gotische Pfarrkirche, die ehemals evangelische Gnadenkirche und das schmuckvolle Rathaus im Stil der Neorenaissance. Vom Renaissanceschloss Kreppelhof ist nur noch eine Ruine übrig geblieben. Lohnend ist auch der jüdische Friedhof von Landeshut, der heute ein

Der Ausblick vom hohen Bergfried der Bolkoburg, der noch aus der gotischen Zeit stammt, ist ein unbedingtes Muss. Diese Burg, die einst Schlesiens mächtigste Festung war, hat eine wechselvolle Geschichte hinter sich.

PIROGGEN

Piroggen sind kein traditionelles schlesisches Gericht, werden aber heute in ganz Schlesien gegessen. Es gibt sie in vielen Variationen. Für den Teig der Fleisch-Piroggen für vier Portionen nehme man ein Ei, Salz und 350 Gramm Mehl. Für die Füllung braucht man 400 Gramm gekochtes Fleisch, ein kleines trockenes Brötchen, eine Zwiebel, 30 Gramm Fett, Salz und Pfeffer. Für die Garnitur benötigt man 200 Gramm saure Sahne, drei Zwiebeln und Fett.

Für den Teig alle Zutaten in einer Rührschüssel kneten. Den Teig aus der Schüssel nehmen und zu einer zwar weichen, aber dennoch geschmeidigen Kugel formen, ggfs. etwas kaltes Wasser hinzufügen. Die Teigkugel wieder in die Schüssel legen, abdecken und für anderthalb bis zwei Stunden bei Raumtemperatur ruhen lassen. Anschließend für eine Dreiviertelstunde in den Kühlschrank stellen.

Für die Füllung das Brötchen 15 Minuten in Wasser einlegen, ausdrücken. Das Brötchen mit dem gekochten Fleisch durch den Fleischwolf drehen. Klein geschnittene Zwiebel, Salz und Pfeffer hinzufügen und gut vermischen.

Den Teig nun auf einer mit Mehl bestreuten Arbeitsfläche dünn ausrollen. Mit einer Ausstechform oder einem Trinkglas Teigkreise von etwa sieben bis acht Zentimeter Durchmesser ausstechen. Mit einem Teelöffel etwas Füllung auf die eine Hälfte des Kreises geben. Die andere Seite darüberklappen und mit den Händen die Ränder gut festdrücken, dabei halbmondförmige Teigtaschen formen. So fortfahren, bis der Teig und die Füllung aufgebraucht sind.

In einem Topf Salzwasser aufkochen und dann köcheln lassen. Immer sieben bis zehn Piroggen einlegen und leise köchelnd in etwa acht Minuten fertig garen. Mit einem Schaumlöffel aus dem Topf heben und warm halten, bis alle Teigtaschen fertig sind. Für die Garnitur in einer großen beschichteten Pfanne Fett erhitzen und die in dünne Ringe geschnittenen Zwiebeln goldbraun braten, gut salzen. Zusammen mit der sauren Sahne über die warm gehaltenen Teigtaschen geben und sofort zu Tisch bringen.

geschütztes Kulturdenkmal ist. Die noch erhaltenen Grabsteine tragen zumeist Inschriften auf Hebräisch und auf Deutsch.

Bolkenhain und seine Burg

Am nördlichen Abhang des Riesengebirges im Tal der Wütenden Neiße (Nysa Szalona) liegt das idyllische, im Krieg nicht zerstörte Landstädtchen Bolkenhain (Bolków). Die Altstadt mit langgestrecktem Ring, klassizistischem Rathaus und frühgotischer Pfarrkirche erstreckt sich am Fuße des Burghügels, auf dem die sehenswerte Bolkoburg thront.

Nach den Zerstörungen durch die Mongolen wurde die Burg von Herzog Bolko I. um 1295 wieder aufgebaut und mit massiven Schutzsteinmauern und einem raffinierten Torsystem umgeben. Später geriet die Burg zeitweise in die Hände eines Raubritters. Dieser war durch seine Plünderungen derart verschrien, dass er schließlich von erzürnten Bürgern auf dem Burgturm aufgehängt wurde. Später wurde die gotische Bolkoburg von einem italienischen Baumeister zu einer Renaissanceburg umgebaut. Heute befindet sich hier ein sehenswertes Burgmuseum, das auch einen Film über Stadt und Burg nach Vorbestellung im Kerker zeigt. Der „Ritterverein des Schlosses Bolków“ organisiert zusammen mit der „Freien Sarmaten-Gesellschaft“ Ritterturniere und historische Inszenierungen aus dem 17. Jahrhundert. Im Zwinger, der schon nach dem Ersten Weltkrieg zu einer Freilichtbühne umgebaut wurde, finden jährlich Festspiele statt. Seit 1997 findet hier jeden Sommer das weltberühmte Festival „Castle Party“ statt, das größte alternative Musikfestival dieser Art in Mitteleuropa und eines der bekanntesten Großereignisse Niederschlesiens.

Am Marktplatz von Landeshut befindet sich das sehenswerte schlesische Webereimuseum, in dem man viel über das alte Handwerk erfährt.

An den Wänden der berühmten Friedenskirche von Jauer wurden vier Emporen übereinander angebracht, um Protestanten aus einem großen Einzugsbereich unterbringen zu können.

Die großen Steinbrüche Schlesiens: Jauer, Striegau und Strehlen

Wer sich der Stadt Jauer (Jawor) mit dem Auto nähert, wird erstaunt sein über die vielen Verkaufsflächen für Grabsteine, auf die auch mit Werbetafeln hingewiesen wird. Jauer und die ganze Region bis Striegau sind geprägt durch die nahen Steinbrüche, durch Granit- und Basaltwerke und Hartsteinschleifereien, ein Wirtschaftszweig, der der Stadt Reichtum und Ansehen eintrug.

Steinreiches Jauer

Jauer liegt inmitten einer fruchtbaren Ebene vor dem Gebirgszug der Sudeten am Ufer der Wütenden Neiße. Überraschend ist die Vielzahl der Sehenswürdigkeiten in einer Stadt, die 1945 stark zerstört, aber in bewunderungswürdiger Aufbauleistung wieder hergestellt wurde. Reste der Stadtbefestigung und der mittelalterliche Striegenturm sind noch zu sehen. Der rechteckige Ring mit dem markanten Rathaus mit seinen Giebeln und dem Erkerturm ist von pittoresken, sorgfältig renovierten Patrizierhäusern mit Laubengängen aus der Barockzeit umstanden. Zwei Häuser am Ring zeigen Gedenktafeln für wichtige Bewohner der Stadt aus der deutschen Zeit: einmal für die Jauersche Dichterin Henriette Hanke, deren Romane im 19. Jahrhundert äußerst populär waren, zum anderen für den aus Striegau stammenden Dichter Johann Christian Günther, der hier mehrmals wohnte und der hoffnungsfroh zu Beginn des 18. Jahrhunderts dichtete: „Bruder, fort, es geht nach Jauer, / Bruder, fort, und lass uns gehen, / Wird uns Weg und Wetter sauer, / Soll es doch bald anders stehn.“

Etliche Kirchen, die auf den einstigen Wohlstand der Stadt hinweisen, sind in Jauer zu besichtigen, darunter die gotische Pfarrkirche St. Martin mit einer reichen Innenausstattung und die St. Adalbertkirche, die 1438 aus einer Synagoge von 1364 entstand. In den religiös aufgeheizten Zeiten des Spätmittelalters wurden immer wieder Juden aus Städten, so auch aus Breslau und aus Jauer, vertrieben, ihre Gotteshäuser wurden zerstört oder übernommen und umgewidmet. Bis zur Eroberung Schlesiens durch den preußischen König Friedrich den Großen, der neue Toleranzgedanken verbreitete, war Juden zuvor das Ansiedlungs- und Wohnrecht in vielen Städten verboten. So auch in Jauer, wo zudem Katholiken gegen Protestanten kämpften. Nach Beendigung des Dreißigjährigen Krieges wurden im Westfälischen Frieden 1648 den schlesischen Protestanten von den katholischen Habsburgern nur insgesamt drei evangelische Kirchenbauten in Schlesien zugebilligt. In einem überwiegend protestantischen Gebiet mussten nun diese drei sogenannten Friedenskirchen die Versorgung mit Gottesdiensten weiter Landstriche bewerkstelligen. Der Bau der Friedenskirchen, die ein Zeichen mühsam abgerungener, erzwungener Toleranz sind, wurde von den katholischen Habsburgern dazu auch noch stark reglementiert und mit harten Auflagen versehen. Die Friedenskirchen durften nur an drei Orten gebaut werden, in Jauer, in Glogau und in Schweidnitz. Sie durften nicht aus dauerhaftem Stein errichtet sein, sondern aus Fachwerk, sie durften keinen Glockenturm besitzen, sie mussten außerhalb der Stadtmauern gebaut werden, und zwar innerhalb eines Jahres, und die jeweilige evangelische Gemeinde musste die Kosten selbst tragen. Trotz dieser harten Bedingungen entstanden drei prachtvolle, riesige Fachwerkbauten, von denen zwei bis heute überdauert haben: die Friedenskirchen von Jauer und Schweidnitz. Die Kirche von Glogau fiel schon im 18. Jahrhundert einem Brand zum Opfer.

Die Friedenskirche von Jauer nun überrascht mit ihren riesigen Dimensionen. Der rechteckige, 44 mal 24 Meter große und 19 Meter hohe Fachwerkbau fasst bis zu 6 000 Personen. Da die Frie-

Die Friedenskirche von Jauer, hier im Bild, steht ebenso wie die von Schweidnitz auf der Welterbeliste der UNESCO.

Das mittelalterliche Rathaus von Jauer wurde nach mehreren Bränden 1895 abgerissen. Rund um den erhaltenen Rathausturm entstand ein Neubau im Stil der Neorenaissance.

DAS KZ GROSS-ROSEN

Zwischen Jauer und Striegau liegt die Gedenkstätte für das ehemalige Konzentrationslager Groß-Rosen (Rogoźnica), in dem zwischen 1940 und 1945 mehr als 130 000 Menschen inhaftiert wurden. Über 40 000 Häftlinge wurden ermordet. Die Häftlinge mussten in den nahe gelegenen Steinbrüchen Zwangsarbeit leisten. Viele von ihnen kamen durch Erschöpfung ums Leben. In einem Museum, das in einer ehemaligen Lagerbaracke untergebracht ist, werden die Verbrechen dokumentiert.

denskirche einen etwa 70 Kilometer weiten Einzugsbereich hatte, war es dringend erforderlich, Platz für möglichst viele Gläubige zu schaffen. Im Inneren ist die Friedenskirche an der Decke mit blauen und weißen Ornamenten ausgemalt. Die Brüstungen der Emporen sind mit über 200 Bildfeldern geschmückt, die Szenen aus dem Alten und dem Neuen Testament zeigen. Unter den Bildern sind gereimte Lehrsprüche zu lesen, die zwei benachbarte Gemälde miteinander verbinden. So stehen unter der Vertreibung von Adam und Eva aus dem Paradies und Kains Mord an Abel die Verszeilen: „So muss der Sünder flüchtig werden" – „Hir ligt die Erste Leich auf Erden". Insgesamt wirkt das bäuerlich-bunte, hölzerne Innere nicht nur religiös-belehrend, sondern auch sehr anheimelnd. Erst nach 1707, als die Bevormundung der Protestanten durch die katholischen Habsburger sich ein wenig gelockert hatte, wurde ebenfalls in Fachwerkbauweise ein Glockenturm angebaut. Die Kirche gehört heute weiterhin der evangelischen Gemeinde, die etwa 40 Mitglieder zählt. Durch gute Kontakte zu verschiedenen evangelischen Kirchengemeinden in Deutschland konnte der riesige Bau saniert und erhalten werden. Seit 1995 findet hier von Mai bis September ein Festival der Kammermusik statt, die „Jauerschen Friedenskonzerte".

Striegau und Strehlen

Der Stadt Striegau (Strzegom), die in die anmutige, wellige Hügellandschaft des Sudetenvorlandes eingebettet ist, sieht man heute noch die Wunden an, die der Zweite Weltkrieg geschlagen hat. 60 Prozent der Stadt wurden zerstört, viele Gebäude nicht wieder aufgebaut. Im Laufe ihrer wechselvollen Geschichte erfuhr die Stadt immer

Das „Haus der Brieger Herzöge" in Strehlen wurde 1606 fertiggestellt. 1945 wurde es stark beschädigt, jedoch in den 1990er-Jahren rekonstruiert.

2012 wurde der Rathausturm von Strehlen neu eingeweiht. Ursprünglich sollte das gesamte Rathaus nach alten Plänen wieder aufgebaut werden, aber immerhin der Turm erstrahlt nun in neuem Glanz.

wieder Auf- und Abschwünge. So erlebte Striegau im Dreißigjährigen Krieg einen völligen Niedergang. Sie war, wie es damals hieß, ein „ganze[r] Total-Ruin". Erst im 19. Jahrhundert gelangte die einstmals reiche Stadt zu einer neuen Blüte, und zwar durch die Gewinnung von Granit, was etliche Fabriken, Steinwerke und Hartsteinschleifereien nach sich zog. Trotz Industrien und Kriegszerstörungen lohnt sich eine Besichtigung der Stadt, und zwar vor allem wegen der riesigen Pfarrkirche St. Peter und Paul, die als eine der großartigsten Schöpfungen der schlesischen Gotik gilt. Durch drei reich verzierte Portale lässt sich die Kirche betreten. Im Inneren ist vor allem das elegante gotische Netzgewölbe an der Decke des Querschiffs sehenswert.

Weitere alte Kirchen, das Rathaus und ältere Häuser wurden seit den 1990er-Jahren vor dem Verfall bewahrt und restauriert, sodass es sich durchaus lohnt, durch die Altstadt zu spazieren. Besonders bunt und farbenprächtig zeigt sich der Striegauer Marktplatz seit vielen Jahren im August, wenn das Internationale Folklore-Festival stattfindet. Hier werden nicht nur traditionelle Trachtengruppen aus dem östlichen Polen mit langen sarmatischen Mänteln und Schärpen, sondern auch Folkloregruppen aus aller Welt eingeladen und kommen in einem prächtigen Spektakel mit Umzügen und Musik zusammen.

Sehr viel weiter östlich liegt die Stadt Strehlen (Strzelin), die vor allem wegen ihrer Granitsteinbrüche hier Erwähnung findet. Strehlens Steinbrüche zählen zu den größten Europas. Einstmals ein recht wohlhabendes, mittelgroßes Städtchen, erlitt die Stadt 1945 große Schäden, über die sie bis heute nicht hinweggekommen ist. Im Januar 1945 wurde Strehlen bombardiert, im März zerstörte die deutsche Wehrmacht die Türme der Altstadt, darunter den Rathausturm. Durch Kämpfe mit der Roten Armee war die gesamte Stadt bei Kriegsende nahezu dem Erdboden gleichgemacht. Nur wenige Teile von Gebäuden blieben stehen, die jetzt restauriert und ergänzt wurden, darunter der Rathausturm, einige Kirchen, Reste der Stadtmauer und das „Haus der Brieger Herzöge", ein Renaissancebauwerk, das seit dem 17. Jahrhundert Verwaltungszwecken diente. Man kann dieser Stadt nur wünschen, dass sie durch den natürlichen Reichtum ihrer Steinbrüche in der Zukunft wieder einmal zu einer neuen Blüte gelangen kann.

Das gewaltige Dach der dreischiffigen, imposanten Striegauer Basilika St. Peter und Paul hat eine Höhe von 26 Metern. Der Westturm der Kirche wurde nie vollendet.

MITTELSCHLESIEN MIT BRESLAU

Die Dominsel ist der historische Kern Breslaus. Rechts ist die Heilig-Kreuz-Kirche zu sehen, die zweitgrößte Kirche der Insel. Bis 1956 diente die untere Kirche des zweigeschossigen Gebäudes den in Breslau verbliebenen deutschen Katholiken.

Breslau: Die schlesische Hauptstadt

Breslau blüht auf. Eine Stadt, deren Bausubstanz 1945 zu 70 Prozent zerstört war, erstrahlt heute in neuem Glanz. Wer über den Breslauer Ring spaziert, wird vom lebendigen Pulsschlag dieser Stadt angesteckt. Hier treffen sich die Generationen, hierher kommen Besucher aus aller Welt, denn Breslau hat sich aufgrund der Schönheit seiner wiederaufgebauten Altstadt längst zu einem Touristenmagneten entwickelt. 2016 wurde die Stadt an der Oder sogar „Europäische Kulturhauptstadt" und machte diesem Titel mit großem Engagement, Witz und Geistreichtum alle Ehre. Da gab es vielfältigste Konzerte, Lesungen, Filmfestivals, Ausstellungen, originelle Kunst- und Theaterveranstaltungen und multimediale Installationen. Es gab festliche Paraden und Umzüge, neue Museen, Kultureinrichtungen und eine pompöse Abschlusszeremonie in der Jahrhunderthalle. Noch immer zehrt Breslau vom Renommee, das der Status „Kulturhauptstadt" mit sich brachte: Die Stadt steht ökonomisch gut da, sie leidet kaum unter Arbeitslosigkeit, unablässig wird die nähere und weitere Altstadt verschönert, neue Oderpromenaden werden angelegt, Touristen kommen scharenweise, denn die schlesische Metropole gilt mittlerweile wieder als faszinierende „Perle an der Oder".

Die Seele Breslaus

Ein Geheimnis dieses Erfolgs besteht sicherlich auch darin, dass sich Breslau mit schwierigen Fragen seiner Identität auseinandersetzt.

„Wrotizla – Wretslaw – Bresslaw – Bressla – Breslau – Wrocław“ – so ist es seit einigen Jahren auf Metallplatten, die auf einem Breslauer Gehweg in der Altstadt liegen, zu lesen. Sie zeigen, dass sich die Stadt ihrer reichen Vergangenheit gegenüber ohne Tabus öffnen kann, dass sie keine Stadt mehr, wie im Sozialismus, „mit amputierter Erinnerung“ und „ohne Gedächtnis“ sein muss. Heute gibt es ein großes Interesse, an die deutsche, österreichische und böhmische Geschichte anzuknüpfen, die den neuen polnischen Bewohnern 1945 zunächst fremd war, die sie aber mittlerweile als zur Stadt gehörende Geschichte unverkrampft und neugierig anerkennen.

Besucher von nah und fern genießen den Flair der Altstadt. Allein 2016 kamen 1,4 Millionen Touristen nach Breslau.

RUNDGANG DURCH DIE BRESLAUER ALTSTADT

Der Breslauer Dom, die Johanneskathedrale, wurde 1945 zu zwei Dritteln zerstört und in den folgenden Jahrzehnten Stück für Stück wieder aufgebaut.

Ein Rundgang durch die Stadt der 100 Brücken gleicht ein wenig einem Spaziergang durch ein Freilicht-Architekturmuseum. Wir beginnen unsere Spazierrunde am Ring, dem Breslauer Marktplatz, am gotischen Rathaus, dem Zentrum der Bürgerschaft. An diesem schön verzierten, prachtvollen Gebäude, einem Meisterwerk des Mittelalters, können wir ablesen, wie reich und mächtig Breslau zu jener Zeit war. In der gotischen Bürgerhalle im Inneren zeigen heute Stelen Berühmtheiten der Stadt, unter anderem den Dichter Joseph von Eichendorff, den Industriellen und „Eisenbahnkönig“ August Borsig, den Maler Adolph Menzel, den Arbeiterführer Ferdinand Lassalle und die Philosophin und Ordensfrau Edith Stein. Wir umrunden das Rathaus, sehen östlich die große gotische Kirche St. Maria Magdalena, gelangen an der Nordwestecke des Rings zur gotischen Elisabethkirche, deren Turmbesteigung sich unbedingt lohnt. Denn von hier aus hat man einen wunderbaren Blick nicht nur über die Altstadt, sondern über ganz Breslau und Umgebung bis zum 718 Meter hohen Berg Zobten.

Nun schlendern wir in nordöstlicher Richtung durch die lebendigen Altstadtgassen, bis wir über die Oderbrücke (poln. most Piaskowy) zum „heiligen Breslau“ gelangen, zur Sand- und Dominsel, die seit dem Mittelalter in Kirchenbesitz ist. Die gotische Sandkirche mit einem sehr eleganten Gewölbe innen, die Kreuzkirche mit ihrem hohen Dach und dem nadelspitzen Turm sowie der majestätische Dom sind sehenswert. Wer Breslau als Stadt am Wasser erleben will, dem sei ein Spaziergang in westlicher Richtung über die parkähnlich angelegten Oderinselchen empfohlen, die mit neuen Fußgängerstegen miteinander verbunden sind. Wenn man von den Inseln auf die Altstadt blickt, sieht man das frisch renovierte Barockensemble: die Universität mit dem Mathematischen Turm, das in roten und weißen Tönen gehaltene Ossolinski-Institut und die Universitätskirche mit goldenen Dachbekrönungen. Über die Universitätsbrücke gehen wir in die Altstadt zurück, besichtigen in der Universität die berühmte barocke Aula Leopoldina und steigen auf den Mathematischen Turm, bis wir durch eine der Altstadtstraßen in südlicher Richtung zum Ring zurückkehren. Hier erwarten uns zahlreiche Cafés und Restaurants. Traditionelle polnische Küche wird im „Dwór Polski“ serviert. Wer sich für die ostpolnische Küche interessiert, die die neuen Bewohner Breslaus 1945 aus Lemberg mitbrachten, dem sei das Restaurant „Karczma Lwowska“ empfohlen.

Lebendiges Mittelalter: Das gotische Breslau

Über alle Zeitläufe hinweg erlebte Breslau eine wechselvolle Geschichte. Um 1000 unter der polnischen Dynastie der Piasten gegründet, fiel die Stadt im 14. Jahrhundert an die böhmische Krone, wurde im 16. Jahrhundert österreichisch und ab Mitte des 18. Jahrhunderts unter Friedrich dem Großen preußisch, bis sie ab 1871 zum Deutschen Reich zählte. 1945 wurde Breslau Polen zugesprochen und hieß nun Wrocław.

Die wechselnden politischen Zugehörigkeiten Breslaus durch die Jahrhunderte spiegeln sich auch in ihrer Architektur wieder: Frühe piastische Einflüsse, norddeutsch geprägte Gotik, österreichischer Jesuitenbarock und preußischer Klassizismus bestimmen das Stadtbild bis heute. Es gibt in der Breslauer Architektur eine sehr interessante Mischung zu beobachten: das Wechselspiel nämlich zwischen Nüchternheit und Sachlichkeit, die aus dem Norden, vom Einfluss der Hanse und später von Preußen herrührt, und einem weichen, südlich-verspielten Einschlag, der auf Böhmen, Süddeutschland, Italien, Österreich und Ungarn hinweist. Diese Mischung rührt auch daher, dass die florierende Handelsstadt am Kreuzungspunkt der

Der „Große Ring" ist das Zentrum Breslaus. Der mittelalterliche Marktplatz wies schon im 13. Jahrhundert die ersten Backsteinhäuser auf. In der Mitte ist das berühmte gotische Rathaus zu sehen.

Bernsteinstraße von Norden nach Süden und der von Osten nach Westen führenden Via Regia lag und durch die Jahrhunderte bereitwillig verschiedenste wirtschaftliche und kulturelle Einflüsse aufnahm.

Das Mittelalter, die Zeit der Gotik, war in Breslau eine Epoche großer Bautätigkeit. Im 13. Jahrhundert legte die Stadtbevölkerung, und zwar ansässige Polen gemeinsam mit neuen deutschen Kolonisten, Breslau planmäßig an: Der großzügige rechteckige Ringplatz wurde mit schlesischem Granit gepflastert, bis zu fünfstöckige Häuser wurden errichtet, die Straßen der Altstadt schachbrettförmig angelegt, der Neumarkt und der Salzring für polnische Händler, die hier Salz aus Wieliczka bei Krakau anboten, entstanden. Der Breslauer Ring (also der Marktplatz) war im 13. Jahrhundert bereits so bedeutend, dass man ihn sogar zum Vorbild für die Neuanlage des dann viel größeren Krakauer Rings nahm. Breslau wurde im ausgehenden Mittelalter neben Prag die mächtigste Stadt des Reiches. Förderlich für den wirtschaftlichen und kulturellen Reichtum war das Gleichgewicht zwischen starkem Bürgertum, königlicher Macht und der Kirche. Dieses erstarkte städtische Selbstbewusstsein, ja der Stolz auf die städtische Machtstellung drückt sich im prachtvollen Rathausbau aus. Das Rathaus zählt zu den wichtigsten gotischen Profanbauten Mitteleuropas.

Breslauer Kirchen

Die beiden größten Kirchen nahe des Rings sind die Maria-Magdalena-Kirche und die Elisabethkirche, beide mit rot-grünen Schachbrettdächern verziert. Es lohnt sich, die Türme beider Kirchen bzw. die Brücke zwischen den beiden Türmen zu besteigen und die Aussicht zu genießen. Der Turm der Elisabethkirche, damals einer der höchsten in Europa, stürzte übrigens im Jahr 1529 ein, und es glich einem Wunder, dass niemand in dem engbebauten Viertel zu Schaden kam, „bis auf eine Katze", wie es in einer Chronik heißt. Zum Dank an dieses Glück im Unglück wurde außen an der Kirche eine heute noch zu bewundernde Reliefplatte befestigt, auf der zwei Engel zu sehen sind, die den abgebrochenen Turm halten und damit langsam auf die Erde herabschweben. Dass Breslau einmal „goldenes Bistum" genannt wurde, sieht man an den zahlreichen gotischen Kirchen, die in der Altstadt liegen. Um 1500 werden in einer Chronik etwa 40 freistehende Kirchen erwähnt. Da ist die Corpus-Christi-Kirche, die 1945 zu 75 Prozent zerstört war, die Christophorus-Kirche, deren hohes Dach seit der Reformation protestantischen polnischen Kürschnern und Pelzhändlern als Lager zur Verfügung stand, da sind die Adalbertkirche und die Matthiaskirche, in deren Krypta der mystische Dichter Angelus Silesius beigesetzt sein soll, und schließlich die Bernhardinerkirche, in der heute das Architekturmuseum untergebracht ist.

Wurden die gotischen Kirchen in der Altstadt im Zuge der Reformation protestantisch, so blieben alle gotischen Kirchen auf der Sand- und Dominsel katholisch. Da die Dominsel also immer ein katholisches Eiland war, gelang hier nach 1945 die kulturelle Aneignung der Stadt durch die neue polnische katholische Bevölkerung am leichtesten. Der aus Breslau stammende deutsche Lyriker Heinz-Winfried Sabais schrieb über die Aufbauleistung der Polen nach dem Krieg: „Da sah ich die grausam verheerte Stadt / in neuer Würde, von Polen gerettet / aus den Trümmerwüsten des Jahrhunderts."

Touristen können Breslau auf jede erdenkliche Weise erkunden: mit dem Schiff von der Oder aus, mit Elektrobussen, mit historischen Straßenbahnen – oder per Kutsche, wie hier vom Ring aus.

Die Astronomische Uhr an der Ostfassade des Rathauses, ein Meisterwerk der Mechanik, stammt von 1580. Sie ist Ausdruck des immensen Reichtums der Stadt im 15. und 16. Jahrhundert.

„Ein Edelgesteine im Schlesierringe“: Das barocke Breslau

Nicht nur die Weisheit als Quelle allen Wissens wird in der hier abgebildeten Aula Leopoldina der Universität verherrlicht, sondern auch der österreichische Kaiser Leopold, Kirchenväter und Päpste, Rektoren und Beamte, jüdische Dichter und Gelehrte. Obwohl der Raum überladen und durch die niedrige Decke etwas gedrungen wirkt, erscheint er durch das Wolkenfresko und durch das Licht, das durch die großen Fenster hineinfällt, doch leicht und weit.

Während in ganz Schlesien der Dreißigjährige Krieg mit voller Wucht wütete, richtete er innerhalb der Breslauer Stadtmauern keine Zerstörungen an. Allerdings fiel 1633 ein Viertel der Stadtbevölkerung, etwa 9 000 Menschen, der Pest zum Opfer. Doch trotz der Schrecknisse des Dreißigjährigen Krieges, trotz der Pest war das geistige Leben im 17. Jahrhundert sehr rege. Der in Breslau geborene Schriftsteller Quirinius Kuhlmann (1651–89) nannte seine Vaterstadt gar „ein Edelgesteine im Schlesierringe“. Die zu dieser Zeit entstandenen Gebäude sind vor allem in den einstmals katholischen Teilen Breslaus zu sehen. Denn die österreichischen Habsburger, zu deren Reich Breslau in der Zeit gehörte, unterstützten gerne die Bauvorhaben, die im Geist der katholischen Gegenreformation errichtet wurden. Viele Orden ließen sich in Breslau nieder, allen voran die Jesuiten, die die heutige Universität erbauten. Zeugnisse dieser neuen barocken Baulust sind unter anderem in den Himmel ragende,

Die Nepomuksäule vor der Heilig-Kreuz-Kirche auf der Dominsel wurde 1732 errichtet. Johannes Nepomuk, der im 14. Jahrhundert in Böhmen lebte, wurde der Legende nach zum Märtyrer, weil er das Beichtgeheimnis wahrte und dem böhmischen König nicht preisgab, was dessen Frau ihm anvertraut hatte. Vor der Matthiaskirche befindet sich eine weitere Nepomuksäule.

verschnörkelte Nepomuksäulen, ein Waisenhaus auf der Dominsel, barocke Paläste, barocke Kapellenanbauten an gotische Kirchen und Klosterbauten wie das „Kloster der Kreuzherren vom Roten Stern“. Hier lebte Angelus Silesius (1624–77), der vom Protestantismus zum Katholizismus konvertiert war, und verfasste Predigten, Streitschriften und mystische Gedichte. Im Innenhof befindet sich eine Angelus-Silesius-Skulptur mit Versen des Mystikers, die im deutschen Original lauten: „Halt an, wo läufst du hin, der Himmel ist in dir; / Suchst du Gott anderswo, du fehlst ihn für und für.“

Die Universität

Das wichtigste, schönste und größte Barockgebäude in Breslau ist die Universität. Die Fassade, die zur Oder zeigt, ist weniger verziert gestaltet, die Fassade zur Stadt hin ist mit vielen Skulpturen versehen. Über die schön geschwungene Doppeltreppe im monumentalen Treppenhaus kann der Besucher zur Aula Leopoldina hinaufsteigen, dem Festsaal der Universität, der über und über mit Fresken ausgemalt und mit Skulpturen geschmückt ist. Wer noch ein barockes Gesamtkunstwerk sehen will, dem sei nicht nur der etwas zarter ausgestattete Musiksaal, das Oratorium Marianum, im Erdgeschoss empfohlen, sondern auch die Universitätskirche östlich des Hauptgebäudes. Illusionistische Wand- und Deckenmalerei verbinden sich harmonisch mit der Architektur und dem Figurenschmuck, sodass trotz aller Dynamik der Innenraum nicht überladen, sondern wie aus einem Guss wirkt, heiter und festlich bewegt.

Zehn Nobelpreisträger brachte die Universität in der deutschen Zeit hervor, auf die man heute wieder stolz ist. Aktuell zählt ganz Breslau etwa 140 000 Studenten und ist damit nach Warschau und Krakau die drittgrößte Universitätsstadt Polens. Die dynamische und schwungvolle Atmosphäre der Stadt Breslau geht zu einem großen Teil auch auf das vitale studentische Leben zurück.

Das Hauptgebäude der Universität, in dem sich die Aula Leopoldina befindet, ist eines der bedeutendsten Beispiele der Barockarchitektur in Polen.

Der klassizistische Bau der Synagoge zum Weißen Storch ist sorgfältig renoviert worden. Hier trafen sich die orthodoxen Juden Breslaus. Das Gotteshaus der liberalen Juden war die Neue Synagoge. Diese wurde 1938 zerstört und nicht wieder-aufgebaut.

Kultur der Toleranz: Das jüdische Breslau

In den religiös wirren Zeiten des ausgehenden Mittelalters wurden die Juden aus Breslau vertrieben. Erst seit der Eroberung Schlesiens und Breslaus durch die Preußen im 18. Jahrhundert wurde es Juden wieder gestattet, sich in Breslau niederzulassen. Der Aufstieg der jüdischen Gemeinde Breslaus vor allem im 19. und beginnenden 20. Jahrhundert zur drittgrößten Gemeinde in Deutschland ist beispiellos. Heute noch sichtbar sind die Größe und der Einfluss dieser Gemeinde auf den beiden jüdischen Friedhöfen. Der Friedhof an der Lohestraße (ul. Ślężna) besitzt den Status eines Museums für Grabmalkunst. Die meisten der 15 000 Grabmale stammen aus der zweiten Hälfte des 19. Jahrhunderts. Ein Spaziergang über den großen, stillen Friedhof lohnt sich! Erhalten sind wichtige Grabmale von einflussreichen jüdischen Persönlichkeiten, deren ökonomischer, akademischer und künstlerischer Erfolg sich in prachtvollen, schön verzierten Grabmälern und Mausoleen ausdrückt.

Die große jüdische Gemeinde in Breslau besaß mehrere Synagogen. Hervorzuheben sind die Neue Synagoge von 1872 und die Synagoge zum Weißen Storch. Letztere hat einen sehenswerten Innenraum mit geschwungenen Doppelemporen von schlichter und doch raffinierter Eleganz. In Breslau gab es auch ein sehr wichtiges Rabbinerseminar, in dem der berühmte jüdische Theologe Leo Baeck den „Geist von Breslau" lobte. Seit 1840 gelang in Breslau die Versöhnung des Streits zwischen orthodoxen und liberalen Juden und ein friedliches Zusammenleben zwischen beiden Lagern wurde möglich. Diese Zeit währte bis in die 1930er-Jahre: In der Zeit des Nationalsozialismus wurde die große jüdische Gemeinde zerstört. Die im neuromanisch-orientalisierenden Stil erbaute Neue Synagoge, die nach der Berliner Synagoge das zweitgrößte jüdische Gotteshaus in Deutschland war, ging 1938 während der Reichspogromnacht in Flammen auf, woran heute ein Gedenkstein erinnert. Die Breslauer Juden wurden gezwungen, sich auf dem Platz vor der Synagoge zum Weißen Storch, dem „Umschlagplatz", einzufinden. Von hier wurden die meisten von ihnen deportiert und in Konzentrationslagern ermordet.

Jüdisches Leben nach 1945

Nach 1945 versuchte sich eine neue polnische jüdische Gemeinde zu etablieren. Sie führte jedoch ein Schattendasein. In den 1970er-Jahren kamen oft nicht einmal mehr die zehn zum Gebet erforderlichen Männer zusammen. Seit 1990 erstarkt die jüdische Gemeinde langsam wieder und besteht aktuell aus etwa 300 Mitgliedern. Manchmal kehren sogar Juden aus Israel, deren Eltern aus Breslau stammten, zu den Wurzeln ihrer Vorfahren zurück und werden neu in die Gemeinde aufgenommen. Mittlerweile hat sich rund um die Synagoge zum Weißen Storch ein sehr lebendiges städtisches Leben entwickelt.

Die Synagoge zum Weißen Storch hat einen sehenswerten Innenraum mit geschwungenen Doppelemporen von schlichter und doch raffinierter Eleganz.

RUNDGANG DURCH DAS JÜDISCHE VIERTEL

Wir beginnen unseren Rundgang bei der schön renovierten Storch-Synagoge, die heute kulturellen Veranstaltungen, vor allem vielfältigsten Konzerten, vorbehalten ist. Im Obergeschoss befindet sich eine Ausstellung über den beispiellosen Aufstieg des deutschen Breslauer Judentums im 19. Jahrhundert. Als Gotteshaus dient ein Gebetsraum im Nebengebäude. Am Eingang zum Innenhof der Synagoge gibt es ein jüdisches Informationszentrum und ein jüdisches Restaurant. Das ehemalige jüdische Viertel umfasst die Straßen ul. Pawła Włodkowica, ul. Św. Antoniego, ul. Ruska und den Plac Bohaterów Getta. An diesem Platz können wir heute noch eine der großen Herbergen für die früheren jüdischen Händler aus Galizien sehen, den frisch renovierten Pokoyhof, dessen Name in goldenen Buchstaben an der Fassade zu lesen ist.

Wir spazieren durch dieses sehr lebendige Viertel, in dem heute viele Studenten leben, und entdecken einzelne Straßen verbindende Höfe und Passagen, so die Pasaż Niepolda, wo es ein reichhaltiges Angebot von Cafés, Kneipen, Galerien und Restaurants gibt. Das ehemalige jüdische Viertel wird heute „Stadtteil der vier Bekenntnisse" oder „Stadtteil der vier Tempel" genannt. Der Zusammenschluss einer katholischen, einer evangelischen, einer russisch-orthodoxen und eben der jüdischen Gemeinde, die respektvoll zusammenarbeiten und gemeinsame Aktivitäten entfalten, ist sogar schon mit einem Preis für Toleranz ausgezeichnet worden. Die vier sehenswerten Gotteshäuser wurden mit einem Kulturpfad verbunden.

Trotz der 700-jährigen deutschen Geschichte sind die jüdischen Friedhöfe die einzigen in Breslau mit größtenteils deutschsprachigen Grabsteinen.

Breslauer Moderne: Jahrhunderthalle und Werkbundsiedlung

Im Osten Breslaus sind eindrucksvolle Zeugnisse der klassischen Moderne zu bewundern. Zu Beginn des 20. Jahrhunderts waren in Breslau ein neuer Schwung, eine Dynamik, ein frischer Anfang der Moderne, ein Denken in großen Maßstäben zu spüren. Die moderne, 1907 gegründete Architekturbewegung „Werkbund“ lehnte das schwülstige, überladene Pathos der wilhelminischen Architektur ab. Nicht mehr von Skulpturen und Ornamenten überquellende Fassaden mit Türmchen und Erkern waren gefragt, sondern die schlichte Eleganz der Formen. Dazu sollten neue Baumaterialien verwendet werden und alle Bauwerke im Einklang mit neuen sozialen Ideen stehen. Ein erstes, sehr berühmtes Bauwerk, das diesen Anspruch verkörperte, ist die Jahrhunderthalle, die 1912/13 in der Nähe des Zoologischen Gartens errichtet wurde. Mit seiner Kuppelspannweite von 67 Metern galt der Bau als der größte Deutschlands. Diese Konstruktionsleistung wurde durch den neuen Baustoff Stahlbeton möglich. Die Jahrhunderthalle bot Platz für 10 000 Menschen und war seinerzeit mit der größten Konzertorgel der Welt ausgestattet. Im Jahr 2006 wurde die Jahrhunderthalle, die wie durch ein Wunder kaum Kriegsschäden zu verzeichnen hatte, in die Welterbeliste der UNESCO aufgenommen. Auch heute gerne für Großveranstaltungen genutzt, findet sich in der Jahrhunderthalle ein lohnenswertes, interaktives Museum zur Geschichte des gigantischen Bauwerks. Im Sozialismus „Hala Ludowa“ („Volkshalle“) genannt, knüpft die heutige Bezeichnung

Vor der Jahrhunderthalle, die Ende der 1990er-Jahre saniert wurde, befindet sich seit 2009 der größte polnische Springbrunnen. Im Halleninneren kann man unter anderem ein „Entdeckungszentrum“ zur Geschichte der Halle und eine multimediale Lichtinstallation bewundern.

„Hala Stulecia“ wieder an den ursprünglichen deutschen Namen an. Hier ist auch ein sehr sehenswertes, liebevoll nachgebildetes Modell der Stadt Lemberg ausgestellt, von wo viele Polen 1945 nach Breslau umgesiedelt wurden.

Der Breslauer Zoo, der bereits 1865 seine Pforten öffnete, ist mittlerweile nicht nur einer der größten in Polen, sondern in puncto Artenvielfalt der drittgrößte der Welt. Er lohnt unbedingt einen Besuch.

Hans Poelzig und die Werkbundsiedlung

Die Jahrhunderthalle wird flankiert von den Poelzig-Pavillons. Neben der hufeisenförmigen Pergola erbaute der berühmte Architekt Hans Poelzig 1913 Ausstellungspavillons für die patriotische Jahrhundertausstellung. Auch in der Innenstadt Breslaus hinterließ Poelzig, der 1919 Vorsitzender des Werkbundes wurde, mehrere innovative Geschäftshäuser und Wohngebäude, die Sachlichkeit, Wucht und Leichtigkeit vereinen. Sehenswert ist in diesem Zusammenhang auch das ehemalige Kaufhaus Petersdorff von Erich Mendelsohn, heute Kameleon, in der Nähe des Rings aus dem Jahr 1928. Aufgrund seiner bestechenden, graziösen Eleganz mit großen, teilweise geschwungenen Fensterflächen gilt es als Höhepunkt des klassischen modernen Bauens.

In östlicher Richtung schließt sich an die Jahrhunderthalle das WuWa-Ausstellungsgelände der Werkbundsiedlung an. 1929 veranstaltete die Schlesische Abteilung des Deutschen Werkbundes hier eine große Wohn- und Werkraumausstellung. Es entstand eine Mustersiedlung, in der neue Bauformen, Baustoffe und Einrichtungen vorgestellt wurden. In der Ausstellung wurden revolutionär anmutende Musterhäuser gezeigt, ebenso wie Kindergärten und Kindererholungsheime. Nach dem Kriegsende waren fast alle Häuser erhalten. Zu sehen sind heute noch ein Laubenganghaus, Mehrfamilienhäuser und das heute veränderte Gemeinschaftswohnhaus, das damals den Namen „WuWa-Dampfer“ erhielt, da es an ein Schiff erinnerte. Unter den vielen Architekten war der berühmteste Hans Scharoun, dessen stilecht renoviertes Ledigenwohnheim einen Höhepunkt darstellt. Hier standen nach dem Vorbild amerikanischer Boarding-Houses Apartments für Alleinstehende oder kinderlose Ehepaare bereit. Eine Gemeinschaftsküche und Aufenthaltsräume sollten für Begegnungen sorgen und damit neue gemeinsame Wohnformen ausprobiert werden. Seit einiger Zeit ist in diesem eleganten Gebäude ein Hotel untergebracht. Heute knüpfen polnische Architekten neuer, moderner Wohnsiedlungen um Breslau herum bewusst an die künstlerischen und weltanschaulichen Prinzipien der WuWa-Ausstellung an.

DAS NEUE KULTURZENTRUM OPPENHEIM-HAUS

Das barocke, zartgrüne Bürgerhaus am Salzring 4, dessen Mauern teilweise noch aus dem 13. Jahrhundert stammen und das seit 1810 dem Bankier Oppenheim gehörte, ist vor einigen Jahren aufwendig renoviert worden. Die engagierte Geschäftsfrau Viola Wojnowski und ihr Team verwandelten das Haus unter dem Namen „OP ENHEIM“ zu einer kulturellen Begegnungsstätte für Künstler, Wissenschaftler und Schriftsteller. Es soll nicht nur allgemein dem deutsch-polnischen Dialog dienen, sondern vor allem die historischen Beziehungen zwischen Berlin und Breslau neu beleben, als es noch hieß, dass jeder zweite Berliner ein Schlesier, oder zugespitzt, ein Breslauer sei.

1929 entwarf Hans Scharoun für die Werkbundsiedlung ein Ledigenheim. Trotz Denkmalschutz ist das Interieur des Gebäudes nicht mehr erhalten. Lediglich ein Musterzimmer gibt einen Eindruck von der architektonischen Konzeption. Immerhin blieb die originale, kräftige Farbgebung erhalten.

Breslau seit 1945: Eine polnische Metropole

Für den Sky Tower, das Wahrzeichen des modernen Breslau, wurden Stahlträger mit einer Länge von 28 000 Kilometern und Glas mit einer Fläche von 40 000 Quadratmetern verbaut.

Beim Einmarsch der Roten Armee im Mai 1945 waren nach mehrmonatiger Belagerung etwa 70 Prozent der historischen Bausubstanz Breslaus vernichtet. Da die Gebiete östlich der Oder-Neiße-Linie Polen zugesprochen wurden, setzte die Vertreibung der deutschen Bevölkerung ein. Die neuen Bewohner Breslaus, die eine ihnen fremde Stadt übernahmen, stammten aus Großpolen, der Umgebung von Warschau und den polnischen Ostgebieten, die an die Sowjetunion fielen und heute in der Ukraine liegen. Es erscheint wie ein Wunder, dass trotz der Kriegszerstörungen Breslaus Altstadt im Großen und Ganzen nach 1945 historisch getreu wiederaufgebaut und erhalten wurde. Zwar gab es viele Zerstörungen durch Kriegshandlungen, die unwiederbringliche Verluste mit sich brachten. Und einige beschädigte Areale wie die Breslauer Südstadt, die vorher aus Straßenzügen mit Häusern im Stil des Berliner Kurfürstendamms bestanden hatten, wurden nicht wieder aufgebaut, sondern das Baumaterial, wie auch Steine aus Stettin, Danzig, Elbing und Neiße, zum Wiederaufbau des von den Deutschen zerstörten Warschaus verwendet. Dennoch ist nicht nur die polnische Wiederaufbauleistung bemerkenswert, sondern überhaupt die grundlegende Entscheidung, das deutsche Breslau mehr oder weniger historisch getreu wieder aufzubauen.

Man kann sich den Bruch in der Stadtgeschichte Breslaus 1945 nicht heftig genug vorstellen. Die deutsche Bevölkerung wurde fast vollständig vertrieben, eine neue polnische Bevölkerung, der die Stadt fremd war, siedelte sich an, die Stadt lag in Trümmern. „Die abgebrochene Zeit“, heißt es über die Stunde null in einem polnischen Gedicht. Die Stadt war ein Trümmerfeld. Für die offizielle Propaganda gehörte Schlesien nun zu Polens „wiedergewonnenen Gebieten“. Die Ansiedlung von Polen aus dem Osten hier sei eine „Rückkehr ins urpolnische Mutterland“. Gerne wurden in der offiziellen Geschichtsschreibung bis in die 1980er-Jahre die 700 Jahre deutscher Geschichte in Breslau und Schlesien einfach ausgespart.

Breslau wird neu aufgebaut

In den 1960er-, 1970er-Jahren war der Breslauer Stadtkern bereits renoviert und Neubauviertel entstanden. Durch Literaten wie den Schriftsteller Tadeusz Różewicz und viele andere wurde das geistige Klima der Stadt belebt. Różewicz, der bis zu seinem Tod 2014 in Breslau lebte, wohnte in einem dieser Neubauten in der Südstadt, von denen er selbst sagte: „Ja, das sind Häuser, gerade gut genug, um als Gebärunterschlupf für die Massen zu dienen.“ Doch lange noch blieb die Stadt mit ihrer fremden Geschichte, mit ihren fremden Gebäuden den neuen polnischen Bewohnern unvertraut. Die eigene polnische Geschichte in Breslau bestand erst seit 1945. Daher war es attraktiv, die alte, sozusagen echte polnische Geschichte aus dem Osten mitzubringen und gewissermaßen von Lemberg nach Breslau umzupflanzen. Teile der berühmten Ossolinski-Bibliothek wurden von Lemberg nach Breslau umgelagert. Das sehenswerte Panorama von Racławice, ein 360-Grad-Rundgemälde über einen für das polnische Nationalbewusstsein wichtigen militärischen Sieg der Polen über die Russen, das 1894 in Lemberg ausgestellt wurde, konnte ab Ende der 1980er-Jahre in Breslau in einem eigens dafür errichteten Rundbau gezeigt werden. An der Südwestecke des Rathauses, wo bis 1945 das Denkmal für den preußischen König Friedrich Wilhelm III. stand, befindet sich seit 1956 das aus Lemberg überführte Denkmal des polnischen Lustspieldichters Aleksander Fredro. Zeitungen, die in Lemberg erschienen waren, kamen in Breslau unter denselben Titeln heraus. Durch all diese mitgebrachten Institutionen und Bezüge wurde Breslau zu einer Art „neuem Lemberg“, obwohl nur etwa zehn Prozent der Bevölkerung wirklich von dort stammte.

1945 glich Breslau einer Ruinenlandschaft. Rund die Hälfte des Stadtzentrums lag in Schutt und Asche.

Das Panorama von Racławice, das die letzte siegreiche Schlacht der Polen gegen die Russen 1794 im Südosten Polens verherrlicht, wurde 1945 in Lemberg zerlegt und dann in Breslau versteckt. Heute erstrahlt der Breslauer Publikumsmagnet in neuem Glanz.

TYPISCHE KÜCHE IN BRESLAU

Nach 1945 brachten die neuen polnischen Bewohner ihre Speisen und Gerichte aus dem Osten Polens mit. Wer sie probieren möchte, dem sei das Restaurant „Karczma Lwowska“, das „Lemberger Wirtshaus“, am Ring empfohlen. Hier gibt es in bäuerlich-rustikaler Atmosphäre als Vorspeise Hering mit Roten Beten nach Lemberger Art, Jüdischen Salat mit Eiern und Zwiebeln, Lemberger Kuttelsuppe oder Barszcz, also Rote-Bete-Suppe, mit litauischen Teigtaschen, süßsaure Schweinefleischgerichte, Piroggen und Pfannkuchen mit verschiedenen Füllungen sowie gebratene Lemberger Klöße. Guten Appetit! Smacznego!

Die Philharmonie wurde vom Büro des berühmten polnischen Architekten Stefan Kuryłowicz entworfen, der vier Jahre vor der Fertigstellung tödlich verunglückte.

Breslau nach dem Fall des Kommunismus

Seit 1990, seit dem Ende des Sozialismus, zeigt sich in Breslau eine Öffnung gegenüber der vorher tabuisierten deutschen, österreichischen und böhmischen Stadtgeschichte. So war in der Literaturzeitschrift „Odra“ nach 1990 zu lesen: „Kurz nach der Wende haben wir damit begonnen, die Geschichte der Stadt aufzuarbeiten. Es erschien eine Sonderausgabe, die viele Bewohner von Wrocław zum ersten Mal mit der Tatsache konfrontierte, dass die Stadt 600 Jahre lang nicht zu Polen gehörte. Das war eine Revolution.“ Viele Schriftsteller verfassten und verfassen Romane und andere Schriften, in denen immer wieder die Auseinandersetzung mit der deutschen Vergangenheit sichtbar wird. Zu Bestsellern in der Stadt und in ganz Polen wurden der Krimi „Tod in Breslau“ und seine Nachfolgebände von Marek Krajewski. Krajewski rekonstruiert für seine Handlung das deutsche Breslau der 1920er- und 1930er-Jahre, und zwar exakt anhand alter Stadt- und Fahrpläne, sogar anhand von genau datierten Speisekarten bestimmter Lokale, die dann in den Büchern rund um den deutschen Kommissar Eberhard Mock an dem exakten Datum mit den exakten Gerichten eine Auferstehung feiern.

Heute ist Breslau eine dynamische, lockere und pulsierende Stadt, unter anderem auch deswegen, weil sie mittlerweile ein unverkrampftes Verhältnis zur deutschen Geschichte gewinnen konnte. Ausdruck dieses neuen städtischen Selbstbewusstseins sind zwei Bauwerke, die unbedingt einen Besuch lohnen. Einmal empfiehlt es sich, den 212 Meter hohen Sky Tower, der 2012 als neues Wahrzeichen und Ausdruck auch ökonomischer Stärke errichtet wurde, zu besuchen, um von oben den weiten Blick über die Stadt und

ZWERGE IN BRESLAU

Die kleinen, überall scheinbar unauffällig in der Stadt vor Geschäften, Hotels und öffentlichen Gebäuden stehenden metallenen Zwergenfiguren erfreuen nicht nur die Kinder. Die Zwerge haben sich mittlerweile trotz ihrer „Größe“ zu einem Wahrzeichen von Breslau hochgemausert. Die sehr abwechslungsreich und originell gestalteten Figürchen gehen auf die politisch-künstlerische Oppositionsbewegung „Orangene Alternative“ im ausgehenden Sozialismus zurück. Damals identifizierten sich die regimekritischen Oppositionellen mit den kleinen, vermeintlich schwachen, im Untergrund gegen die Machthaber kämpfenden Zwergen.

die weitere Umgebung zu genießen. Zum anderen sollte man sich einen Besuch der neu erbauten, geschmackvoll-eleganten Philharmonie (Narodowe Forum Muzyki) nicht entgehen lassen. Dieser modernste Konzertsaal Polens wurde 2015 eröffnet. Ähnlich wie vergleichbare Bauwerke in Kattowitz und in Stettin mag die Breslauer Philharmonie ein letztes Zeichen der neuen Verwurzelung und Annahme dieses einst fremden Ortes sein.

Breslau versöhnt sich mit seiner Geschichte

Wer sich über die Stadtgeschichte informieren möchte, dem sei die abwechslungsreiche Dauerausstellung „Tausend Jahre Breslau" im ehemaligen preußischen Schloss empfohlen. Hier gelingt es in vorbildlicher Weise, eine unverkrampfte Sicht auf die deutschen, preußischen und österreichischen Anteile der Stadtgeschichte zu zeigen. Es gelingt dieser unterhaltsamen Ausstellung, ohne Aufrechnung von verschiedenen Seiten und ohne historische Emotionen auszukommen.

Lohnenswert ist auch die Besichtigung zweier neuer Denkmäler, die ganz im Zeichen der Versöhnung stehen: Das Bischof-Kominek-Denkmal auf der Sandinsel am Eingang zur Dominsel, 2005 für den ersten polnischen Erzbischof nach 1945, Bolesław Kominek, errichtet, trägt auf Polnisch und auf Deutsch die Inschrift: „Wir vergeben und bitten um Vergebung." Dieser berühmte, versöhnende Satz aus dem Brief an die deutschen Bischöfe von 1965 gilt als ein erster Schritt der Annäherung in den verhärteten Zeiten des Kalten Krieges. Und seit einigen Jahren gibt es in der Südstadt das „Denkmal des gemeinsamen Gedenkens". Dies ist eine großzügig gestaltete Anlage, die vor ein paar Jahren auf dem Gelände eines ehemaligen deutschen Friedhofs entstand.

Wer seine Geschichte kennt, der kann auch besser in die Zukunft starten – dieser Satz scheint für die lebendige Metropole an der Oder in hohem Maße zuzutreffen. Was für Namen hat Breslau im Laufe seiner wechselvollen Geschichte bekommen? Wratislawia, Wretslaw, Pressela, Breslau. Das polnische Wrocław, das sich auch einmal ins deutsch-polnische Bresław verzweigte, wird heute immer wieder mit einem neuen, internationalen Namen benannt, der die Liebe der Bewohner zu ihrer Stadt ausdrückt: WrocLove.

Das „Denkmal des gemeinsamen Gedenkens" integriert Grabsteine der ca. 70 nach 1945 eingeebneten deutschen Friedhöfe in eine symbolische Mauer, um so zur Versöhnung aufgrund von Erinnerung aufzurufen.

Die Militscher Teiche sind ein Paradies für Vögel. Rund 160 000 Gänse nutzen die Gegend jeden Herbst als Schlafplätze.

Nach Norden: Auf den Spuren der hl. Hedwig

Nur 25 Kilometer von Breslau entfernt in Richtung Norden liegt Trebnitz (Trzebnica), einer der wichtigsten Wallfahrtsorte Schlesiens. Hier wird das Grab der heiligen Hedwig, auf Polnisch Jadwiga, in der Klosterkirche verehrt. Die legendenumrankte Hedwig von Schlesien, eigentlich Hedwig von Andechs-Meran, stammte ursprünglich aus Bayern. Sie folgte bereits vor 1200 ihrem Mann, dem Breslauer Herzog Heinrich I., nach Schlesien, wo sie gemeinsam deutsche Kolonisten ins fruchtbare Land riefen und Kirchen und Klöster stifteten. Auch die Gründung des Klosters für Zisterzienserinnen aus Bamberg im Jahr 1203 in Trebnitz geht auf sie zurück. Es ist das erste Frauenkloster in Schlesien, in das Hedwig schließlich selbst übersiedelte. Hier starb sie 1243 und wurde bereits 1267 heiliggesprochen. Seit diesem Jahr entwickelte sich ihr Grab zur ersten Wallfahrtsstätte Schlesiens überhaupt. Das 750. Jubiläum dieser Heiligsprechung wurde 2017 in Trebnitz sehr festlich mit einer Prozession mit Hedwigsreliquien begangen. Nach wie vor gehört das Hedwigs-Sanktuarium zu den am häufigsten besuchten Wallfahrtsorten in Schlesien. Am Namenstag der heiligen Hedwig, dem 16. Oktober, drängen sich hier die Gläubigen. Obwohl auch ihr Gemahl Heinrich I. und andere bedeutende Persönlichkeiten in der Klosterkirche bestattet sind, ist es vor allem Hedwigs Grab, das die Wallfahrer anzieht und vor dem sie inbrünstig um die Befreiung von Sorgen und Nöten beten.

In der Klosterkirche lassen sich die verschiedenen Bauepochen heute noch gut erkennen: In den Grundmauern ursprünglich romanisch, wurde die Kirche später gotisch umgebaut und noch viel später barock ausgestattet. Nicht nur das Marmorgrabmal stammt aus dieser Zeit, sondern auch die Hedwigsstatue am Hochaltar. Hier sieht man die Heilige mit einem Kirchenmodell, das an die Klostergründung erinnert, und einer Marienstatuette, die sie immer bei sich getragen haben soll. Mit der anderen Hand reicht sie einem Bettler ein Stück Brot, was an ihre legendäre Armenfürsorge in Schlesien erinnert. Wie durch ein Wunder wurde das Kloster 1945 beim Einmarsch der Roten Armee nicht zerstört. Da die damalige Oberin Russisch sprach, war es ihr möglich, einem sowjetischen Offizier die Bedeutung dieses Ortes zu erklären. Er soll daraufhin auf Russisch „Muss verschont bleiben" auf einen Zettel geschrieben haben. Dieses an der Kirchentür befestigte Papier bewahrte dann das Kloster vor der Zerstörung, den Ort Trebnitz selbst allerdings nicht. Hier sind vor allem eine neugotische Kirche und das Rathaus zu besichtigen. Lohnenswert ist es, einen weiteren Ort der Frömmigkeit zu besuchen. Zwei Kilometer entfernt liegt eine Einsiedelei im Buchenwald, die bereits um 1500 erwähnt wurde und die zu Fuß über einen Kreuzweg zu erreichen ist. Ihr bunter, farbiger Innenraum ist mit sehenswerten volkstümlichen Heiligendarstellungen von naiv-eindringlicher Kraft ausgeschmückt.

Trachenberg und Militsch

Unser Weg ins Militscher Seengebiet führt zunächst in nördlicher Richtung nach Prausnitz und Trachenberg. Diese beiden kleinen Städtchen sind mit der Adelsfamilie derer von Hatzfeld eng verbunden. Nördlich der Trebnitzer Berge gelangen wir zunächst nach Prausnitz (Prusice). Das schmuckvolle Renaissance-Rathaus mit mächtigem Turm auf dem Ring kündet von stolzeren Zeiten der Stadt. Sehenswert ist in der gotischen Pfarrkirche die Grabkapelle des Feldherrn Graf von Hatzfeld, ein barocker Anbau, der mit steinernen Blumengirlanden, Lorbeerblättern und Putten reichlich ausgestattet ist. Kurioserweise wurde das Herz des Grafen in der Nähe des württembergischen Mergentheims auf dem Stammsitz des Hatzfeld-Geschlechts bestattet, der übrige Leichnam hier in Prausnitz.

Wer ein eindrucksvolles, wenn auch verfallendes Barockschloss sehen möchte, dem sei auf dem Weg nach Trachenberg ein Abstecher nach Groß Peterwitz (Piotrkowi-

Die Trebnitzer Klosterkirche mit dem Grab der heiligen Hedwig zieht zahlreiche Gläubige an. Im 18. Jahrhundert wurde die alte Klosteranlage barockisiert.

Das klassizistische Schloss Militsch, das bis 1945 den Grafen von Maltzan gehörte, wurde um 1960 renoviert.

Der Wohnturm „Maria Trauburg", ein Überrest der alten Burg Trachenberg, wurde im 16. Jahrhundert umgebaut und ist heute noch erhalten.

ce) empfohlen. Das riesige, seit Ende des Zweiten Weltkriegs nicht mehr genutzte Schloss, das von einem italienischen Stukkateur um 1700 gestaltet wurde, besticht durch seine leicht unheimliche kulissenhafte Ausstrahlung und durch das morbide Zusammenspiel zwischen einstigem Glanz und heutigem Verfall.

Das nördlich gelegene Trachenberg (Żmigród) war durch die Jahrhunderte nicht nur Mittelpunkt schlesisch-polnischer Grenzfehden, sondern auch Besitzung der Adelsfamilie von Hatzfeld. Das älteste Bauwerk der Stadt ist ein Wohnturm mit romanischen Grundmauern aus dem 13. Jahrhundert. Berühmt war das Trachenberger Schloss. Hier versammelten sich 1813 die miteinander verbündeten europäischen Herrscher, um einen Feldzugplan gegen den französischen Kaiser Napoleon zu entwerfen, das „Trachenberger Protokoll". 1945 in den letzten Kriegstagen ausgebrannt, ist es heute als teilrestaurierte und gesicherte Ruine zu sehen, die als bloße Fassade einen etwas geisterhaften Eindruck erweckt.

Wer von Trachenberg in östlicher Richtung nach Militsch fährt, kommt an vielen, teilweise künstlich angelegten Seen vorbei. Sehenswert ist das moderne Touristen- und Bildungszentrum in Hammer-Sulau (Ruda Sułowska). Im Fischereimuseum wird die 900-jährige Geschichte der Teichlandschaft veranschaulicht. Auch geführte Fotosafaris erfreuen sich großer Beliebtheit. Daneben bietet ein Restaurant regionale Fischspezialitäten an und ein holzverkleidetes, naturnahes Hotel am See lockt ebenfalls mit guter Küche und einem Spa-Bereich.

Im Städtchen Militsch (Milicz) selbst ist nicht nur das Schloss zu sehen, das um 1600 erbaut wurde. Vor allem kann der Besucher hier eine der Gnadenkirchen in reicher Fachwerkbauweise bewundern, die die schlesischen Protestanten 1707 vom Kaiser in Wien zugebilligt bekamen. Dieses am Rande der Altstadt liegende, besonders schöne Gotteshaus mit drei Emporen für viele Gläubige besitzt eine Rokoko-Kanzel und einen wertvollen Taufstein.

Schlesische Karpfen

Ein Haupterwerbszweig in Militsch und Umgebung bestand über viele Jahrhunderte in der Karpfenzucht. Östlich von Militsch erstreckt sich die äußerst reizvolle Militscher Seenplatte (Stawy Milickie), die aus Karpfenteichen, Sümpfen, Kanälen, Gräben, Seen mit Inselchen und Erlenbrüchen besteht. In diesem über 5 000 Hektar großen Vogelschutzgebiet leben Kormorane, Kraniche und Schwarzstörche. Insgesamt werden hier 280 Vogelarten gezählt. Die Fischteiche wurden um 1200 von Zisterziensermönchen, die Hedwig von Schlesien ins Land geholt hatte, angelegt, erlebten im 17. und 18. Jahrhundert ihre Blütezeit und sind heute mit ihren etwa 77 Quadratkilometern die größte von Menschenhand angelegte Teichlandschaft zur Fischzucht in Europa.

Festenberg, Groß-Wartenberg und Oels

Auf dem Weg nach Oels kommen wir durch zwei sehenswerte Städtchen, Festenberg und Groß-Wartenberg. Kurz vor Festenberg ist in Goschütz (Goszcz) ein Schloss aus der Übergangsphase zwischen österreichischem Barock und preußischem Rokoko zu sehen, das sich seit einem Brand 1947 leider in traurigem Zustand befindet.

Festenberg (Twardagóra) wurde um 1900 als „Stadt der Tischler" bezeichnet. Hier gab es 54 Tischlereien, sechs Drechsler und vier Holzschnitzer. Das schmuckvolle Rathaus stammt aus dieser Zeit. Sehenswert sind nicht nur die hübsche, kleine, einstmals protestantische Fachwerkkirche und die große neugotische Kirche, sondern auch das schön renovierte Schloss, in dessen Park Figuren aus dem verwüsteten Goschützer Schloss Aufnahme gefunden haben.

Etwas weiter östlich befindet sich die Kleinstadt Groß-Wartenberg (Syców), die lange Zeit wegen der früheren Grenznähe vom Handel mit Polen lebte. Neben der Pfarrkirche mit spätgotischer Sakramentsnische und dem zinnenbekrönten, ritterburgartigen Postgebäude von 1887 sind vor allem die mittelalterlichen Reste der Stadtmauer und die frühklassizistische Kirche von Carl Gotthard Langhans sehenswert. Dieses Frühwerk des späteren Erbauers des Brandenburger Tors aus dem Jahr 1785 fasziniert mit seinem tempelartigen Eingang und dem originellen runden Turm. Dessen Bekrönung bildet ein Abendmahlskelch, der auf einer von Schlangen umwundenen Erdkugel steht. Ein Blick in den ovalen Innenraum mit monumentalen Doppelsäulen ist ebenfalls lohnenswert.

Oels (Oleśnica) ist eine der ältesten schlesischen Städte und trägt den Beinamen „Stadt der vielen Türme“. Teile der Stadtmauer und der eckig-trutzige Breslauer Torturm aus dem Mittelalter sind noch erhalten. Oels lag an einer Gabelung wichtiger Handelsstraßen und gelangte früh zu Wohlstand und Ansehen. Es lohnt sich, über den Ring mit seinem klassizistischen Rathaus und durch die gepflegten Sträßchen der Altstadt zu flanieren, wo man immer wieder auf schön renovierte alte Häuser und Kirchen stößt. Die Stadt galt jahrhundertelang als das Zentrum des schlesischen Protestantismus, weswegen es hier lange Zeit ausschließlich evangelische Kirchen gab. Eine Ausnahme bildete die katholische Dreifaltigkeitskirche aus der Barockzeit, die der hiesigen Minderheit der Katholiken 1727 qua Gesetz zugestanden werden musste. Seit 1594 besaß die Stadt ein berühmtes Gymnasium.

Die spätgotische Johanneskirche ist die Hauptkirche von Oels. Hier befinden sich die Grabmale der Oelser Fürsten aus der Zeit der Renaissance. Dieses zentrale Kirchengebäude ist mittels eines Kreuzgangs mit dem prachtvollen herzoglichen Schloss verbunden, der Hauptsehenswürdigkeit des Ortes. Als Sitz der Oelser Piasten gilt es als eines der besterhaltenen profanen Bauwerke der Renaissance in Schlesien. Besonders schön gestaltet ist der große Innenhof, der luftig wirkt und eine südländische Atmosphäre verbreitet. Die Arkadengänge zum Hof hin erinnern an den zierlich-eleganten Hof im Krakauer Wawel. Das Haupttor des Schlosses von 1603 ist mit einem prunkvollen Wappen geschmückt.

Letzter deutscher Besitzer des Schlosses war der 1951 verstorbene Kronprinz Wilhelm von Preußen. Das Schloss, das heute dem polnischen Staat gehört, lässt sich mit geführten Rundgängen besichtigen. Hier können nicht nur Konferenzen, Hochzeitsfeiern, Familienfeste und künstlerische Events organisiert werden. Im Schloss gibt es auch Übernachtungsmöglichkeiten.

Das Rathaus von Festenberg war früher ein Gerichtsgebäude. Im Giebel ist das Erbauungsjahr 1902 zu sehen.

Das Schloss Oels liegt auf einem Hügel, auf dem sich früher eine Burg befand. Das imposante Bauwerk hat den sowjetischen Einmarsch 1945 unbeschadet überstanden.

Nach Westen: Schlesische Schlösser

Nicht nur im Hirschberger Tal, sondern auch in der näheren und weiteren Umgebung von Breslau gibt es viele Schlösser aus unterschiedlichen Zeiten zu bewundern.

Das barocke Schloss Lissa (Leśnica), das 1945 ausgebrannt war, erstrahlt wieder in neuem Glanz. Heute befindet sich in Schloss Lissa mit dem abwechslungsreichen Landschaftspark ein Kulturzentrum mit einer reich bestückten Kunstgalerie. Verschiedene jahreszeitliche Veranstaltungen ziehen Scharen von Besuchern an. Höhepunkte sind das Mittsommerfest im Juni, das Treffen der Fantasy-Liebhaber im Juli und der mittelalterliche Jatwinger-Jahrmarkt im Oktober.

Romantik in Wohnwitz und Dyhernfurth

Ein Geheimtipp ist das etwas abgelegene Schloss Wohnwitz (Wojnowice), die einzige schlesische Wasserburg im Renaissancestil. Trutzig aus einem Wassergraben aufragend, zeigt die einmalige Vierflügelanlage mit Innenhof reich verzierte Giebel. Der Besucher kann die Wandmalereien und die Sammlung historischer Möbel im Schloss bewundern und sich dann im Schlosscafé oder im Restaurant stärken.

Heute ist nicht mehr zu ahnen, dass das einstmals barocke Schloss von

Der Park des Schlosses Dyhernfurth verbindet sich in anmutiger Weise mit der naturbelassenen Oderlandschaft. Er ist in einen Lustgarten, einen Nutzgarten und einen Meditationsgarten unterteilt.

ZU BESUCH AUF SCHLOSS FÜRSTENSTEIN

Das wohl berühmteste schlesische Schloss, hier von Süden gesehen, zieht jedes Jahr über 400 000 Besucher an.

Wer sich dem südwestlich von Breslau gelegenen Schloss Fürstenstein (Książ) nähert, dem bietet sich ein märchenhaftes Bild. Das Schloss thront auf einem Felsen und ragt aus einem dichten Wald auf, der von tiefen Schluchten durchzogen wird. Obwohl es über die Jahrhunderte entstanden ist, wirkt es wie aus einem Guss. „Wie von Geistern hingezaubert, frei in die blaue Luft sich türmend", so hatte Fürst Pückler-Muskau einst begeistert geschrieben.

Wer das Schloss betritt, wird in seine wechselvolle Geschichte nicht nur durch die historischen Zimmerfluchten hineingezogen. Eine kürzlich eröffnete Dauerausstellung erzählt vom Leben der hochadligen Familie der Fürsten von Hochberg-Pleß zu Beginn des 20. Jahrhunderts. Hinweise auf die letzte Herrin von Fürstenstein, Daisy von Pleß, der schönen, glücklosen Engländerin mit der längsten Perlenkette der Welt, dürfen nicht fehlen. Auch ein dunkles Kapitel des Schlosses wird nicht verschwiegen, als es im Zweiten Weltkrieg zum „Führerhauptquartier" umgebaut werden sollte.

Aber auch die Jetztzeit hat ihr Recht: Das Blumenfestival international anerkannter Floristen in den Schlossräumen Anfang Mai zieht Besucherströme ebenso an wie das „Niederschlesische Festival der Geheimnisse" im August oder das „Herbsttreffen mit Kunst" im September/Oktober. Seit neuestem werden sogar für Freunde der Schauerromantik Nachtwanderungen mit Lampen durch das alte Gemäuer angeboten – Weiße Frau, Schwarzer Ritter und buckliger Johann inklusive.

Dyhernfurth (Brzeg Dolny) zunächst von Carl Gotthard Langhans und dann im 19. Jahrhundert im Stile eines romantischen Loireschlösschens mit einer Unmenge spitzer Türmchen und Giebelchen umgebaut worden war. Der schön renovierte Schlossbau, der sich in der Oder spiegelt, erweckt nun einen klassizistisch-nüchternen Eindruck.

Wohlau, Mondschütz und Romberg

Das hübsche Städtchen Wohlau (Wołów) lohnt unbedingt einen Besuch. Nicht nur das Renaissance-Schloss, in dem heute Stadtbehörden untergebracht sind, sondern auch das Renaissance-Rathaus mit doppelter Freitreppe und die barocke Pfarrkirche erwecken durch ihren gelblichen Anstrich einen südlichen Eindruck. Auf einem Spaziergang durch die Altstadtstraßen, die von intakten alten gusseisernen Straßenlaternen gesäumt sind, entlang gepflegter Häuser, in denen einst preußische Beamte wohnten, wird die angenehme Atmosphäre kleinstädtischer Behaglichkeit spürbar.

Das sorgfältig restaurierte Schloss Mondschütz (Mojecice) südlich von Wohlau ist ein schlichter Renaissancebau mit prächtigem Eingangsportal. Heute wird es gerne für die Ausrichtung von Hochzeitsbanketten und anderen Feierlichkeiten als stilvoller Rahmen genutzt.

Als Abschluss unserer Schlösserroute westlich von Breslau ist das Schloss Romberg (Samotwór) unbedingt empfehlenswert. Erbaut von Carl Gotthard Langhans mit dem charakteristischen säulengeschmückten Eingang und einem ovalen Festsaal, dient die gepflegte Schlossanlage am Flüsschen Weistritz heute unter dem Namen „Pałac Aleksandrów" als Hotel mit Restaurant und steht Feierlichkeiten und Konferenzen offen.

Die 1657/58 gebaute Schweidnitzer Friedenskirche ist noch größer und prachtvoller als die Friedenskirche in Jauer und gilt als größte Fachwerkkirche in Europa. Sie kann bis zu 7500 Gläubige aufnehmen.

Nach Süden: Herrensitze und Heiligtümer

Dass Schloss Krieblowitz (Krobielowice), der ehemalige Sitz der Familie Blücher, in den 1990er-Jahren zu einem prachtvollen Hotel mit Golfplatz geworden ist, hat die feudale Anlage einem Foto zu verdanken. Ein Nachkomme der Blücher-Familie, in Neuseeland ansässig, wollte anhand eines alten Fotos, auf dem er selbst als kleiner Junge vor dem Schloss zu sehen war, 1992 vor Ort seine verschwommenen Erinnerungen überprüfen. Als er auf ein verlassenes Schloss in schlechtem baulichen Zustand traf, beschloss er, den Sitz seiner Familie samt See und Park zu erwerben und zu restaurieren, was ihm aufs Glücklichste gelang. Eng verbunden ist das Schloss mit dem Namen Gebhard Leberecht Blücher. Dieser trat während der Befreiungskriege, die Preußen Anfang des 19. Jahrhunderts gegen Frankreich führte, als erfolgreichster Heerführer Preußens hervor. So besiegte der „Marschall Vorwärts“ im August 1813 Napoleon an der Katzbach bei Liegnitz in Niederschlesien und war nicht nur an der Völkerschlacht von Leipzig erfolgreich beteiligt, sondern auch an der Niederlage Napoleons 1815 bei Waterloo. Zum Dank für seine Verdienste schenkte ihm der preußische König Friedrich Wilhelm III. das Schloss und elf Dörfer in der Umgebung. Blücher verbrachte seinen Lebensabend auf dem Renaissanceschloss mit den hübschen Ecktürmen und

Arkaden. Er starb hier nach einem Sturz vom Pferd und wurde in einem runden Mausoleum auf einer nahen Anhöhe bestattet.

Schweidnitz behauptet sich durch die Jahrhunderte

Die berühmte Gaststube unter dem Breslauer Rathaus nennt sich noch heute „Schweidnitzer Keller“ (Piwnica Świdnicka), ein Name, der auf das 14. und 15. Jahrhundert zurückgeht, als Schweidnitz (Świdnica) für die Brauerei von Gerstenbier berühmt war. Darüber hinaus entwickelte sich die Stadt Schweidnitz zu einem derart bedeutenden Handelsplatz, dass die Stadt lange in Konkurrenz zu Breslau stand. Erst durch die Verwüstungen des Dreißigjährigen Krieges verlor sie an Bedeutung gegenüber Breslau. Denn nach dem Ende dieser verheerenden Kriegsjahrzehnte war Schweidnitz verarmt und wies nur noch etwa 120 elende Hütten auf, die von etwa 200 Menschen bewohnt waren. Doch die Stadt erholte sich wieder. Schweidnitz am Fuße des Eulengebirges war und ist eine rege Handelsstadt, deren Altstadt im Zweiten Weltkrieg verschont blieb. Die meisten Gebäude der barocken Altstadt wurden nach dem Dreißigjährigen Krieg wieder aufgebaut. Dass auch danach die Streitigkeiten zwischen den Protestanten und den Katholiken noch nicht vorbei waren, sieht man bis heute an zwei Kirchen, die beide als Wahrzeichen der Stadt gelten. So zeigt in der gewaltigen, katholischen Stadtpfarrkirche St. Stanislaus und St. Wenzel, die gotischen Ursprungs ist, aber innen barockisiert wurde, der Hauptaltar die Auseinandersetzung mit den Protestanten. Dieser Streit wird hier zugunsten der Katholiken aufgelöst,

RUNDGANG DURCH SCHWEIDNITZ

Auf dem Marktplatz von Schweidnitz mit seinem Neptunbrunnen kann man die alte Pracht Schlesiens erahnen.

Wir beginnen unseren Spaziergang durch die geschmackvoll renovierte Altstadt am barocken Rathaus, das im Zentrum des Marktplatzes steht. Vorbei am Neptunbrunnen und an der Dreifaltigkeitssäule vor dem Rathaus wenden wir uns nach Osten, kommen am barocken Grundhof, einer alten, bis heute existierenden Apotheke mit Stierskulpturen, vorbei und besichtigen die nahe Stadtpfarrkirche St. Stanislaus und St. Wenzel.

Von dort machen wir uns in nördlicher Richtung zur berühmten Friedenskirche auf, die unter anderem mit Mitteln der Stiftung für deutsch-polnische Zusammenarbeit vorbildlich restauriert wurde. Von hier schlendern wir durch die schönen Altstadtsträßchen in südlicher Richtung zum Ring zurück, dem zentralen Marktplatz, wo sich der Besucher in verschiedenen Cafés und Restaurants stärken kann. Empfehlenswert ist die „Piwnica Ratuszowa“, der Ratskeller. In der dunklen, kalten Jahreszeit lädt das edel-rustikale Ratskellergewölbe zu gehobener traditioneller Küche ein. Im Sommer kann man direkt auf dem Ring vor dem Rathaus sitzen und bei Speis und Trank in angenehmster Weise das muntere Treiben auf dem Marktplatz beobachten.

Die Kelten verteilten figürliche Bildwerke mit vorchristlichen Motiven wie hier dem Schwein, aber auch dem Bär, der Sonne oder dem Fisch über die Hänge des Zobten.

Der Zobten besteht aus Gabbro, einem granitähnlichen Gestein, das auch heute noch großflächig gebrochen wird und als Baustein und Schotter Verwendung findet. Die felsigen Abhänge sind mit Mischwald bewachsen.

indem die Muttergottes als Erlöserin gegen die Evangelischen hervorgehoben wird. Auf der anderen Seite der konfessionellen Spaltung steht die Friedenskirche, eine der drei Kirchen dieser Art in Schlesien, die den Protestanten nach dem Ende des Dreißigjährigen Krieges zugebilligt werden mussten. Die Bedingungen zum Bau der Friedenskirchen waren damals sehr streng: Sie mussten außerhalb der Stadtmauern in Fachwerkbauweise errichtet werden, um zu zeigen, dass der Protestantismus nicht von Dauer sei, Kirchtürme mit Glocken waren untersagt, verstorbene evangelische Gläubige mussten in aller Stille auf einem Friedhof außerhalb der Stadt beerdigt werden, der heute übrigens noch zahlreiche alte Grabsteine mit deutschen Inschriften zeigt. Dennoch überrascht der äußerlich recht schlichte Fachwerkbau der Schweidnitzer Friedenskirche mit einem geradezu überwältigend reichen Inneren. Dass Kirchenmusik bei den Protestanten großgeschrieben wird, zeigt sich heute noch beim Internationalen Bachfestival, das seit dem Jahr 2000 jährlich hier stattfindet. Dann steht die große Orgel im Mittelpunkt, die sehr schön mit den musizierenden Engeln des „Himmelsorchesters" auf dem Deckengemälde harmoniert.

Ein heiliger Berg

Weithin beherrschend ist der Zobten (Ślęża), ein 718 Meter hoher Berg, der sich in die Länge streckt und aus der schlesischen Tiefebene aufragt. Vom gleichnamigen, sehenswerten Städtchen (Sobótka) aus, in dem das Zobtenmuseum zu besichtigen ist, gelangt man in etwa zwei Stunden auf den Gipfel, wo eine große Bergbaude auf Wanderer wartet. Wer nicht gut zu Fuß ist: Die Hütte lässt sich auch mit dem Auto erreichen. Vom Aussichtsturm hat man einen großartigen Blick über das ganze weite Niederschlesien. Der Zobten ist Schlesiens Wahrzeichen und gilt als heiliger Berg. Schon in der Bronzezeit gab es hier eine Kultstätte. Archäologisch belegt sind steinerne Ringwälle der um 500 v. Chr. eingewanderten Kelten. Später benutzten germanische Vandalen bis 400 n. Chr. und

Slawen ab dem 6. Jahrhundert n. Chr. den Gipfel des Berges als Kultplatz. Nach der Christianisierung wurde im 12. Jahrhundert auf dem heiligen Berg eine Kapelle errichtet. Auch heute wartet hier eine Kapelle auf Gläubige.

Der heilige Berg der Schlesier zieht zu allen Jahreszeiten Scharen von Wanderern an. Im Winter sind es begeisterte Skifahrer, die mehrere Schlepplifte nutzen können und sich an den Hängen des Zobten tummeln. Ein Sendemast auf dem Gipfel des mythischen Berges strahlt vier Fernseh- und sechs Radioprogramme aus.

Deutsch-polnische Versöhnung in Kreisau

Kreisau (Krzyżowa), eine ausgedehnte Gutsanlage in der Nähe von Schweidnitz, steht ganz im Zeichen der Versöhnung. Hier versammelte der letzte Gutsherr Helmuth James Graf von Moltke zwischen 1941 und 1943 eine Widerstandsgruppe gegen Hitler um sich, den „Kreisauer Kreis". Die Gruppe aus unterschiedlichen politischen Lagern versuchte, Pläne für ein zukünftiges demokratisches Deutschland nach Hitler zu entwickeln. Die Treffen fanden meist im Berghaus statt, einer Villa auf einer Anhöhe des Guts. Im Januar 1944 wurde Moltke verhaftet und nach dem missglückten Attentat auf Hitler vom 20. Juli 1944, als das Regime immer brutaler gegen alle Regimegegner vorging, im Januar 1945 hingerichtet. Schon vor der Wende, in den 1980er-Jahren, gab es Pläne von Aktion Sühnezeichen und DDR-Bürgerrechtlern, Kreisau zu einem Ort der Begegnung zwischen Ost und West zu machen. Nach 1989 wurden die verfallenen Gebäude für eine internationale Jugendbegegnungsstätte mit Mitteln der Stiftung für deutsch-polnische Zusammenarbeit saniert und 1998 eröffnet.

Für den Besucher ist eine Ausstellung im Schloss von Interesse. Hier erfährt man vieles über die Widerstandsbewegung gegen Hitler, aber auch über die Oppositionsbewegungen im kommunistischen Osteuropa. Im prachtvollen Schlosssaal mit originalen Möbeln finden Konzerte statt. 2013 wurde das Festival der Kammermusik „Krzyżowa-Music" ins Leben gerufen. 2014 eröffneten Bundeskanzlerin Angela Merkel und die polnische Ministerpräsidentin Ewa Kopacz die deutsch-polnische Ausstellung „Mut und Versöhnung". Im benachbarten Berghaus mit schönem Ausblick bis zum Eulengebirge wird nicht nur in einem Gedenkraum des Kreisauer Kreises gedacht. Hier findet sich auch eine Bibliothek, die Literatur über den Widerstand im Dritten Reich versammelt.

Im Gutsgebäude von Kreisau befindet sich heute ein modernes Tagungszentrum. Im November 1989 nahmen Bundeskanzler Helmut Kohl und der polnische Ministerpräsident Tadeusz Mazowiecki in Kreisau an einer historischen „Versöhnungsmesse" teil.

Italienisches Flair: Ohlau und Brieg

Ohlau (Oława), zwischen den Flüssen Ohle und Oder gelegen, ist trotz massiver Zerstörungen im Zweiten Weltkrieg ein sehenswertes Städtchen. Der Marktplatz, der von hübschen Bürgerhäusern verschiedener Epochen umstanden ist, wird vom Rathaus beherrscht, das Karl Friedrich Schinkel 1823 neu gestaltete. Älteren Datums ist das Uhrenensemble am Rathausturm. „Der Tod von Ohlau", wie diese Uhr von 1728 genannt wird, zeigt zu jedem vollen Glockenschlag, wie Saturn, der Gott der Zeit, als römischer König sein Zepter hebt, und daneben, wie der Tod, ein Skelett, seine Sense schwingt. Auch ein Hahn, der eine Henne jagt, zählt zu den beweglichen Figuren dieser originellen Uhr. Vor dem Rathaus steht ein alter steinerner Pranger. Zwei weitere Gebäude sind auf einer Runde durch die Altstadt sehenswert: die gotische Pfarrkirche St. Blasius mit berühmter Barockorgel und das nach dem Krieg wieder aufgebaute Barockschloss, in dem sich heute städtische Einrichtungen befinden. Dieses Schloss wurde von einem italienischen Baumeister errichtet und besticht durch die klare Gliederung seiner Fassade.

Kleinod der Renaissance

Brieg (Brzeg), am Ufer der Oder gelegen, ist eine der ältesten Städte Schlesiens. Zwar wurde Brieg im Februar 1945 durch

Im trapezförmigen Innenhof des Brieger Piastenschlosses mit seinen dreistöckigen Bogengängen kann man einen Hauch Italien genießen. Das 1945 zerstörte Schloss wurde zwischen 1966 und 1990 wieder aufgebaut.

RUNDGANG DURCH BRIEG

Wir beginnen unseren Spaziergang auf dem Ring, wo wir das Renaissancejuwel des Rathauses von allen Seiten betrachten können. In südöstlicher Richtung ist die wuchtige gotische Nikolaikirche zu sehen, in der gotische Wandmalereien freigelegt wurden. Von dort wenden wir uns nach Norden, bis wir zur Oder gelangen, der wir in westlicher Richtung bis zum Plac nad Odrą folgen. Hier an der Oderbrücke sind die Dreifaltigkeitssäule und die Statue des hl. Nepomuk zu sehen. Im anschließenden Park Nadodrzański stoßen wir in südwestlicher Richtung schließlich auf den Höhepunkt unseres Spaziergangs: das Brieger Schloss. Wir bewundern das reich geschmückte Portal, das mit sehr originellen Fabel- und Mischwesen verziert ist, die sich in Ranken und Ornamente auflösen. Wir besichtigen den berühmten Innenhof und die Schlosskirche. Wer die sieben Prunksärge der Fürsten von Liegnitz und Brieg sehen möchte, dem sei das Piastenmuseum empfohlen. Schräg gegenüber dem Schloss steht das traditionsreiche Gymnasium, das noch heute als Lyzeum dient.

Das Rathaus von Brieg wurde zwischen 1570 und 1572 errichtet.

Wer die italienische Atmosphäre Briegs nicht nur im Schloss spüren möchte, der werfe unbedingt einen Blick in die benachbarte Heilig-Kreuz-Kirche. Von außen relativ streng und klar gegliedert, bietet sie dem Besucher einen prachtvollen, entfesselten Innenraum dar, einen wahren Barockrausch. Durch illusionistische Deckenmalereien mit Scheinsäulen scheint sich der Kirchenraum direkt in den Himmel zu öffnen und versetzt den Betrachter geradewegs in eine der Barockkirchen Roms. Von hier aus können wir über die ul. Zamkowa zurück zum Rynek (Marktplatz) gelangen. Da aber der traditionsreiche Ratskeller am Markt geschlossen ist, empfiehlt es sich beim Schloss zu bleiben. Hier lädt das Restaurant des Arte Hotels mit italienisch inspirierter Küche ein. Vom Speiseraum und vom Biergarten aus kann man einen fantastischen Blick auf die gotische Schlosskirche genießen.

tagelange Gefechte im Zweiten Weltkrieg zur Hälfte zerstört. Doch wirkt die Stadt nicht im Mindesten trostlos. Sogar die schlichten Neubauten aus den 60er-Jahren verbreiten eine angenehme Atmosphäre. Und viele der historischen Gebäude der Altstadt, vor allem aus der Gotik und der Renaissance, wurden wieder aufgebaut oder ausgebessert.

Brieg hat zwei unbestrittene Höhepunkte zu bieten: das Rathaus und das Schloss. Diese beiden unbedingt sehenswerten Perlen der Renaissance beeindrucken durch schmuckvolle Giebel, wehrhafte Türme, reiche Portale und vor allem durch luftige, im Innenhof des Schlosses sogar dreistöckige Arkaden, die eine südländische Atmosphäre verbreiten. Tatsächlich gehen die meisten der historischen Gebäude in Brieg im 16. Jahrhundert auf italienische Baumeister zurück. Als der Fürstenhof in Brieg zu dieser Zeit florierte, wurden derart viele Künstler, Baumeister, Maurer und Steinmetze aus Italien angezogen, dass sie sogar eine eigene Vereinigung bilden konnten. Italiener gelangten im 16. Jahrhundert zu einem solchen Ansehen, dass sie für etwa 50 Jahre den Handel in Brieg dominieren konnten und zu einigem Wohlstand kamen. Im südländischen Schlosshof finden jährlich im September im Rahmen des Festivals „Wratislavia Cantans“ Chorkonzerte in stilvoller Atmosphäre statt. Das dem Schloss benachbarte Gymnasium wurde ebenfalls in Briegs italienisch geprägter Blütezeit um 1565 errichtet. Die Bildungsanstalt, die auf eine ältere, mittelalterliche Lateinschule zurückgeht, stieg als „Illustres Gymnasium Bregense“ im 17. Jahrhundert zu einer Art evangelischen Hochschule auf, die auch Studenten aus Polen und Böhmen anzog.

Auf der Westseite des Ohlauer Rathauses erinnert noch heute der Pranger an grausame Bestrafungen früherer Zeiten. 34 dieser Monumente sind in Polen noch erhalten.

EULENGEBIRGE UND GLATZER BERGLAND

Unterirdische Geheimnisse: Waldenburg und sein Bergland

Waldenburg (Wałbrzych), nach Breslau die zweitgrößte Stadt Niederschlesiens, ist eine traditionelle Leineweber-, Bergbau- und Industriestadt. Schon im Mittelalter wurde im umliegenden Bergland Erz, auch Silber, abgebaut. Doch erst um 1900 entwickelten sich Waldenburg und die ganze Region mit Steinkohlezechen, Hüttenwerken und Porzellanfabriken zu einem der wichtigsten und ausgedehntesten Industriegebiete in Niederschlesien. Trotz des reizvollen Waldenburger Berglandes machten Besucher um die rußigen Schlote und Zechen einen Bogen, da die Zeichen der Umweltverschmutzung unübersehbar waren. Doch nach und nach schlossen die Zechen, und die Region veränderte sich. Heute ist Waldenburg ein lohnendes Besuchsziel, das einiges an interessanten Sehenswürdigkeiten bereithält. Sehenswert ist zunächst einmal die sehr schön renovierte Altstadt. Obwohl es am Ring etliche ältere Häuser gibt, ist doch unverkennbar, dass die Blütezeit der Stadt ab Mitte des 19. Jahrhunderts begann. Eine Fülle neugotischer Gebäude zeugt davon. Das Rathaus, die Pfarrkirche, die Post, das Gericht und Schulen sind in diesem Stil, zumeist mit roten Backsteinen, erbaut. Etwas älteren Datums ist nur die evangelische Erlöserkirche, die allerdings auch später mit einem neugotischen Turm versehen wurde. Gleichgültig, ob am Tage

Warme Kleidung ist Pflicht: Im Stollen der Alten Grube herrschen konstant neun Grad bei einer Luftfeuchtigkeit von 97 Prozent.

oder im warmen Schein der Straßenlaternen am Abend – die Waldenburger Altstadt erweckt einen gleichzeitig angenehm großzügig-städtischen und behaglichen Eindruck.

Sehenswertes in Waldenburg

Darüber hinaus warten zwei besondere Höhepunkte auf den interessierten Besucher. Das Porzellanmuseum in einem repräsentativen Palast, dem „Alberti-Haus" nahe dem Ring, lädt all diejenigen ein, die sich für die Geschichte des „weißen Goldes" begeistern können. Hier erfährt man, dass Waldenburg nicht nur mit Bergbau verbunden war, sondern ab Mitte des 19. Jahrhunderts als eines der wichtigsten Zentren der Keramikindustrie weit über Schlesien hinaus in ganz Deutschland galt. Vier Porzellanfabriken beschäftigten seinerzeit über 3000 Mitarbeiter. Historisches Porzellan aus Schlesien wird im Museum ebenso gezeigt wie Meißner Porzellanfiguren, Erzeugnisse von KPM Berlin und aus Sèvres bei Paris. Abgerundet wird die Porzellanausstellung von Keramik der 1950er- und 1960er-Jahre, als polnische Industriedesigner sich von avantgardistischen Trends im Stil von Picasso inspirieren ließen.

Der zweite Höhepunkt in Waldenburg ist das seit 1996 stillgelegte Steinkohlenbergwerk Thorez (Julia), das kürzlich zum Wissenschafts- und Kunstzentrum „Alte Grube" (Stara Kopalnia) umfunktioniert wurde. Im monumentalen Zechengebäude, das jeden Besucher sofort in seinen Bann schlägt, ist das äußerst sehenswerte Industrie- und Technikmuseum untergebracht, durch das ehemalige Bergleute voller Begeisterung führen. Verschwiegen wird auch nicht die Geschichte der 30000 Deutschen, die nach 1945 gezwungen wurden, als Fachkräfte den Waldenburger Bergbau aufrechtzuerhalten. Noch heute gibt es eine starke deutsche Minderheit in Waldenburg. Die Besichtigung der „Alten Grube" geht ein Stück unter Tage weiter, bis sie mit dem Besteigen des „Öko-Turms" endet, von dem aus sich ein wunderbarer Ausblick über die gesamte Region bietet. Die „Alte Grube" hat viele weitere Attraktionen im Angebot, so Nachtbesichtigungen, Übernachtungen in komfortablen Gästezimmern mit ungewöhnlichen Ausblicken auf die Zeche, Keramik- und Töpfer-Workshops für Kinder und Jugendliche, Kunstausstellungen, Konzerte und Freilicht-Filmvorführungen. Der „Alten Grube" ist es gelungen, aus dem traurigen Niedergang einer Zeche einen blühenden Ort, einen Magneten für Besucher aus nah und fern zu machen. Das dynamische Kulturzentrum gilt mittlerweile als „Visitenkarte der Stadt".

Die Porzellanfabrik der Gebrüder Tielsch in Waldenburg, gegründet 1845, wurde nach dem Zweiten Weltkrieg vom polnischen Staat übernommen. Hier eine Aufnahme von 1946.

Das Waldenburger Bergland

Das Waldenburger Bergland zwischen Riesen- und Eulengebirge ist geologisch eine der interessantesten Landschaften Schlesiens. Seinen höchsten Erhebungen sieht man heute nicht mehr an, dass sie einmal vulkanischen Ursprungs waren. Im 13. und 14. Jahrhundert wurden hier zahlreiche Burgen als Grenzfestungen gegen Böhmen

Das Waldenburger Bergland ist ideal für ausgedehnte Wanderungen. Von Sachsen aus führt der Europäische Fernwanderweg E3 durch das Gebiet weiter nach Osten.

Rund um die Wandelhalle (links) und die Trinkhalle in Bad Salzbrunn, die 1894 errichtet wurden, befinden sich zahlreiche Sanatorien und Hotels.

errichtet. Die mittelalterliche Kynsburg (Zamek Grodno) ist besonders bedeutend. In schwindelerregender Höhe auf einem Berggrat gelegen, fasziniert die sagenumwobene Burg nicht nur mit Wandmalereien und Portalen aus der Renaissancezeit. Vom Bergfried bieten sich auch atemberaubende Ausblicke über die gesamte, teilweise nur als Ruine erhaltene Burganlage und über die weite Landschaft des umliegenden Berglands. Verschiedene Wanderwege führen zu der beliebten Burg empor. Der Sage nach soll hier die „Weiße Frau" spuken – was auch andere Burgen in Europa für sich reklamieren.

Nicht nur das Vulkangestein ist im Waldenburger Bergland von geologischem Interesse, auch an Mineralquellen ist diese Region reich. Südöstlich von Waldenburg liegt Bad Charlottenbrunn (Jedlina Zdrój), das ab 1840 als Kurort mit parkartigen Anlagen, stillen Ruheplätzen und anmutigen Aussichten auf die umliegenden Gebirge angelegt wurde. Heute wird es als Heilbad bei Magengeschwüren und Lebererkrankungen empfohlen. Noch etwas älter ist das nördlich gelegene Bad Salzbrunn (Szczawno Zdrój), das seit 1815 als Kurort genutzt wird. Im Hotel „Zur preußischen Krone" wurden die Dichter-Brüder Gerhart und Carl Hauptmann geboren, deren Vater das Hotel gehörte. Das Bad ist auf die Heilung von Atemwegserkrankungen spezialisiert. Bereits um 1825 wurde das „Salzbrunner Wasser" in jährlich über 100 000 Flaschen weithin versandt, wodurch das Renommee des Kurortes wuchs. Immer mehr vornehme Badegäste wurden angezogen. Auch heute lohnt es sich, Bad Salzbrunn mit seinem Kurhaus, seinem Theater und den hübsch verzierten Quellengebäuden zu besuchen. Der Kurgast kann durch die hölzerne Wandelhalle flanieren, durch die gepflegten Parks und über die freundlichen Promenaden, die mit Blumenampeln geschmückt sind, spazieren, die frische Luft genießen und sich rundum erholen.

Ein Highlight für Eisenbahnfans

Wer sich für historische Eisenbahnen interessiert, dem sei ein Abstecher über Freiburg (Świebodzice) nach Königszelt empfohlen. Freiburg, eine sehenswerte Stadt am Rande der mittleren Sudeten, wurde nach einem großen Stadtbrand 1774 neu aufgebaut. Nur noch Reste der alten Stadtmauer sind aus dem Mittelalter erhalten. Ansonsten stammen alle historischen Gebäude, das Rathaus und die beiden großen Kirchen, aus der Zeit um 1800. Freiburg wurde 1843 durch eine der ältesten Eisenbahnen Schlesiens mit Breslau verbunden und war damals so bedeutend, dass ein (heute nicht mehr genutzter) Bahnhof in Breslau „Freiburger Bahnhof" (Dworzec Świebodzki) genannt wurde. In Freiburg weist das repräsentative und frisch renovierte Bahnhofsgebäude von 1869 auf die einstige Bedeutung dieser Eisenbahnverbindung hin. Lebendig wird die Eisenbahntradition in Königszelt (Jaworzyna Śląska). Dieser erst durch die Eisenbahnlinie zwischen Striegau und Schweidnitz 1843 als Schienenknotenpunkt künstlich entstandene Ort erhielt seinen Namen vom Feldlager Friedrichs des Großen 1781 bei dem zur Gemeinde gehörenden Ort Bunzelwitz, wo der König sein Zelt aufgeschlagen hatte. Auf dem weiten Schienengelände und im Lokschuppen gibt es heute ein Technik- und Eisenbahnmuseum zu sehen. Seit 2011 findet hier immer im September das Dampflokfest statt, bei dem historische, aber funktionstüchtige Dampflokomotiven aus Polen, Deutschland und Tschechien zu einer Dampflokparade zusammenkommen, was jedes Jahr über 10 000 Gäste anzieht. Die Besucher können das Wunderwerk einer Dampflok bestaunen, technische Details erfahren und dürfen sogar Fahrten mit den historischen Lokomotiven auf dem Museumsgelände mitmachen.

So wie die beiden Damen in der Bildmitte werden Reisende ausgesehen haben, als die historischen Lokomotiven von Freiburg im Einsatz waren.

DAS TUNNELSYSTEM „RIESE“

Das Projekt „Riese“ besteht aus mehreren Tunnelsystemen, von denen einige heute besichtigt werden können.

Unter dem Decknamen „Riese“ legten Zwangsarbeiter und KZ-Häftlinge ab 1943 mehrere Tunnelsysteme im Eulengebirge an. Es entstanden sogar Anschlüsse in Form von Straßen und Bahnlinien. Vermutlich sollte die gigantische unterirdische Anlage als „Führerhauptquartier“ und Ersatz für die Wolfsschanze in Ostpreußen dienen. Auch für das Oberkommando des Heeres, den Reichsaußenminister und für den Reichsführer SS wurden Arbeits- und Wohnmöglichkeiten geplant. Bis August 1945 sollte in der bombensicheren, riesigen Großanlage ein unterirdisches Industriewerk, möglicherweise für die Rüstungsproduktion und für die V-2-Waffe entstehen.

Da die Baupläne für das Projekt „Riese“ wohl vernichtet wurden, kamen viele geheimnisumwitterte Spekulationen auf. Gesichert aber ist, dass 20 000 Häftlinge aus dem nahen Konzentrationslager Groß-Rosen unter unmenschlichen Bedingungen das ausgedehnte, betonierte Stollensystem, in dem 20 000 bewaffnete Soldaten Unterschlupf finden sollten, vorantreiben mussten. Etwa 5 000 Häftlinge kamen dabei ums Leben.

Heute sind einige Tunnel mit Führungen begehbar. Ein Zugang führt von der Ortschaft Säuferhöhen (Osówka) aus in die unterirdische Stadt. Hierher kommen Interessierte aus aller Welt, um das künstlich geschaffene Höhlensystem, unter Wasser stehende Gehwege, Waffenreste, eine riesige Halle, Belüftungsröhren und Kanäle unter der Erde zu sehen. Auch oberirdische Reste sind zu besichtigen. So steht im Wald ein Betonblock mit Röhren – angeblich der Prototyp eines Atomkraftwerks. Etliche Fernsehteams drehten hier schon Filme. Auch von Wüstewaltersdorf (Walim) aus sind die Tunnel zu besichtigen. Hier wird auch die Ausstellung des Museums Groß-Rosen „Berührung der Geschichte – eine Spur aus dem Eulengebirge zur Warnung“ gezeigt, die an die für das Projekt „Riese“ eingesetzten Lagerhäftlinge erinnert.

Nach dem Krieg suchten Mutige, von Schatzgräberfantasien beflügelt, in den labyrinthischen Tunneln nach Gold und legendären Reichtümern, wurden aber nicht fündig. Die elektrisierende Meldung vom August 2015, dass man im Umfeld des Riese-Projekts einen etwa 70 Meter in der Tiefe verschütteten Zug geortet habe, in dem sich Nazi-Gold befinden sollte, löste weltweit einen Goldrausch aus. Sogar Schatzgräber-Klubs entstanden. Bislang aber konnte die Existenz dieses geheimnisumwitterten Zuges nicht bestätigt werden.

Weit schweift der Blick über Reichenbach bis hin zum Eulengebirge. In der Mitte der Stadt ist die spätgotische Pfarrkirche St. Georg zu sehen.

„Wir weben!" Reichenbach, Peterswaldau, Langenbielau

Die frühere evangelische Kirche von Reichenbach besticht durch einen eleganten ovalen Innenraum, in dem die vier übereinander gelagerten Emporen durch zierliche Säulen gegliedert sind, wodurch er luftig und leicht wirkt.

Untrennbar verbunden mit der Gegend am nordöstlichen Fuß des Eulengebirges ist die Geschichte der schlesischen Weber, der Textilindustrien, der Ausbeutung und des verzweifelten Kampfes um soziale Gerechtigkeit. Vielerorts hatten die Schlesier am Rande der Sudeten über die Jahrhunderte von der Weberei gelebt. Hier aber, in Reichenbach, Langenbielau und Peterswaldau, befand sich nicht nur ein wichtiges Zentrum der Textilherstellung. Durch den Weberaufstand 1844 wurden diese Orte schon damals über die engen Grenzen Schlesiens hinaus bekannt. Der berühmte Dichter Heinrich Heine, den ansonsten nichts mit Schlesien verband, verfasste unmittelbar nach dem Aufstand das Gedicht „Die schlesischen Weber", dessen erste Strophe unheilvoll lautet: „Im düstern Auge keine Träne, / Sie sitzen am Webstuhl und fletschen die Zähne: / Deutschland, wir weben dein Leichentuch, / wir weben hinein den dreifachen Fluch – Wir weben, wir weben!" Der dreifache Fluch richtet sich gegen einen unbarmherzigen Gott, der in den schlimmen Nöten nicht hilft, gegen den König, der die Reichen bevorzugt und die Armen ausbeutet, und gegen das „falsche Vaterland", das derartige soziale Ungerechtigkeiten stützt und fördert.

Am Fuß des Eulengebirges

Trotz ihrer starken Prägung durch die Textilindustrie sind die Städte Reichenbach, Langenbielau und Peterswaldau, die zu einem geschlossenen Siedlungsbereich zusammengewachsen sind, durchaus sehenswert. Reichenbach (Dzierżoniów) war schon im Mittelalter ein Zentrum der Tuchmacherei. Während sich im 18. Jahrhundert die Weberei mehr in die umliegenden Ortschaften verlagerte, entwickelte sich Reichenbach zum Sitz der Textilkaufleute, die die eingeführte Baumwolle in den Dörfern verspinnen ließen. Teile einer starken Stadtbefestigung, die spätgotische Tuchhalle, das Rathaus und etliche schöne Kaufmannshäuser am Ring zeugen von früherem Reichtum ebenso wie die spätgotische Pfarrkirche und die frühere evangelische Kirche. Sehenswert ist auch die ehemalige Synagoge, die wie durch ein Wunder die „Reichspogromnacht" 1938 überstanden hat. Nach 1945 hatten sich in Reichenbach zunächst etwa 18 000 polnische Juden angesiedelt, die aber im Laufe der Jahrzehnte auswanderten. Die Synagoge verfiel immer mehr, wurde 2004 sogar teilweise in Brand gesteckt. Rafael Blau, der in Reichenbach seine Kindheit verbracht hatte, seit Langem aber in Israel lebt, hielt den Verfall auf: Er rief eine Stiftung zur Rettung der Synagoge ins Leben, die nun den Ausbau des Gotteshauses zu einem interkulturellen jüdischen Kulturzentrum in die Tat umsetzt.

Im lang gestreckten, ehemaligen Weberort Peterswaldau (Pieszyce), der durch den Ausbruch des radikalen Weberaufstands 1844 eine gewisse Berühmtheit erlangte, gab es zu der Zeit fast 800 Webstühle. Sehenswert sind Teile der alten Stadtbefestigung, das repräsentative, renovierte Schloss und die prächtige neugotische Kirche.

Der in die Länge gestreckte Ort Langenbielau (Bielawa) ist eng mit dem Namen der Fabrikantenfamilie Dierig verbunden. Die 1805 gegründeten Dierig-Werke wuchsen schnell zum größten Textilunternehmen in Schlesien an. Heute noch zu sehen ist das eindrucksvolle Gelände der Textilfabriken, die nach 1945 zunächst weitergeführt wurden, jetzt aber leer stehen. Die beiden sorgfältig renovierten Villen der Familie Dierig, die prachtvolle Stadtvilla und das mit hübschen Schnitzereien verzierte Waldhaus, dienen heute als Hotels und sind eine gute Ausgangsbasis für Wanderungen im nahen Eulengebirge.

Sogar in Berlin hatte die Landeshuter Weberei Grünfeld ein Geschäft, für das 1928 diese Werbung entstand.

WEBERELEND IN SCHLESIEN

Englische Konkurrenz, preußische Zollpolitik, das Aufkommen der maschinellen Textilproduktion und das unsoziale Verhalten der Garnhändler und Fabrikanten trieben die schlesischen Handweber in Hunger, Not und Elend. Als 1844 der Textilunternehmer Ernst Friedrich Zwanziger in Peterswaldau die ohnehin kargen Löhne der Weber kürzen wollte, kam es zu einem tagelangen Aufstand, der schließlich blutig niedergeschlagen wurde. Etliche Weber wurden vom preußischen Militär erschossen, zu Gefängnisstrafen oder Peitschenhieben verurteilt.

Unvergessen ist dieser verzweifelte Kampf um soziale Gerechtigkeit auch wegen des berühmten Dramas „Die Weber" von Gerhart Hauptmann, der das Weberelend im Eulengebirge aus eigener Anschauung kannte. Dieses Drama, das an den Standesschranken rüttelte und somit ganz dem politischen Programm der Linken entsprach, löste bei seiner Uraufführung in Berlin 1891 stürmischen Beifall aus. Das war Kaiser Wilhelm II. zu viel: Er kündigte seine Theaterloge. Ebenfalls von Mitgefühl mit den unterdrückten Webern durchdrungen ist der grafische Zyklus „Weberaufstand" der Künstlerin Käthe Kollwitz von 1897.

Das Gemälde „Die schlesischen Weber" von Carl Wilhelm Hübner zeigt, wie ein hartherziger Unternehmer die Qualität der abgelieferten Stoffe moniert, um den Preis zu drücken.

Im Reich der Hohen Eule: Das Eulengebirge, Festung Silberberg und Neurode

Der Aussichtsturm auf der Hohen Eule bietet einen Rundblick nicht nur über die nahen Ortschaften, sondern auch auf das Riesengebirge, den Zobten, den Glatzer Kessel und bei guter Sicht sogar bis Breslau.

Das Eulengebirge, ein schmaler, lang gezogener Bergrücken, ragt steil aus der Schlesischen Tiefebene auf. Dieses stark bewaldete Gebirge ist Teil des Glatzer Gebirges zwischen der Glatzer Neiße und der oberen Weistritz. Das Gneisgestein, das sich im Eulengebirge findet, zählt zu den erdgeschichtlich ältesten Gesteinen ganz Europas. Auf der Hohen Eule (Wielka Sowa), der mit 1 015 Metern höchsten Erhebung dieses schroff und imposant wirkenden Gebirgszugs, befindet sich neben einem Fernmeldemast ein aufwendig restaurierter Aussichtsturm aus Stahlbeton und Granit, der 1906 als „Bismarckturm" eröffnet wurde.

Das Eulengebirge spielt mit seiner reizvollen Landschaft als Naherholungsgebiet für Niederschlesien und Breslau eine große Rolle. Wanderer können nicht nur zu Fuß oder mit dem Fahrrad die Gegend erkunden, sondern auch Erzbergwerke besichtigen, nach Mineralien wie Turmalin, Beryll oder Quarz Ausschau halten, im Winter Ski fahren und in hübschen, hölzernen Bauden einkehren. Um die Natur besser schützen zu können, wurde im Jahr 1991 der „Landschaftspark Eulengebirge" (Park Krajobrazowy Gór Sowich) ins Leben gerufen.

Die Festung Silberberg

Neben der Hohen Eule stellt die an einem Pass gelegene Festung Silberberg (Srebrna Góra) einen weiteren wichtigen Höhepunkt im Eulengebirge dar. Wie der Name nahelegt, wurde hier bereits seit dem Mittelalter Erzbergbau betrieben und vor allem nach Silber gesucht. Das am Fuße der Festung gelegene Städtchen begeistert mit steilen, engen Gassen und alten Häuschen. Nach der Eroberung Schlesiens von Österreich durch die Preußen ließ Friedrich der Große Silberberg zur Festung ausbauen. Die Fortifikationsanlage gehörte seinerzeit zu den modernsten Festungsbauten Europas. Im Krieg 1807 wurde die Festung Silberberg erfolgreich gegen die Große

Armee Napoleons verteidigt. Sie galt zu der Zeit als uneinnehmbar, was ihr den Namen „schlesisches Gibraltar“ eintrug.

Auch heute noch ruft die Festung Silberberg bei den Besuchern durch ihre riesigen Ausmaße, ihre Lage auf den Berggipfeln und durch den Donjon, einen gigantischen gemauerten Wehrturm, Staunen hervor. Seit etlichen Jahren spielen Darsteller in originalgetreuen Kopien preußischer Infanterieuniformen hier historische Schlachten nach, führen die Besucher durch die Gemäuer und feuern alte Waffen, also Kanonen, Mörser, Steinschlossgewehre und Pistolen ab. Die Festung lohnt einen Besuch: Volljährige Gäste dürfen auf einem historischen Schießplatz die Waffen auch selbst ausprobieren. Wer es weniger martialisch mag, kann sich während einer stimmungsvollen, romantischen Nachtbesichtigung mit Fackelschein in die Welt alter Sagen versetzen lassen oder sich auf einer 570 Meter langen Seilrutsche zwischen Bäumen und historischen Mauern bewegen. Für Kinder und Jugendliche werden Geländespiele veranstaltet, die in die Zeit der Napoleonischen Kriege zurückführen. Besonders zu empfehlen ist die Aussichtsterrasse auf dem Donjon, von der sich ein atemberaubender Blick bis zum Glatzer Schneeberg-Massiv bietet.

Neurode

Das Städtchen Neurode (Nowa Ruda) am südlichen Fuße des Eulengebirges, das eine sehr alte Tuchmachertradition besitzt, wurde seit dem 19. Jahrhundert vor allem durch den Abbau von Steinkohle, Eisenerz, Kupfererz und Gold geprägt. Das sehenswerte Rathaus mit dem verspielten Türmchen stammt aus einer Blütezeit der Stadt Ende des 19. Jahrhunderts, ebenso die Konstruktion des damals deutschlandweit höchsten Eisenbahnviadukts. Die Bürgerhäuser am Ring, die alten Weberhäuser mit reizvollen Laubengängen und eindrucksvoll-gedrungenen Treppenhäusern, das Schloss und einige Kirchen verweisen auf frühere Jahrhunderte. Im Bergbaumuseum wird nicht nur über die Geschichte des schwarzen Goldes in der Region, über den Aufbau dieses Bergwerks und über schlimme Katastrophen und Grubenunglücke Auskunft gegeben. Der Besucher kann auch an einer Führung teilnehmen, die ihn in die faszinierende Welt der unterirdischen Stollen mitnimmt und ihn mittels eines originellen Grubenbähnchens wieder zum Ausgangspunkt zurückbringt.

Im Eulengebirge kann man auf gut markierten Wegen durch prächtige Wälder wandern und von Höhenzügen wunderbare Aussichten genießen.

In dem unterhalb der Festung gelegenen Dorf Silberberg befindet sich auf dem Dorfplatz eine moderne Steinskulptur eines preußischen Soldaten.

LITERATUR IM EULENGEBIRGE

Olga Tokarczuk, eine der wichtigsten zeitgenössischen Schriftstellerinnen Polens, veranstaltet seit einigen Jahren im Juli in Neurode und Umgebung das grenzüberschreitende Literaturfestival „Góry Literatury“ (Berge der Literatur). Das Festival versammelt bedeutende Autoren, Journalisten, Aktivisten, Comic-Zeichner und Musiker aus Polen, Tschechien und Deutschland im Rathaus von Neurode, in der Alten Grube von Waldenburg und im Kloster von Broumov in Tschechien.

Das um 1900 erbaute, romantisch verspielte Kurhotel Fürstenhof in Bad Kudowa wurde nach 1945 in Kurhaus Polonia umbenannt. Das Gebäude ist noch heute das Zentrum des bekannten Kurortes.

Sprudelnde Quellen: Die schlesischen Bäder im Heuscheuergebirge

Die drei Perlen der Bäderkultur, Bad Kudowa, Bad Reinerz und Bad Altheide, liegen wie aufgereiht am Fuße des Heuscheuergebirges (Góry Stołowe). Der sprechende Name dieses Gebirges, eines Teils des Glatzer Kessels, rührt von den Tafelbergen der Großen Heuscheuer (Szczeliniec Wielki, 919 Meter) und der Kleinen Heuscheuer (Szczeliniec Mały, 895 Meter) her, die die charakteristische Form eines abgeflachten Scheunendachs haben. Sie sind die höchsten Erhebungen des Gebirges. Seit Ende des 18. Jahrhunderts wurde das Heuscheuergebirge für Besucher erschlossen. Überaus reizvoll sind hier nicht nur die weiten Ausblicke über die Bergwelt, sondern auch die starke Zerklüftung des Massivs, wodurch bizarre Sandsteinformationen entstanden. Beliebte Ziele sind die Felsenstadt „Wilde Löcher" (Błędne Skały), ein eindrucksvolles Felsenlabyrinth, und andere mit sprechenden Namen benannte Felsgruppen wie „Kamel", „Henne" oder „Kopf des Riesen". Um die einmalige Natur zu bewahren, wurde 1993 der Nationalpark Heuscheuergebirge (Park Narodowy Gór Stołowych) mit ausgeschilderten Wanderwegen eingerichtet.

Das Heuscheuergebirge ist eine Wasserscheide. So fließt das Wasser der östlichen Gebirgshälfte in die Ostsee, das der westlichen Hälfte in die Nordsee.

Kuren mit allem Komfort

Ende des 19. Jahrhunderts war Bad Kudowa (Kudowa Zdrój) Deutschlands berühmtester Kurort für Herzleidende und Rheumakranke. Schon seit dem 18. Jahrhundert wurden Könige und andere Berühmtheiten von den Quellen angezogen. Nach 1945 ging der Kurbetrieb nahtlos weiter. Auch heute werden Bade- und Trinkkuren sowie klassische und alternative medizinische Behandlungen eingesetzt. Gepflegte Kuranlagen und repräsentative Gästehäuser empfangen den Besucher. So ist am Eingang zum großen Kurpark, in dem viele seltene, subtropische Pflanzen wachsen, das Hotel Fürstenhof zu bewundern, ein riesiges, leicht verspieltes Fachwerkgebäude. Aus noch älterer Zeit, von 1772, stammt das hübsche Schlösschen (Zameczek), das gegenüber der Trink- und Wandelhalle liegt und ein bedeutendes Sanatorium beherbergt. Nicht nur medizinische Behandlungen und Wellness werden in Bad Kudowa großgeschrieben, sondern auch die Musik. Höhepunkt ist das Festival zu Ehren Moniuszkos, des Schöpfers der polnischen Nationaloper, das seit Jahrzehnten alljährlich im Sommer im Kurhaus stattfindet.

Neben Ausflügen ins nahe Heuscheuergebirge sind noch zwei Sehenswürdigkeiten in der unmittelbaren Umgebung Kudowas empfehlenswert. Wer sich nicht scheut, mit der Vergänglichkeit des menschlichen Lebens konfrontiert zu werden, kann im Vorort Kudowa Tscherbeney (Czermna) die 1776 errichtete Schädelkapelle (Kaplica Czaszek) besuchen, die mit Gebeinen von Pestopfern aus der Zeit des Dreißigjährigen Krieges (1618–48) und von gefallenen Soldaten des Siebenjährigen Krieges (1756–63) in eindrucksvoller Weise ausgeschmückt ist.

Lohnenswert ist auch das Freilichtmuseum für Volksarchitektur der Sudeten in Straußeney (Pstrążna) nahe der tschechischen Grenze. In dieses fast verlassene Dorf im „böhmischen Winkel" wurden typische Bauernhäuser der Region gebracht und originalgetreu wieder aufgebaut. Das Innere der Häuser ist mit Bauernmöbeln, Gerätschaften und Trachten reich ausgestattet.

Bad Reinerz

Ebenso wie in Bad Kudowa spielt in Bad Reinerz (Duszniki Zdrój) die Musik eine große Rolle. Zu Beginn des 19. Jahrhunderts waren die bereits seit dem Mittelalter

Die überwältigende Zahl an Totenschädeln in der Schädelkapelle führt dem Besucher die Vergänglichkeit allen Irdischen eindrücklich vor Augen. Das kleine Schild fordert den Betrachter auf, sich dem Gericht Gottes zu stellen.

ZU BESUCH IN DER HISTORISCHEN PAPIERMÜHLE BAD REINERZ

Wer die Papiermühle in Bad Reinerz besucht, betritt eines der schönsten und wertvollsten Industriedenkmäler der Welt. In den reich verzierten Gebäuden mit barock geschwungenem Giebel aus Holz und Schindeldächern kann sich der Besucher in die Geheimnisse der Büttenpapierherstellung einweihen lassen. Zunächst wird die Geschichte der Papiermühle aus dem 16. Jahrhundert erzählt, als hier das „milbenfreie" Büttenpapier für Staatsurkunden gefertigt wurde. Dann werden Papierherstellungstechniken mittels Schöpfbottichen, Sieben und Pressen verlebendigt und im Garten Faserpflanzen gezeigt, die für die Papierherstellung nützlich sind. Ein Höhepunkt besteht in der Schauproduktion von Büttenpapier. Die großen und kleinen Besucher können auch eigenhändig ihren eigenen Papierbogen schöpfen. Kein Wunder, dass jedes Jahr etwa 70 000 Besucher von diesem einmaligen Angebot Gebrauch machen, in die uralten Techniken der Papierherstellung einzutauchen.

Ein Angestellter der Papiermühle stellt in Handarbeit Büttenpapier her.

WALLFAHRTEN IN SCHLESIEN

Zumindest in seinen katholischen Teilen war und ist Schlesien ein Gebiet großer Volksfrömmigkeit. Das drückte sich nicht nur in Bildstöcken mit Heiligen- oder Marienfiguren an Feldrainen und jahreszeitlichem Brauchtum wie „Kreuzelstecken" zum Segnen der Felder und Fronleichnamsprozessionen über die Feldflur, um eine gute Ernte zu erflehen, aus. Auch Wallfahrten zu besonders heiligen Stätten zeigen, wie fromm die Schlesier sind. Auch der heutigen polnischen Bevölkerung, die zum größten Teil katholisch ist, gelten Wallfahrten als selbstverständlich. Aktuell existieren in Schlesien über 100 Sanktuarien und Wallfahrtskirchen, in denen die Gläubigen wundertätige Gnadenbilder oder Gnadenfiguren besonders verehren. Die meisten dieser Stätten sind alte Marienwallfahrtsorte, die besonders zu verschiedenen Marienfesten aufgesucht werden, etwa am 15. März zu Mariä Verkündigung, am 2. Juli zu Mariä Heimsuchung, am 15. August zu Mariä Himmelfahrt, am 8. September zu Mariä Geburt oder am 12. September zu Mariä Namen, um nur einige zu nennen.

Die barocke Wallfahrtskirche Mariä Heimsuchung in Wartha wurde Ende des 17. Jahrhunderts erbaut. Papst Benedikt XVI. verlieh dem bedeutenden Bauwerk 2008 den Titel einer „Basilika Minor".

Der Marienkult in Albendorf (Wambierzyce) nördlich des Heuscheuergebirges reicht bis zurück ins Jahr 1218, als ein Blinder von einer Marienfigur geheilt worden sein soll. In der Barockzeit wurde dann ein ganzes Bauensemble errichtet: das „Schlesische Jerusalem" mit Kalvarienkapellen und einer imposanten Wallfahrtskirche im italienischen Barockstil mit 33 Stufen, die die Lebensjahre Christi symbolisieren sollen.

Im Glatzer Schneegebirge liegt die kleine spätbarocke Wallfahrtskirche Maria Schnee (Międzygórze), deren Gnadenbild auch nach einer angeblichen Blindenheilung immer größere Ströme von Wallfahrern anzog. Zahlreiche volkstümliche Votivgaben für erhörte Gebete befinden sich im Umgang der Kirche. Papst Johannes Paul II., der bereits 1961 und 1968 als Bischof bzw. Kardinal diese heilige Stätte besucht hatte, krönte 1983 das Gnadenbild der Muttergottes.

Das Wallfahrtsstädtchen Wartha (Bardo) liegt malerisch im Warthaer Gebirge. In der großen barocken Wallfahrtskirche mit doppelten Türmen und einer gewaltigen historischen Orgel pilgern die Gläubigen zu einer geschnitzten romanischen Marienfigur, die seit dem Mittelalter verehrt wird. Seit einigen Jahren knüpfen ehemalige deutsche Bewohner an eine alte religiöse Tradition an, die in Zeiten schlimmster Not von Krieg und Pest um 1630 enstanden war: eine Wallfahrt zu Fuß von Frankenstein (Ząbkowice Śląskie) nach Wartha. Etliche polnische Gläubige der Region schließen sich mittlerweile an, und so pilgern Deutsche und Polen einvernehmlich etwa 14 Kilometer zu einer gemeinsam verehrten heiligen Stätte.

bekannten Quellen sehr renommiert und zogen viele Kurgäste an, darunter zwei jugendliche, später weltberühmte Komponisten: einmal im Jahr 1823 den 14-jährigen Felix Mendelssohn Bartholdy und drei Jahre später den jungen Frédéric Chopin in Begleitung seiner Mutter und Schwestern. Erst 16 Jahre alt, gab er im alten Kurtheater von Bad Reinerz sein erstes öffentliches Klavierkonzert außerhalb Polens. Daran erinnert nicht nur ein 1976 im Kurpark aufgestelltes Denkmal, sondern auch das seit 1946 regelmäßig im August stattfindende Chopin-Festival.

Die Quellen von Bad Reinerz werden gegen Erkrankungen der oberen Luftwege genutzt. Wer sich aus dem Kurviertel mit den Hotels, Sanatorien und Brunnenkolonnaden in das ein Kilometer entfernte Stadtzentrum aufmachen möchte, dem sei nicht nur der Ring mit den schönen alten Bürgerhäusern und das Papiermuseum

Das Chopin-Denkmal in Bad Reinerz wurde von dem Bildhauer Jan Kucz geschaffen. Es wurde am 150. Jahrestag des Besuches des in ganz Polen verehrten Komponisten in dem schlesischen Kurstädtchen aufgestellt.

empfohlen, sondern auch ein Blick in die Kirche St. Peter und Paul. Hier überrascht eine originelle, barock verspielte Kanzel in Walfischform. So, wie Jona im Alten Testament aus dem Bauch eines Walfisches ausgespien wurde, so steht der Geistliche, der eine Predigt hält, hier im geöffneten Maul des Wals.

Bad Altheide

Die kohlensäurereichen Quellen von Bad Altheide (Polanica Zdrój) wurden erst ab dem 19. Jahrhundert zu Heilzwecken bei Herz- und Nervenerkrankungen genutzt. Das Bad nahm um 1900 einen rasanten Aufschwung. Nicht nur die zwiebelturmgekrönte Kirche, sondern auch viele schön restaurierte Villen und Pensionen blieben aus dieser Zeit erhalten und verleihen dem Kurstädtchen eine ebenso behagliche wie großzügige Atmosphäre. Als Kurpromenade dient der Uferweg entlang des Flüsschens Reinerzer Weistritz. Den Mittelpunkt von Bad Altheide bildet der große, gepflegte Kurpark mit klassizistischer Trinkhalle, Palmenhaus und Konzertmuschel. Der alte Baumbestand des Parks und die ihn säumenden historischen Kurhäuser laden zu ausgedehnten und erholsamen Spaziergängen ein. Einst unter dem Namen „Prinzensprudel", heute unter dem Namen „Staropolanka" wurde und wird das Quellwasser von Bad Altheide als wohlschmeckendes, gesundheitsförderndes Tafelwasser überregional vertrieben. Hatte sich Bad Altheide schon in der deutschen Zeit zu einem bedeutenden Herzbad entwickelt, so nahm der Ausbau des Bades nach dem Zweiten Weltkrieg noch zu. Weitere Sanatorien eröffneten, eine Salz-Jod-Höhle gegen Atemwegs- und Kreislauferkrankungen wurde eingerichtet und mehrere Schwimmbäder erbaut. Mittlerweile hat hier einer der luxuriösesten Wellness-Tempel in ganz Schlesien den Betrieb aufgenommen, eine Fünf-Sterne-Anlage im Art-déco-Stil. Zu den regelmäßigen Veranstaltungen in Bad Altheide zählen das internationale Festival für Kurortmusik „Die Musik der Welt" und internationale Schachturniere. Wer sich für Kristallglas interessiert, kann im Direktverkauf der Kristallglashütte „Barbara" vor Ort hergestellte Glaswaren erwerben.

Aus der Frühzeit des Kurortes Bad Altheide stammt die schmucke Wandelhalle im Zentrum des Ortes.

Das Zentrum der Grafschaft: Glatz

Das Glatzer Bergland, auch Glatzer Kessel (Kotlina Kłodzka) genannt, umgibt fast ringförmig die schöne, alte Stadt Glatz und gehört zu den landschaftlich reizvollsten Regionen Schlesiens. Auf das bizarr zerklüftete Heuscheuergebirge (Góry Stołowe) im Westen folgen im Uhrzeigersinn das Eulengebirge (Góry Sowie) und das Warthaer Gebirge (Góry Bardzkie) im Norden, dann östlich das Reichensteiner Gebirge (Góry Złote) mit dem Bielengebirge (Góry Bialskie), im Südosten das Glatzer Schneegebirge (Masyw Śnieżnika) mit der höchsten Erhebung, dem Schneeberg (Śnieżnik, 1 425 Meter), und im Südwesten das Habelschwerdter Gebirge (Góry Bystrzyckie).

Das Glatzer Bergland mit seinem Zentrum Glatz geriet immer wieder zwischen die politischen Fronten. Bereits 981 soll Glatz vom böhmischen Fürsten Slavnik gegründet worden sein und gilt damit als die älteste Stadt Schlesiens. Als die österreichische Kaiserin Maria Theresia 1763 das Glatzer Bergland nach 800-jähriger böhmisch-habsburgischer Herrschaft an Preußen verlor, nannte sie es wehmütig ein „Schatzkästlein“. Wie überall in Schlesien endete die deutsche Geschichte der Grafschaft Glatz im Jahr 1945.

Ein Besuch in Glatz

Das Zentrum der Grafschaft, Glatz (Kłodzko), hatte im Laufe seiner mehr als 1 000-jährigen Geschichte immer auch

Das Glatzer Bergland begeistert mit seinen sanft geschwungenen Hügeln. Viele Kapellen finden sich in dieser Landschaft, wie hier die Kapelle des hl. Karl Borromäus in der Nähe des Dörfchens Heidelberg bei Bad Landeck.

eine strategisch-militärische Bedeutung zwischen Breslau und Prag. Belagerungen während der Hussitenkriege, im Dreißigjährigen Krieg, während der Schlesischen und der Napoleonischen Kriege prägten das Gesicht der Stadt. Die Burg, die im 13. Jahrhundert auf dem Berg zum Schutz der Stadt erbaut worden war und nach dem Dreißigjährigen Krieg erweitert und verstärkt wurde, ließ Friedrich der Große schließlich nach 1742 zur Festung ausbauen. Mit dieser beherrschenden Fortifikationsanlage sollte die Grenze zu Österreich gesichert werden. Während der Napoleonischen Kriege wurde Glatz 1807 belagert – ein historisches Ereignis, das heute als Spektakel mit Darstellern in historisch getreu nachgebildeten Uniformen auf der Festung nachgespielt wird.

Überhaupt hat sich die Festung Glatz zu einem Touristenmagneten entwickelt. Besichtigungsrouten führen durch Bastionen und Kasematten, wobei eine Strecke für besonders abenteuerlustige Besucher gestaltet ist. Im Inneren der Festung ist eine interaktive Ausstellung über Verteidigungstechniken zu sehen. Eine Freilichtaufführung unterhält die Besucher mit Szenen aus der über 1 000-jährigen Geschichte der Stadt. Angeboten wird auch eine Nachtführung durch die Festung, die sich sowohl an Militärliebhaber als auch an Liebhaber von authentischer Burgenromantik wendet. Ebenfalls kann ein Teil des Tunnelsystems, das sich weit unter der Festung erstreckt, besichtigt werden. Diese Gänge, in denen konstant eine Temperatur von acht bis zehn Grad herrscht, entstanden zwischen dem 13. und dem 17. Jahrhundert und wurden vor allem zur Lagerung von Waren und Bier benutzt, das hier lange frisch bleiben konnte. Ein dichtes Netz von Korridoren und Zellen zog sich unter der Stadt in mehreren Stockwerken hin. Heute sind etwa 600 Meter dieses verzweigten Systems aus Gängen unter der Glatzer Altstadt unter dem Namen „Unterirdischer Jahrtausendweg“ für Besucher freigegeben. Nach der Vertreibung der Deutschen

Die Minoritenkirche und die davorliegende Brücktorbrücke bilden das Zentrum von Glatz.

Der „Unterirdische Jahrtausendweg“ bietet reichlich Anschauungsmaterial, wie es hier früher einmal ausgesehen hat.

Die berühmte „Madonna mit dem Spatz" in der Glatzer Jakobuskapelle wird dem Bildschnitzer Peter Parler (1333–99) zugeschrieben.

1945 wussten die neuen Bewohner nichts von dieser labyrinthischen Stadt unter der Stadt. Erst als in den 1950er-Jahren Fundamente absackten und viele historische Gebäude Risse bekamen, wurden die unterirdischen Gänge, die nun zur Bedrohung der Altstadt und ihrer Bewohner wurden, entdeckt. Zwar mussten im Rahmen der Sicherungsarbeiten etliche historische Häuser abgerissen werden, aber der größte Teil der Bausubstanz in der Altstadt ließ sich doch retten. Das Labyrinth der Gänge wurde mithilfe von Bergbauspezialisten größtenteils entwässert und zugeschüttet und nur ein kleiner Teil seit 1976 für Touristen zugänglich gemacht. Dass die unterirdischen Gänge in Kriegszeiten auch als Zufluchtsorte genutzt wurden, sieht man heute an den Brunnen und Küchenherden, die die Vergangenheit wiederbeleben sollen. In Seitengassen des Hauptganges sind Folterwerkzeuge, eine Bäckerei, eine Pulverkammer, ein Kaufmannskontor, eine alte Schenke und sogar Skelette zu sehen.

Die Glatzer Altstadt

Die Altstadt von Glatz entwickelte sich am Fuße der Burg. Schon Mitte des 13. Jahrhunderts war auf der Insel zwischen Neiße und Mühlengraben ein Kloster mit Kirche gegründet worden. Heute ist hier die Minoritenkirche Mariä Rosenkranz zu sehen. Die schöne gotische Brücktorbrücke von 1390, die über den Mühlengraben führt, ist eine Kleinausgabe der berühmten Prager Karlsbrücke und verweist deutlich auf die lange politische Zugehörigkeit der Grafschaft Glatz zu Prag. Direkt am Fuße des Burgberges liegt der Ring mit dem beherrschenden Jugendstil-Rathaus von 1890, dessen Turm aber über 200 Jahre älter ist. Die Mariensäule an der Westseite des Rings

RUNDGANG DURCH GLATZ

Wir beginnen unseren Spaziergang durch die Glatzer Altstadt auf der Insel zwischen Neiße (Nysa Kłodzka) und Mühlengraben (Młynówka) bei der doppeltürmigen Minoritenkirche Mariä Rosenkranz. Von hier passieren wir die malerische, uralte Brücke mit den barocken Brückenheiligen und gelangen zum schräg abfallenden Ring. Entlang des Rathauses, der Mariensäule und des Löwenbrunnens von 1700 mit dem doppelschwänzigen böhmischen Löwen schlendern wir ein wenig durch die kopfsteingepflasterten Altstadtgassen und bewundern die Bürgerhäuser aus Renaissance, Barock und Klassizismus, die vor dem Einsturz gerettet werden konnten. Schließlich gelangen wir westlich vom Ring zur äußerlich schlichten gotischen Kirche Mariä Himmelfahrt, deren barocken Innenraum der Besucher sich ebenso wenig entgehen lassen sollte. Eindrucksvoll ist auch das Grabmal des Prager Erzbischofs Ernst von Pardubitz, des ersten Rektors der Prager Universität und Mitbegründers der Krakauer Akademie. Das ursprünglich gotische Grabmal wurde 1870 erneuert und mit einer knienden Bischofsfigur versehen.

Ein als preußischer Soldat verkleideter Fremdenführer zeigt den Besuchern die Festung Glatz.

Wer sich für die Geschichte der Festungsstadt und für Uhren interessiert, dem sei das nahe „Museum des Glatzer Landes" (Muzeum Ziemi Kłodzkiej) empfohlen, das im ehemaligen barocken Jesuitenkonvikt untergebracht ist. Von der Kirche Mariä Himmelfahrt führt ein unterirdischer Weg (Podziemna Trasa Turystyczna) von der Stadt bis direkt hinauf zur Festung, in der zahlreiche Attraktionen auf die Besucher warten. Besonders empfehlenswert ist als Höhepunkt unseres Spaziergangs die Besteigung der „Hohen Bastion", von der aus sich ein wunderbarer Panoramablick über die Stadt und das gesamte Glatzer Bergland darbietet. Um zum Ring zurückzukommen, verlassen wir die Festung in nordwestlicher Richtung über den Park Noworudzki und wenden uns dann in südlicher Richtung in die Altstadt zurück, wo wir im Ratskeller „W Ratuszu" einkehren können. Bei gutem Wetter lädt die wunderschöne Terrasse mit Blick über den ganzen Ring zum Verweilen ein.

wurde 1682 errichtet, um der schlimmen Pestepidemie zwei Jahre zuvor zu gedenken, der 1 500 Einwohner zum Opfer gefallen waren. Schon 50 Jahre früher hatte in Glatz die Pest 4 000 Opfer gefordert, so dass die Stadt und die Umgebung weitgehend entvölkert waren.

In den Zeiten der Religionskriege und der konfessionellen Streitigkeiten hielt sich der protestantische Glaube in Glatz besonders lange und zäh. Den zum Zwecke der Gegenreformation in die Stadt gekommenen Jesuiten gelang es erst nach einigen Jahrzehnten, die Lehre Luthers zurückzudrängen und die Bevölkerung zu rekatholisieren. Zeugnis davon gibt die durch die Jesuiten barockisierte Kirche Mariä Himmelfahrt. Von außen gotisch schlicht, wurde sie innen in eine Perle des Barock verwandelt. Da die Grafschaft Glatz zum Erzbistum Prag gehörte, kamen die Künstler, darunter etliche Italiener, die die Kirche ausgestalteten, aus der böhmischen Hauptstadt. Die Stuckdekorationen an Wänden und Decke, der goldverzierte Hauptaltar, die bewegten Skulpturen, die floralen Deckenmalereien, die Marmorierung der Wände, die reich verzierten Beichtstühle, die Kanzel und der Orgelprospekt klingen, obwohl sie von verschiedenen Meistern geschaffen wurden, zu einem großartigen, hellen und luftigen barocken Gesamtkunstwerk zusammen. Ein besonders sehenswertes Kunstwerk befindet sich in der Jakobuskapelle im südlichen Seitenschiff der Kirche. Hier steht die hölzerne Marienskulptur, die unter dem Namen „Madonna mit dem Spatz“ berühmt geworden ist. Dieses Bildwerk aus der Gotik zeigt Maria mit ihrem Sohn Jesus, auf dessen Knie ein kleiner Vogel sitzt, der im Volksmund als Spatz bezeichnet wird. In Wirklichkeit handelt es sich wohl um einen Stieglitz. Dieser auch als Distelfink bezeichnete Vogel, der ein blutrotes Köpfchen besitzt und eine Vorliebe für Disteln hat, wird in der christlichen Symbolik gerne als Vorbote des Leidensweges Christi und Jesu Ende am Kreuz eingesetzt. Im Kontrast dazu aber zeugt das liebliche Lächeln auf den Gesichtern von Maria und ihrem Sohn von unerschütterlicher heiterer Glaubensgewissheit.

Nachdem das alte Rathaus von Glatz 1886 niedergebrannt war, wurde um den erhaltenen Rathausturm herum ein Neubau errichtet. Das Gebäude blieb 1945 unversehrt.

Das Habelschwerdter Gebirge ist ein Paradies für Wintersportler, da es nicht nur als schneesicher gilt, sondern atemberaubende Aussichten bietet.

Im Schneegebirge: Habelschwerdt und sein Bergland

Das Städtchen Habelschwerdt (Bystrzycka Kłodzka) südlich von Glatz liegt zwischen dem Habelschwerdter und dem Glatzer Schneegebirge. Trotz häufiger Stadtbrände im Laufe der Jahrhunderte macht Habelschwerdt den Eindruck eines mittelalterlichen Städtchens, dessen Atmosphäre beinahe italienisch wirkt. Türme und Basteien ragen aus dicht gedrängten, hintereinander an den Hängen gestaffelten Häusern an der Glatzer Neiße und aus dem Gewirr enger, verwinkelter Gassen hervor. Ebenso wie in Glatz wurde hier in den 1960er-Jahren unter der Altstadt ein mehrstöckiges Labyrinth von Kellergängen entdeckt. Auch hier drohten die Häuser darüber einzustürzen. Die Tunnel mussten zugeschüttet oder gesichert werden. Die Stadtverwaltung ist nun bestrebt, eine attraktive Touristenroute durch die unterirdischen Gänge zu schaffen. Aber auch darüber hinaus warten in dem beschaulichen Städtchen etliche Sehenswürdigkeiten auf den Besucher. So haben sich Teile der gewaltigen Stadtmauer und einige eckige, sogar zinnenbekrönte Wehrtürme erhalten, was den Eindruck der mittelalterlichen Geschlossenheit verstärkt. Auf dem rechteckigen Ring ist neben dem Rathaus, das um 1850 im Stil der italienischen Renaissance errichtet wurde, eine dynamisch-bewegte, in den Himmel strebende Dreifaltigkeitssäule aus der Zeit des Barock zu bewundern, die zu den größten und am reichsten geschmückten dieser Art in ganz Schlesien zählt. An dieser Stelle stand im Mittelalter der steinerne Pranger, der später seinen Platz auf dem nahen Neumarkt (Mały Rynek) fand. Auch die immer wieder nach Bränden auf- und umgebaute Pfarrkirche St. Michael ist sehenswert. Wer sich für das recht ungewöhnliche Sammeln von Streichholzschachteln und ihren Etiketten interessiert, der Phillumenie, dem sei das einzigartige Streichholzmuseum empfohlen (Muzeum Filumenistyczne), in dem auch die Geschichte des Feuers erklärt wird.

Das Habelschwerdter Gebirge

Von Habelschwerdt lässt es sich sehr gut ins gleichnamige Gebirge aufbrechen. Muss man sich den nördlichen Teil des Habelschwerdter Gebirges (Góry Bystrzyckie) mit seinen dichten Wäldern und romantischen Hochmooren erwandern, so lässt sich der südliche Teil sehr bequem auf der Autostraße „Autostrada Sudecka" erkunden, die atemberaubende Panoramen bietet. Sie führt entlang kleiner malerischer Fremdenverkehrsorte, die mit Wanderungen zu den Gipfeln des Gebirges locken, so zum höchsten, dem Heidelberg (Jagodna, 977 Meter), und die im Winter auf Skifahrer eingestellt sind. Die Bedingungen für Wintersport sind wegen der lang anhaltenden Schneedecke von Mitte November bis Mitte April hier sehr günstig. Verschiedene Lifte stehen für den Skisport bereit. Empfehlenswert ist ein Abstecher zum kleinen, märchenhaft verschwiegenen Bad Langenau (Długopole Zdrój). Die dortigen kohlensäurehaltigen Quellen werden bei Krankheiten des Verdauungs- und Kreislaufsystems eingesetzt. Wohltuendes Klima, gepflegte Spazierwege, hübsche Trinkhallen und ein vielfältiger Kurpark sorgen für optimale Erholung in ruhiger Abgeschiedenheit.

Im äußersten Süden des Glatzer Berglandes liegt das Städtchen Mittelwalde (Międzylesie). Hier haben sich nicht nur die historischen Bürgerhäuser am Ring erhalten, sondern auch alte hölzerne Weberhäuser und eine barocke Mariensäule. Sehenswert ist das Renaissanceschloss, das 2008/09 saniert wurde. Von Mittelwalde aus lässt es sich hervorragend in das Glatzer Schneegebirge (Masyw Śnieżnika) aufbrechen.

Ist das Heuscheuergebirge eine zweifache Wasserscheide zwischen Nord- und Ostsee, so wirkt das Glatzer Schneegebirge sogar als eine dreifache europäische Wasserscheide: An einem Seitengipfel des Schneebergmassivs, dem Klapperstein (Trójmorski Wierch), fließt die March (Morawa), die am Südhang des Berges entspringt, über die Donau zum Schwarzen Meer, die Glatzer Neiße (Nysa Kłodzka) über die Oder in die Ostsee und der Lipkauer Bach (tschech. Lipkovský Potok) über die Elbe in die Nordsee.

Schnee und Wasser in Wölfelsgrund

Wölfelsgrund (Międzygórze) und seine reizvolle Umgebung stecken voller Attraktionen. Die geschützte Lage begründete bereits im 19. Jahrhundert den Ruhm des Ortes als Luftkurort und Wintersportplatz. Ein ganzer Reigen hübscher, historischer, mit Holzschnitzereien verzierter Ferienheime und Hotels im schweizerischen, norwegischen und Tiroler Stil verleihen dem Ort den Reiz der Zeitenthobenheit.

In der Mitte dieser Ansicht des 10000-Einwohner-Städtchens Habelschwerdt ist der Turm des Rathauses zu sehen.

Mit seiner Inschrift „Deus impios punit" (Gott bestraft die Gottlosen) erinnert der Pranger von Habelschwerdt an die mittelalterliche Justiz.

1997 wurde die Schlucht, durch die die Wölfel fließt, bei einem Unwetter so ausgewaschen, dass der Wölfelsfall statt 25 nur noch 22 Meter hoch ist.

Mitten im Ort liegt der 22 Meter in einer engen Schlucht herabstürzende Wölfelsfall (Wodospad Wilczki).

Eine Attraktion nicht nur für Kinder ist der Märchengarten, der an der gelben Route auf den Spitzigen Berg (Igliczna) liegt, einer Gneispyramide, auf der die Wallfahrtskapelle Maria Schnee gebaut wurde. Der Märchengarten wurde nach dem Ersten Weltkrieg von einem Förster angelegt, der aus Wurzeln, Tannenzapfen und Baumrinde verschiedene Miniaturgebäude und Märchenfiguren schuf. Nach einer Zeit des Verfalls wurde der Märchenpark ab 1986 wieder instand gesetzt und um neue Figuren, sogar um Comic-Helden, erweitert, sodass heute hier nicht nur Rübezahl, Hänsel und Gretel oder Pinocchio zu sehen sind, sondern auch die Hexe Baba Jaga, Shrek und die berühmte polnische Comicfigur Koziołek Matołek, eine Ziege.

Stehen im Winter in Wölfelsgrund für die Skifahrer diverse Lifte und markierte Pisten an den nahen Abhängen bereit, so locken in den anderen Jahreszeiten Wanderrouten von hier in alle Richtungen, vor allem aber auf den Glatzer oder Großen Schneeberg (Śnieżnik, 1 425 Meter), den höchsten Gipfel des Massivs. Vorbei an einer Baude, in der man einkehren kann, genießt man auf der Spitze des Berges, über die die polnisch-tschechische Grenze verläuft, einen herrlichen Rundblick über die schlesische und böhmische Bergwelt, bei gutem Wetter bis zur Schneekoppe.

Ebenfalls von Wölfelsgrund aus lässt sich sehr gut das Höhlenlabyrinth von Klessengrund (Kletno) erreichen, in dem sich auch die Bärenhöhle befndet.

Eine weitere Höhlenbesichtigung in Klessengrund ist von Seitenberg (Stronie Śląskie) aus möglich. In der ehemaligen

ZU BESUCH IN DER BÄRENHÖHLE

Als Bergleute 1966 bei Klessengrund ein dreistöckiges, über zwei Kilometer langes Höhlensystem entdeckten, war das Erstaunen groß. Die Funde unzähliger Tierknochen aus der Eiszeit, die die Geologen schließlich zutage förderten, sind am Eingang der Bärenhöhle (Jaskinia Niedźwiedzia) in einer Ausstellung zu bewundern. Jede Gruppe, die etwa eine halbe Stunde lang durch einen Teil der Höhlen wandert, wird von einem Bergführer begleitet. Erste Station ist der Bärensaal, eine von Regenwasser ausgewaschene Marmorhalle. Dann geht es weiter zur „Großen Spalte", von der aus man zwölf Meter tief in das „untere Stockwerk" der Höhlen hinunterschauen kann.

Während der Bergführer die erdgeschichtlichen Zusammenhänge erklärt, leuchtet er für die Kinder die Höhlenwände nach Fledermäusen ab, denn seiner Erfahrung nach bleiben die Fledermäuse den jüngsten Gästen am stärksten in Erinnerung. Im „Korridor der Entdecker" liegt ein sehr gut erhaltenes Skelett eines Höhlenbären, das der Höhle schließlich ihren Namen verlieh. Durch den „Stalaktitenkorridor" und den 45 Meter hohen „Palastsaal" führt wohl die schönste Partie der Wanderung. Manche dieser Tropfsteinformationen sehen aus wie Leuchter, andere wie ein gefrorener Wasserfall. Dazu glänzen die Höhlenwände in unterschiedlichen Schattierungen. Nach einer halben Stunde bei 6,2 °C freuen sich alle Wanderer auf dieser eindrucksvollen Reise in das geheimnisvolle Innere der Berge über die angenehme Wärme über Tage.

Die Bärenhöhle mit ihren markanten Tropfsteinen hat drei Ebenen, von denen aber nur die mittlere für Touristen zugänglich ist.

Urangrube kann man heute in einem Labyrinth von Tunneln und Stollen die bunten Ablagerungen von Mineralien an den Wänden bewundern. In der Zeit nach dem Zweiten Weltkrieg suchten die Russen hier intensiv nach Uranerzen, die zum Bau einer Atombombe verwendet werden sollten. Obwohl beim Uranabbau viele der dabei eingesetzten Zwangsarbeiter und gut bezahlten Freiwilligen an Strahlenkrankheiten starben, soll der Stollen heute vollkommen sicher sein, was die radioaktive Strahlung betrifft. Bunt schimmernde, schillernde und leuchtende Ablagerungen von Amethyst, Fluorid, Quarz, Pyrit und Malachit locken viele Besucher an diesen Ort.

Die Baude am Glatzer Schneeberg wurde 1871 als Wirtshaus errichtet. Heute führen verschiedene beschilderte Wanderwege hier vorbei.

Bad Landeck

Der wohl älteste Kurort der Grafschaft Glatz ist Bad Landeck (Lądek Zdrój). Dieses seit dem Mittelalter bekannte Bad an der Biele (Biała Lądecka) erfreut sich dank seiner lieblichen Lage am Rande der Berge, seines milden Klimas und seiner bis zu 29 °C warmen Thermalquellen auch heute noch großer Beliebtheit. Die Quellen setzen sich aus Radon, Fluor und Schwefel zusammen und werden gegen Rheuma und Gicht eingesetzt. Dass dieser Kurort über die Jahrhunderte immer auch Berühmtheiten wie Friedrich den Großen, den russischen Zaren Alexander I. oder den Dichter Johann Wolfgang von Goethe anzuziehen wusste, verwundert nicht. Eine Fülle architektonischer Perlen bezauberte damals schon die Kurgäste. Die reich geschmückten, mit Bogengängen versehenen Bürgerhäuser am Ring, die Dreifaltigkeitssäule, die mit steinernen Wolken und goldenen Strahlen in den Himmel ragt, und die Pfarrkirche versetzen den Besucher in die Zeit des Barock. Noch älter ist die nahe Johannisbrücke (Most Św. Jana) über die Biele.

Der östlich gelegene historische Kurbezirk besticht mit einer Fülle sehenswerter Badegebäude, Wandelhallen und Kurhäuser. Herausragend ist der kuppelgekrönte Bau des alten Marienbades von 1880, der heute als Naturheilanstalt Wojciech Kurgäste anzieht. Hier kann man im reich verzierten Inneren des Kuppelraums in einem runden Thermalbad die einmalige historische Atmosphäre auf sich wirken lassen. Ob im Heilwasser oder an der frischen Luft, ob bei Spaziergängen durch den Kurpark oder bei Wanderungen in die anmutigen Berge ringsum – für eine optimale Erholung der Kurgäste ist hier bestens gesorgt. Wie schrieb schon Friedrich der Große 1765 über die Heilung von seinen Beschwerden: „Die Bäder von Landeck haben mir den Gebrauch meiner Füße wiedergegeben, und gegenwärtig scheint es mir fast, als habe ich die Gicht nie gehabt."

Wie in vielen schlesischen Städten steht das Rathaus von Bad Landeck frei auf dem Ring, dem Marktplatz. Die historische Postkarte stammt von 1910.

Vom Reichensteiner Gebirge zu den großen Seen: Reichenstein, Patschkau und Ottmachau

Das Reichensteiner Gebirge (Złote Góry) ist ein geteiltes Gebirge. Die östliche Hälfte mit einigen höheren Erhebungen liegt in Tschechien, die westliche Hälfte in Polen und gehört damit zu Schlesien. Das meist mit Nadelwäldern bedeckte Gebirge war, wie der Name schon nahelegt, seit alters her eine Fundstätte für Mineralien und Erze, darunter Kupfer, Eisenerz, Grafit und vor allem Silber und Gold. Darauf bezieht sich der polnische Name des Reichensteiner Gebirges, Złote Góry, was übersetzt „Goldene Berge" heißt. Und das alte Bergbaustädtchen Reichenstein am Nordostabhang dieses Gebirges wird auf Polnisch mit „Goldener Abhang" bezeichnet. Schon um 1500 wurde in Reichenstein (Złoty Stok) die Goldförderung in über 100 Zechen, Stollen und Schächten betrieben. Die Goldhütten, allen voran der bekannteste Schacht „Goldener Esel", gehörten den reichsten Adligen Europas, den Fuggern und Welsern in Augsburg und den oberungarischen Magnaten Thurzo. Erst im 17. Jahrhundert ließen die Goldvorkommen nach. Stattdessen konnten nun arsenhaltige Erze gefördert werden, was sich bis zur Schließung der Grube 1961 fortsetzte. Durch das mit Arsen

Die Pfarrkirche von Patschkau wurde im 16. Jahrhundert mit einem hohen Zinnekranz versehen, um sich gegen türkische Heere verteidigen zu können, die man schon bald in Schlesien befürchtete. So gleicht die Kirche eher einer Burg als einem Gotteshaus.

kontaminierte Trinkwasser wurde damals die sogenannte Reichensteiner Krankheit ausgelöst, also eine Neigung zu Hautkrebs und Leberschädigung. An die Blütezeit der Stadt erinnern nicht nur das barocke Fugger-Haus aus dem 16. Jahrhundert und andere Bürgerhäuser, sondern auch die später baulich veränderte herzogliche Münze von 1507. Die größte Attraktion Reichensteins ist aber die Goldgrube bzw. das Goldbergwerk (Kopalnia Złota w Złotym Stoku), das Besuchern seit 1997 offen steht und kontinuierlich erweitert wird. Auf der fast drei Kilometer langen Besichtigung unter der Erde gibt es ein Stollenlabyrinth zu sehen, in dem Sprengstoffe aufbewahrt wurden, einen „Todesgang", dann wieder eine unterirdische Rutschbahn und hohe Schächte, einen unterirdischen Wasserfall und eine Höhle mit orangefarbenen Tropfsteinen. Bis die Besucher von einer kleinen Bahn an die Erdoberfläche zurückgebracht werden, begegnen sie immer wieder einem Gnom, der hier zu wohnen scheint und die Gäste gerne anspricht. Nicht nur eine Bootsfahrt durch Stollen, die mit Wasser gefüllt sind, erfreut sich großer Beliebtheit, sondern auch das Goldwaschen für Kinder, die kleine Goldklümpchen behalten dürfen. Auch die nachgebaute mittelalterliche Bergbausiedlung in der Nähe des Stollens zieht Besucher an. Hier können ganz Kräftige schwere Balken heben oder mit einem Seil das Tonnengewicht von Wagen hochziehen, um am eigenen Leib zu erfahren, wie hart die Arbeit der Bergleute im Mittelalter war.

Patschkau und Ottmachau

Die beiden nahen Städtchen Patschkau und Ottmachau, die an zwei großen Stauseen liegen, wurden im Zweiten Weltkrieg nicht zerstört und sind als architektonische Perlen unbedingt zu empfehlen. Dass Patschkau (Paczków) einst „schlesisches Rothenburg" genannt wurde, ist heute noch gut nachzuvollziehen. Die fast vollständig erhaltene Stadtmauer mit ihren vielen runden und eckigen Türmen versetzt den Besucher direkt ins Mittelalter. Der Besucher schlendert durch die alten Gassen entlang der historischen Bürgerhäuser bis zum Ring. Sehenswert ist hier auch die riesige gotische Pfarrkirche.

Das nahe Städtchen Ottmachau (Otmuchów) liegt zwischen den beiden großen Stauseen am Fuß des Reichsteiner Gebirges und zählt nach umfangreichen Renovierungsarbeiten mittlerweile zu den schönsten Städten Schlesiens. Besonders sehenswert ist auch hier der Ring, der von barocken Bürgerhäusern umstanden ist und in dessen Mitte das Renaissance-Rathaus prangt. Da Ottmachau 500 Jahre lang Eigentum der Breslauer Bischöfe war, wurde die doppeltürmige Pfarrkirche aus der Zeit des Barock besonders reich ausgestattet. Innen ist das Gotteshaus mit schönen Deckenmalereien und drei Altargemälden des berühmten Barockmalers Michael Willmann ausgeschmückt.

Jedes Jahr im Sommer verwandelt sich die Altstadt von Ottmachau in ein Blütenmeer. Seit mehreren Jahrzehnten zieht dann der „Blumensommer" mit wunderschönen floralen Arrangements, Live-Konzerten und Ausstellungen auf der Burg mehrere Tage lang Scharen von Besuchern an.

Die beiden großen Stauseen, der Ottmachauer (Jezioro Otmuchowskie) und der Glumpenauer Stausee (Jezioro Nyskie, auch Jezioro Głębinowskie), sind durch das Aufstauen der Glatzer Neiße entstanden. Sie dienen dem Hochwasserschutz und der Stromgewinnung. Seit vielen Jahrzehnten sind sie ein Paradies für Angler, Segler, Surfer, Ruderer und Schwimmer. Die Sandstrände vor allem des Glumpenauer Stausees sind so einladend, dass sie als die „polnische Copacabana" bezeichnet werden.

Jugendliche versuchen sich beim „Goldwaschen" im Goldbergwerk von Reichenstein.

DIE BISCHOFSBURG IN OTTMACHAU

Beherrscht wird Ottmachau von seinem Burgberg, auf dem sich seit dem 12. Jahrhundert eine Burg befindet, die von Anfang an unter der Hoheit der Breslauer Bischöfe stand. Diese mit Friesen und Malereien verzierte Bischofsburg, die mit ihrem trutzigen Baukörper und dem Turm zum Wahrzeichen der Stadt aufgestiegen ist, erhielt ihr heutiges Erscheinungsbild vor allem in der Zeit der Renaissance. Besonders der wunderschöne Panoramablick vom Schlossturm auf die großen Seen und auf die mittelalterliche Silhouette von Patschkau erfreut sich großer Beliebtheit.

Wegen der vier aus dem lang gestreckten, gedrungenen Gebäudekörper aufragenden Türme wurde das Schloss von Kamenz im Volksmund „umgestülpter Tisch“ oder „umgestülpte Kommode“ genannt.

Fruchtbares Hügelland: Von Kamenz nach Münsterberg

Das kleine Städtchen Kamenz (Kamieniec Ząbkowicki) überrascht den Besucher mit zwei Sehenswürdigkeiten, die er sich nicht entgehen lassen sollte. Zum einen sind es die beseelt-beschwingten Figuren der 14 Nothelfer, die in der barock überformten Klosterkirche des bereits 1210 gegründeten Klosters zu sehen sind. Der zweite Höhepunkt liegt im wahrsten Sinne des Wortes auf dem Berg oberhalb des Klosters. Es ist ein riesiges Schloss, das nach Plänen von Karl Friedrich Schinkel ab 1838 für Prinz Albrecht von Preußen und seine beeindruckende Frau Marianne von Oranien-Nassau gebaut wurde. Das Schloss vereinigt englische Neugotik mit sizilianisch-maurischen Elementen und erinnert an eine mittelalterliche Burg. Vom Innenhof aus sind etwa 100 Räume zu erreichen, die mit Gewölben ausgestattet sind und die man heute während geführter Nachtbesichtungen mit der Taschenlampe erkunden kann. Ein wunderschöner Park des bekannten Landschaftsarchitekten Peter Joseph Lenné umgab das Schloss, das leider im Zweiten Weltkrieg ausbrannte. Doch seit den 1990er-Jahren wird versucht, es zu neuem Leben zu erwecken. Heute knüpft es mit dem Namen „Pałac Marianny Orańskiej“ (Palast der Marianne von Oranien) an diese mutige Prinzessin (1810–83) an. Nicht nur, dass sie sich von Albrecht scheiden ließ und daraufhin gesellschaftlich geächtet wurde, sie unterstützte in Schlesien Waisenhäuser, Witwenkassen, Krankenhäuser und Kirchen und gilt als Wohltäterin für die Armen.

Nimptsch, Frankenstein und Schloss Guhlau

In nördlicher Richtung liegen in einem lieblichen Hügelland die beiden Städtchen Nimptsch und Frankenstein. Das Wahr-

Rechts: Wenn man auf das Städtchen Nimptsch blickt, ahnt man nicht viel von der einstigen Bedeutung der ältesten namentlich bekannten Stadt Schlesiens.

zeichen von Frankenstein (Ząbkowice Śląskie) ist der schiefe, mittelalterliche Glockenturm, der anderthalb Meter vom Lot abweicht und dem Ort den Beinamen „schlesisches Pisa“ einträgt. In die Schräglage geriet der Turm bei Erdsenkungen im 16. Jahrhundert. Heute hat er zudem noch einen leichten Knick.

Sehenswert in dem munteren Städtchen ist darüber hinaus die Stadtmauer aus dem 13. und 14. Jahrhundert, die in weiten Teilen erhalten ist und dem Städtchen eine mittelalterliche Atmosphäre verleiht. Neben einigen Kirchenbauten aus der Zeit der Gotik, die später teilweise umgebaut wurden, ist das neugotische Rathaus am Ring bemerkenswert. Der nadelspitze Rathausturm ragt immerhin 75 Meter in die Höhe. Nostalgiker kommen in Frankenstein ganz auf ihre Kosten. Das Schloss Frankenstein, eine im 14. Jahrhundert errichtete riesige Fürstenresidenz, ist seit dem 18. Jahrhundert als Ruine erhalten. Mit ihren alten Türmen, Treppen, die ins Nichts führen, leeren Fensterhöhlen und kulissenhaften Fassaden erzeugt die Schlossruine eine melancholisch-romantische Stimmung.

Das Städtchen Nimptsch (Niemcza) liegt auf einem Bergkegel, hinter dem sich bewaldete Vulkanberge ausbreiten. Teile der Stadtmauer sind erhalten. In der Altstadt gibt es einige Kirchen und am Ring barocke Bürgerhäuser um das neugotische Rathaus herum zu bewundern. Das Schloss ist renoviert worden und zeigt schöne Wandmalereien. Aber trotzdem sieht man dem Städtchen heute seine bedeutende Rolle nicht mehr an, die es in der Vor- und Frühzeit von Schlesien gespielt hat. Bereits um 1000 v. Chr. sollen Angehörige der Lausitzer Kultur erste Befestigungsanlagen errichtet haben, später bauten die germanischen Silingen hier ein befestigtes Zentrum. Im 6. Jahrhundert n. Chr. gründeten die Slawen eine neue Stadt. Um 990 spielt die Burg von Nimptsch in den polnisch-böhmischen Auseinandersetzungen eine Hauptrolle. In späteren Jahrhunderten wurde Nimptsch immer wieder von Kriegen und Bränden heimgesucht. Einstmals eine Keimzelle der vor- und frühgeschichtlichen Besiedlung Schlesiens, schrumpfte Nimptsch schließlich zu einem Provinzstädtchen zusammen, das aber wegen seines hübschen,

Der Turm von Frankenstein sollte wegen seiner schiefen Lage nach einem Brand um 1850 abgerissen werden. Dagegen aber wehrte sich die katholische Kirchengemeinde. Sie setzte dem schiefen Turmstumpf eine neue Bekrönung auf.

liebevoll restaurierten Marktplatzes doch eine Besichtigung lohnt.

Wenige Kilometer in nordwestlicher Richtung liegt Schloss Guhlau (Zamek w Goli Dzierżoniowskiej), ein Renaissance-Schloss, das auf einem quadratischen Grundriss um einen Innenhof herum erbaut wurde. Nicht mehr verändert seit dem 17. Jahrhundert, erlitt es im Zweiten Weltkrieg erhebliche Zerstörungen. Die Maßnahmen zur Erhaltung des eindrucksvoll trutzigen Gemäuers begannen im Jahr 2000. 2013 konnte Schloss Guhlau unter dem Namen „Uroczysko Siedmiu Stawów" (Kultstätte zu den sieben Teichen) als Hotel mit Restaurant und Spa eröffnet werden.

Kloster Heinrichau

Wer im Sommer von Nimptsch nach Heinrichau fährt, wird über das wohlbestellte Land, vor allem über die satten, wogenden Getreidefelder staunen, die sich über das milde Hügelland ausbreiten. Dass hier Fruchtbarkeit und Fülle herrschen, rührt vom überaus guten Ackerboden her. Diese Region Schlesiens westlich der Oder war aufgrund des Lössbodens vulkanischen Ursprungs immer ein reiches Bauernland, die Ernteerträge waren und sind hoch. Vieh ist selten draußen zu sehen, weil die Bewirtschaftung mit Kuhweiden angesichts des ertragreichen Bodens als Verschwendung angesehen wird.

In diesem hügeligen, fruchtbaren Land liegt Kloster Heinrichau (Henryków). Wenn der Besucher die auf beiden Seiten mit Mauern begrenzte Zufahrt zum Kloster passiert hat, öffnet sich eine stille, helle, wie verzaubert daliegende Anlage, die eine alte und bedeutende Geschichte hat. 1220 wurde das Kloster von einem Breslauer Domherrn namens Nikolaus gestiftet. Dazu benötigte er die Genehmigung des Herzogs Heinrich des Bärtigen. Da Niko-

Vor der Klosterkirche von Heinrichau und dem Prälatenpalast mit seinen Türmchen ist eine barocke, in den Himmel strebende Dreifaltigkeitssäule zu sehen, die der Pestsäule auf dem Wiener Graben nachempfunden ist.

laus Heinrichs Notar war, bekam er die Erlaubnis. Bereits 1227 kamen dann Zisterziensermönche aus dem Kloster Leubus in das neue Kloster Heinrichau.

In der zweiten Hälfte des 17. Jahrhunderts gelangte das Kloster Heinrichau nach dem Mittelalter zu seiner zweiten Blüte. So wurde die gotische Klosterkirche, die unbedingt sehenswert ist, barockisiert. Das Altarbild von Michael Willmann, die Wand- und Pfeilergestaltung und die Heiligenfiguren vereinigen sich zu einem lichten barocken Gesamtbild. Besonders bemerkenswert ist das hölzerne Chorgestühl im Altarraum. Übermäßig reich verziert, stellt es eine barocke Fülle zur Schau, die fast verwirrend ist. Unterstrichen wird dieser Eindruck von den acht sehr bewegten Figuren von Äbten, Bischöfen, Kardinälen und Päpsten, die sich drehen, biegen und winden, was ihre Ekstase und religiöse Verzückung zum Ausdruck bringen soll. Der gesteigerte Ausdruck ihrer Gebärden setzt sich im bewegt zum Himmel strebenden Chorgestühl weiter fort.

Münsterberg

Wer von Heinrichau in Richtung Süden fährt, wird erstaunt sein über die reiche Silhouette von Münsterberg (Ziębice), die mit ihren hohen Türmen eindrucksvoll in den Himmel ragt. Tatsächlich hat das kleine Städtchen einige Sehenswürdigkeiten zu bieten. So sind Teile der mittelalterlichen Stadtmauer und der trutzig-gedrungene Patschkauer Torturm erhalten, der einen wehrhaften und abweisenden Eindruck macht. Auch die wuchtige Pfarrkirche St. Georg verweist mit ihrem backsteingotischen Doppelgiebel ins Mittelalter. Aus späteren Jahrhunderten stammen einige Barockgebäude. Die ehemalige evangelische Kirche mit dem runden Kirchturm, die heute als Sporthalle genutzt wird, wurde 1797 errichtet. Auch die noch erhaltene Synagoge und der jüdische Friedhof sind sehenswert. Das repräsentative Rathaus am Ring, das um 1890 entstand, verrät, dass Münsterberg zu dieser Zeit eine Blüte erlebte. Nicht nur eine Zuckerfabrik, deren Gebäude heute noch existiert, verhalf der Stadt zu Wohlstand, sondern auch die Herstellung von Tonröhren. Diese Röhren, die nach Breslau und sogar nach Berlin geliefert wurden, um die Kanalisation zu modernisieren, und die zum Teil heute noch ihren Dienst tun, zeigen die engen wirtschaftlichen Verflechtungen zwischen Berlin und Schlesien um 1900.

Das kunstvoll gestaltete Chorgestühl von Kloster Heinrichau begeistert noch heute.

Diese Ansicht von Münsterberg zeigt (von links nach rechts) die Türme der evangelischen Kirche, des Rathauses und der Stadtpfarrkirche St. Georg.

OPPELNER LAND

Das schlesische Rom: Neiße mit Ziegenhals, Zuckmantel, Bischofskoppe und Neustadt

Dass Neiße (Nysa) bis 1945 jahrhundertelang den Beinamen „schlesisches Rom" trug, erschließt sich dem heutigen Besucher der Stadt nicht mehr auf den ersten Blick. Zu sehr wurde die Stadt durch den Zweiten Weltkrieg in Mitleidenschaft gezogen. Nur teilweise baute man sie wieder auf. Etliche zerstörte und halbzerstörte Gebäude in Neiße wurden abgetragen und die Steine zum Wiederaufbau Warschaus verwendet. Trotz dieser Kriegswunden besitzt Neiße aber immer noch eine Fülle sehenswerter Bauwerke, die einen Besuch unbedingt lohnen. Der Ehrentitel „schlesisches Rom" spielte nicht nur auf die beeindruckende historische Bausubstanz vor allem aus der Zeit des Barock an, sondern auch auf den Sitz der Bischöfe, die aus Neiße eine Hochburg der Gegenreformation machten. In Neiße und Umgebung war man in der deutschen Zeit streng katholisch.

Das historische Neiße

Ein wichtiges Zeugnis aus dem Mittelalter ist auch heute noch die Kirche St. Jakobus und Agnes, eine gotische Hallenkirche mit einem düster-klotzigen, freistehenden Turm, der nie vollendet wurde. Rund um das Hauptschiff der Kirche sind 20 Kapellen angeordnet, in denen Grabmale von Breslauer Bischöfen aus der Zeit der Renaissance und des Barock erhalten sind. Diese Bischöfe, die nach der Reformation aus dem protestantischen Breslau nach

Die Kirche St. Jakobus und Agnes in Neiße, 1945 stark beschädigt, wurde bis in die 1960er-Jahre wieder aufgebaut. 2011 wurde die Kirche zum „Denkmal der Geschichte" erklärt.

RUNDGANG DURCH NEISSE

Wir beginnen unseren Rundweg am Ring, am Rathausplatz von Neiße. Der hier zu sehende Tritonbrunnen von 1701 wurde dem Tritonenbrunnen in Rom nachempfunden. Dann gehen wir entlang des Kämmereigebäudes, sehen den modernen Rathausturm, der sich gestalterisch an den alten anlehnt, und wenden uns der Jakobuskirche zu, die wir besichtigen können. In der ul. Wrocławska gelangen wir vom Schönen Brunnen zum Breslauer Torturm, biegen nach rechts in die ul. Koszarowa ein, spazieren entlang der gotischen Kirche St. Barbara und biegen schließlich wiederum nach rechts in die ul. Grodzka ein.

Das römische Vorbild des Tritonbrunnens von Neiße, hier im Bild, ist der Tritonenbrunnen in Rom, eines der wichtigsten Werke des Barockbildhauers Bernini.

Eine barocke Sehenswürdigkeit reiht sich hier an die nächste. Zunächst sehen wir das Bischofspalais, in dem das Städtische Museum untergebracht ist, dann die Kirche Mariä Himmelfahrt, das ehemalige Jesuitenkolleg Carolinum und das ehemalige St.-Anna-Kolleg. Am Ende der Straße liegt die Barockkirche Mariä Verkündigung. In westlicher Richtung besichtigen wir als krönenden Abschluss die wunderschöne Barockkirche St. Peter und Paul. Von hier können wir in ein paar Schritten zum Ring zurückkehren und in eines der Cafés oder Restaurants einkehren. Wer möchte, kann noch am Münsterberger Torturm vorbei in nordwestlicher Richtung über die Neißebrücke laufen, um die sich hinter dem Jerusalemer Friedhof erstreckende preußische Festung zu besichtigen.

Neiße flüchteten, schufen hier ein Zentrum des wehrhaften Katholizismus. Aus dieser Zeit stammt das barocke Kreuzherrenkloster mit der sehenswerten Kirche St. Peter und Paul. Dieser Kirchenbau, der der Nikolauskirche in Prag nachgebildet ist, besticht mit einem wunderschönen barocken Inneren, das derart raffiniert gestaltet ist, dass der ganze Raum zu schwingen scheint. Auch weitere Gotteshäuser aus dieser Zeit versetzen den Besucher unmittelbar in die Zeit des italienisch geprägten Barock. So wurde die große Kirche Mariä Himmelfahrt tatsächlich teilweise von italienischen Künstlern ausgeschmückt.

Auch das traditionsreiche Jesuitenkolleg Carolinum, in dem sich heute ein Gymnasium befindet, das nunmehr zu einer Musikschule umgewidmete St.-Anna-Kolleg und das Bischofspalais tragen in Neiße zu dem südlichen Flair der Stadt bei. Im barocken Bischofspalais befindet sich inzwischen das Städtische Museum mit Gemälden, Kunsthandwerk der Region und historischen Möbeln. Auch Profangebäude verweisen auf diese Blütezeit der Stadt. Das im Krieg zerstörte, aber heute wieder rekonstruierte Kämmereigebäude

Einige Häuser rund um den Rathausplatz sind wieder hergestellt worden. Im Hintergrund ist die Kirche St. Peter und Paul zu sehen, vorne der Tritonbrunnen.

Am Schönen Brunnen von Neiße kann man noch heute einen Satz lesen, der in das Metall geprägt ist: „Hier steh ich, schön bin ich, es goss mich der Meister Wilhelm Helleweg aus Wien."

Das Grab des berühmten Dichters Joseph von Eichendorff und seiner Frau auf dem Jerusalemer Friedhof ist wie ein aufgeschlagenes Buch gestaltet. Heute wird es wieder gepflegt.

aus der Zeit um 1600 erstrahlt in neuem Glanz und ist ein großer Gewinn für die Wiederbelebung der Altstadt. Der Schöne Brunnen von 1686, ein schmiedeeisernes Gehäuse in Form eines Bienenkorbs, wurde in den 1960er-Jahren unter abenteuerlichen Umständen von beherzten Neißer Bürgern vor Diebstahl und Zerstörung bewahrt. Noch heute ist er an der Breslauer Straße (ul. Wrocławska) zu bewundern.

Unter den Preußen, die ab 1742 die Herrschaft über große Teile Schlesiens übernahmen, verloren die Bischöfe stark an Einfluss. Neiße wurde zur Festung ausgebaut. Reste dieser preußischen Festungsanlage von 1744 sind heute noch zu besichtigen. Dennoch blieb Neiße eine reiche Stadt. Überregional bekannt war nicht nur die Neißer Goldschmiedekunst seit dem Mittelalter, sondern auch das „Neißer Konfekt", ein berühmtes Pfefferkuchengebäck.

Der romantische Dichter Joseph von Eichendorff, der Neiße als „wahrhaft paradiesisch" beschrieben hatte, verbrachte hier seine zwei letzten Lebensjahre und liegt, zusammen mit seiner Frau, auf dem Jerusalemer Friedhof in Neiße begraben. Der beschilderte „Eichendorff-Pfad" (Szlak Eichendorffa) verläuft vom Friedhof teilweise auf einer hügeligen Waldstrecke entlang schöner Aussichtspunkte, von denen man auf Neiße und die großen Stauseen schauen kann, bis zum Eichendorff-Denkmal an der nach dem Dichter benannten Straße im Nordwesten der Altstadt.

Ziegenhals und Zuckmantel

Ziegenhals (Głuchołazy), ein Kurstädtchen am Nordhang des Altvatergebirges, nahe der tschechischen Grenze gelegen, war im ausgehenden Mittelalter bekannt für den Abbau von Gold. Daher besaß der Ort im 16. und 17. Jahrhundert den zusätzlichen Namen „Goldeneckstein". In dieser Zeit wurde auch der Eisenerzabbau forciert. Vom einstigen Reichtum des Städtchens zeugen nicht nur ein mittelalterlicher Torturm und hübsche Häuserfronten am Marktplatz, sondern vor allem die später barockisierte, aber ursprünglich gotische Kirche St. Laurentius. Ihre wuchtige Doppelturmfassade mit dem spitzen gotischen Portal verweist auf eine glorreiche Vergangenheit. Doch spätestens mit den verheerenden Pestepidemien im 17. Jahrhundert war die Blütezeit der Stadt vorbei. Zur Erinnerung an die Pest wurde nicht nur die kleine barocke Rochuskapelle errichtet, sondern die Bürger der Stadt hielten seither auch regelmäßig Pestprozessionen ab, die erst 1945 ein Ende fanden.

Gegen Ende des 19. Jahrhunderts wurden im Stadtgebiet Heilquellen entdeckt. Schnell entwickelte sich der Ort daraufhin mit Kuranlagen und Sanatorien in ein Kurstädtchen, das vor allem bei Lungenkrankheiten empfohlen wurde. Auch heute lohnt sich ein Spaziergang durch die Altstadt und den Kurbezirk, vor allem auch auf den Promenaden entlang des Flüsschens Ziegenhalser Biele.

Ziegenhals war im 16. Jahrhundert mit dem sechs Kilometer entfernt liegenden Städtchen Zuckmantel (Zlaté Hory) durch einen Tunnel verbunden, in dem Gold geschürft wurde. Allerdings waren die Goldvorkommen, die dem Ort eine Blüte beschert hatten, bereits am Ende des 16. Jahrhunderts erschöpft. Berüchtigt wurde Zuckmantel nach dem Dreißigjährigen Krieg, als hier Hexenprozesse geführt und mindestens 85 Frauen öffentlich als Hexen verbrannt wurden. Als Friedrich der Große Schlesien von Österreich eroberte, fanden auch zwischen Ziegenhals und Zuckmantel Kämpfe statt. Ziegenhals fiel schließlich an Preußen, Zuckmantel blieb österreichisch. Es gehört zu einem schmalen Streifen Schlesiens, der Maria Theresia von ihrer geliebten Provinz übrig blieb und bis 1918 Österreichisch-Schlesien genannt wurde. Ab 1918 wurde diese Region dann tschechisch.

In der Nähe von Zuckmantel liegt die berühmte Wallfahrtskirche Maria Hilf mit wundertätigem Marienbild, die zur Zeit des Kommunismus 1973 eingeebnet, aber nach 1989 rekonstruiert wurde. Heute kommen Gläubige aus Tschechien, Polen und Deutschland hierher.

Die Bischofskoppe und Neustadt

Sowohl von der tschechischen als auch von der polnischen Seite lässt sich der nahe Berg Bischofskoppe (poln. Biskupia Kopa, tschech. Biskupská kupa) ersteigen. Hier befindet sich die renovierte, 18 Meter hohe Kaiser-Franz-Josef-Warte aus dem Jahr 1898. Von oben bieten sich dem Wanderer wunderbare weite Rundblicke vor allem in die nördlich liegende schlesische Landschaft.

Auf der polnischen Seite liegt am östlichen Fuß der Bischofskoppe das Städtchen Neustadt (Prudnik). Obwohl der Ort im Zweiten Weltkrieg sehr stark zerstört wurde und der Wiederaufbau zunächst schleppend vonstattenging, lohnt sich ein Spaziergang durch die Altstadt mittlerweile wieder. Nicht nur einige Tortürme und ein Burgturm aus dem Mittelalter sind liebevoll restauriert worden, sondern auch die barocke Kirche St. Michael und das klassizistische Rathaus auf dem Rathausplatz. Dank dem Adlerbrunnen, der Mariensäule, der Nepomuksäule und den hübschen Blumenampeln am Ring herrscht in dem Städtchen im Sommer eine leicht südländische Atmosphäre.

Wer durch die Seitenstraßen schlendert, wird auf alte Industrieanlagen stoßen. Hier befand sich seit dem 19. Jahrhundert die Leinwarenfabrik S. Fränkel, die im Jahr 1910 bereits 4000 Mitarbeiter hatte. Unter dem Slogan „Qualität und Geschmack“ lieferte die Leinenfabrik ihre Produkte bis San Francisco, Moskau oder Yokohama. Obwohl die jüdischen Fabrikbesitzer nicht nur die Hauptarbeitgeber von Neustadt waren, sondern auch wichtige städtische Einrichtungen wie die Badeanstalt, ein Krankenhaus und eine Synagoge stifteten, wurde der Großbetrieb in der NS-Zeit „arisiert“ und die Besitzer zur Emigration gezwungen. Im Sozialismus wurden die Fabriken vor allem zur Herstellung von Frotteetextilien genutzt. Heute steht ein großer Teil des Fabrikareals ungenutzt und verbreitet eine etwas geisterhafte Atmosphäre.

Die Kaiser-Franz-Josef-Warte wurde anlässlich des 50. Jubiläums der Thronbesteigung des österreichischen Kaisers errichtet.

Mit 890 Metern Höhe ist die Bischofskoppe der höchste Berg des polnischen Verwaltungsbezirks Oppeln. Über seinen Gipfel verläuft die Grenze zu Tschechien.

Umgeben von einem Wassergraben und einem 55 Hektar großen Landschaftspark mit Teich, wirkt Schloss Koppitz wie ein Märchenschloss.

Reiches Bauernland: Grottkau mit Schloss Koppitz und Falkenberg

Das Städtchen Grottkau (Grodków) liegt in einer Ebene, die aufgrund des fruchtbaren Lössbodens hohe Ackererträge erbringt. In der deutschen Zeit war das bäuerlich geprägte Grottkau in ganz Schlesien aufgrund des lustigen Liedes „Die Gruttker Vasper" (Die Grottkauer Vesper) bekannt, das mit der Zeile „Gruttke is 'ne schiene Stoadt" (Grottkau ist eine schöne Stadt) beginnt.

Gemäß dem Liedtext war Grottkau einmal eine schöne Stadt, im Zweiten Weltkrieg aber wurde sie stark in Mitleidenschaft gezogen. Am Marktplatz, dem Ring, stehen nur noch wenige ältere Häuser. Dafür aber erstrahlt das mehrfach umgebaute Rathaus in neuem Glanz, zwei Türme der Stadtbefestigung und die gotische Pfarrkirche St. Michael verweisen auf das Mittelalter. Die neugotische evangelische Kirche ist nur noch als Ruine erhalten. Sehenswert ist der Platz vor dem Rathaus, der mit einer modernen Springbrunnenanlage elegant gestaltet wurde.

Schloss Koppitz: Die schönste Ruine Europas

Auf dem Weg von Grottkau nach Falkenberg kommen wir an der „schönsten Schlossruine Europas" vorbei, Schloss Koppitz (Kopice). Der Montanindustrielle Graf Hans Ulrich von Schaffgotsch hatte hier um 1860 anstelle eines älteren Schlosses eine reich geschmückte, mehrflügelige Anlage im neugotischen Stil erbauen lassen, deren Dächlein, Türmchen und Spitzen weithin sichtbar waren. Nachdem das Schloss 1958 ausgebrannt war, verkam die Ruine über die Jahrzehnte. Jüngst soll sich ein neuer Investor gefunden haben, der Schloss und Park grundlegend sanieren und wiederherstellen will, um dann dort ein deutsch-polnisches Geschichtsmuseum zu eröffnen.

Falkenberg und sein Schloss

Das Landstädtchen Falkenberg (Niemodlin) liegt auf einer Anhöhe zwischen der fruchtbaren mittelschlesischen Ackerebene und Oberschlesien. Bereits 1224 wird das slawische Dorf Nemodlin erwähnt, 1283 dann, nachdem Deutsche zugewandert waren, eine Stadt nach deutschem Recht gegründet. Teile der wuchtigen Stadtmauer sind heute wieder aufgebaut. Am Ende des typischen lang gestreckten Marktplatzes erhebt sich die Pfarrkirche Mariä Himmelfahrt mit einem originellen backsteingotischen Giebel, der den Turm in die Fassade integriert. Sehenswert ist neben etlichen barocken Bürgerhäusern am Ring vor allem das Schloss aus dem 14. Jahrhundert, das mehrfach umgebaut wurde. In den Jahrzehnten nach 1945 verfiel es aufgrund mangelnder Renovierungsarbeiten. 2015 bekam das feudale Gebäude einen neuen Eigentümer, der es umfassend sanierte. Obwohl die aufwendigen Restaurierungsarbeiten noch nicht abgeschlossen waren, wurde Schloss Falkenberg im September 2017 zur beliebtesten Schlossanlage Polens gekürt.

Der neue Besitzer von Schloss Falkenberg ließ 2017 sogar eine Kopie des verschollenen Bernsteinzimmers im Schloss einbauen. Wer in Schlesien nach verschwundenen Schätzen sucht, kommt nun auch an Falkenberg nicht mehr vorbei.

ERINNERUNGSORT LAGER LAMSDORF

Südwestlich von Falkenberg liegt das Lager Lamsdorf (Łambinowice), das 1870/71 für 3 000 französische Kriegsgefangene eingerichtet wurde. Während des Ersten Weltkriegs diente es als Lager für Gefangene verschiedenster Nationen. Fast 7 000 Gräber auf dem Friedhof geben davon Zeugnis. Im Zweiten Weltkrieg entstand in Lamsdorf eines der größten Kriegsgefangenenlager der Wehrmacht, vor allem für 400 000 Engländer und Russen.

Das Lager Lamsdorf wurde auf einem ehemaligen Truppenübungsplatz (auf dieser Postkarte zu sehen) eingerichtet.

42 000 Menschen starben in diesem Lager, woran das „Denkmal des Martyriums der Kriegsgefangenen" erinnert. Ab Juni 1945 wurden hier etwa 9 000 deutsche Zivilisten inhaftiert, von denen etliche durch Hunger, Seuchen, Misshandlungen und Erschießungen umkamen. Viel Aufsehen erregten die Veröffentlichungen polnischer Journalisten nach 1990, die auch die Verbrechen von Polen an Deutschen in Lamsdorf thematisierten und damit ein Tabu brachen, das teilweise heute noch in nationalkonservativen Kreisen besteht: Polen dürfen in ihren Augen keinesfalls auch als Täter beschrieben werden. Heute wird die Geschichte des Lagers im Zentralen Museum in Lamsdorf dokumentiert. Ein Metallkreuz erinnert an die Todesopfer dieses Lagers. Auf einer Steintafel ist auf Deutsch und auf Polnisch zum Zeichen der Versöhnung zu lesen: „Vergib uns unsere Schuld, wie auch wir vergeben unsern Schuldigern."

Das Tor nach Oberschlesien: Oppeln

Heute sind frühere deutsche Schlesier und auch die in Polen verbliebene deutsche Minderheit in Schlesien mit ihrem Brauchtum wieder präsent, wie hier bei einer Prozession in historischen Bergmannstrachten am Annaberg.

Das Oppelner Land ist eine besonders fruchtbare Region. Links der Oder wechseln sich leicht gewellte Getreidefelder mit bewaldeten Hügeln ab, rechts des schlesischen Stromes breitet sich eine weite Ebene aus, aus der nur der Annaberg emporragt. Das Klima gilt als besonders mild, da die Sommer bis weit in den September hinein reichen und die Winter kürzer sind als anderswo.

Das Oppelner Land ist das Zentrum der deutschen Minderheit in Schlesien. Offiziell gab es bis 1989/90 in Schlesien keine Deutschen. Nach 1945 konnten nur all diejenigen Schlesier im nun polnischen Schlesien bleiben, die als alteingesessen galten und nach einer positiven „Verifizierung“ zu polnischen Staatsbürgern erklärt wurden. Die deutsche Sprache wurde verboten, auch in den Familien sollte nur noch Polnisch gesprochen werden. Viele Schlesier kamen in den folgenden Jahrzehnten als Spätaussiedler nach Deutschland. Ab 1989/90 setzte eine große Wende ein. Nun war es erlaubt, sich zur deutschen Minderheit zu bekennen, sich in sozialkulturellen Gesellschaften und deutschen Freundeskreisen zu organisieren, dort die deutsche Sprache und Traditionen zu pflegen sowie den direkten Austausch mit Deutschland zu suchen. Aktuell bekennen sich im Oppelner Land knapp acht Prozent der Bevölkerung zur deutschen Minder-

heit, die auch mit einem Abgeordneten im Warschauer Sejm vertreten ist. Der größte Teil der Minderheit lebt in der Oppelner Region auf dem Lande oder in Kleinstädtchen und besitzt oft die doppelte Staatsangehörigkeit.

Oppelner Geschichte

Oppeln (Opole), die historische Hauptstadt Oberschlesiens, ist im Laufe seiner wechselvollen Geschichte immer wieder von deutschen und polnischen Einflüssen geprägt worden. Auf der Oderinsel Pascheke (Wyspa Pasieka) entstand im 9. Jahrhundert eine altslawische Siedlung des Stammes der Opolanen. Im Jahr 1217 wurde auf dem östlichen Oderufer eine deutsche Stadt gegründet. In den Jahrhunderten nach der Stadtgründung gehörte Oppeln zunächst zu Böhmen, dann zum Habsburger Reich, zu Ungarn, zu Siebenbürgen und im 17. Jahrhundert kurz zum Königreich Polen. Ab 1742 wurde Oppeln, wie der größte Teil Schlesiens, preußisch, ab 1871 Teil des Deutschen Reichs, bis es nach 1945 an Polen fiel. Seit 1999 ist Oppeln Hauptstadt einer der drei schlesischen Verwaltungsbezirke, der Woiwodschaften.

Diese bewegte Vergangenheit zeigt sich auch heute im Stadtbild. Auf der Oderinsel Pascheke erhebt sich der mittelalterliche Piastenturm, der an die früheste Besiedlung der Stadt erinnert. Hier, wo das alte Schloss stand und sich seit 1931 ein modernes Regierungsgebäude befindet, entdeckte man die Überreste einer altslawischen Siedlung. Östlich des Mühlgrabens entwickelte sich dann seit dem Mittelalter die eigentliche Stadt mit Rathausplatz (Ring), Rathaus und etlichen Kirchen, die meist gotischen Ursprungs sind, aber oft später innen barockisiert wurden. Eine Besonderheit der Franziskanerkirche zur Heiligen Dreifaltigkeit ist die gotische St.-Anna-Kapelle, auch Piastenkapelle genannt. Hier befindet sich nicht nur ein wunderschöner, reich vergoldeter Schnitzaltar von 1400, sondern es lassen sich auch die steinernen Grabmale der Oppelner Herzöge aus der Dynastie der Piasten bewundern. In der Kathedrale zum Heiligen Kreuz kann man das Renaissancegrab des letzten Piastenfürsten von Oppeln bewundern, der 1532 verstarb. An die Zeit des Barock erinnern etliche der schön restaurierten Häuser am Ring, die mit ihren geschwungenen Giebeln barocke Leichtigkeit verbreiten.

Im 17. Jahrhundert forderte eine Pestepidemie in Oppeln über 900 Opfer – mehr als die Hälfte der damaligen Stadtbevölkerung. Zur Erinnerung an die Epidemie wurde 1680 die kleine Kirche St. Sebastian erbaut. An dieser Kirche lässt sich ein interessantes Kapitel der wechselnden nationalen Zugehörigkeiten ablesen. Fanden hier in der deutschen Zeit polnische Gottesdienste statt, was dem Gotteshaus den Namen „polnisches Kirchlein“ eintrug, so werden hier heutzutage jeden Sonntag deutsche Messen gelesen.

Im 19. und 20. Jahrhundert

Eine Blütezeit Oppelns brach im 19. Jahrhundert an. Hiervon zeugt das prachtvolle Rathaus von 1824, das später nach dem

Der Oppelner Piastenturm stammt aus dem 13. Jahrhundert. Mit seiner Spitze ist das Bauwerk 51 Meter hoch.

Das Rathaus von Oppeln erhielt erst 1936 seine heutige Gestalt. Der 1863 grundlegend umgebaute Rathausturm wurde dem Palazzo Vecchio in Florenz nachempfunden.

Vorbild des Palazzo Vecchio in Florenz erneuert wurde. Der Bau der Oberschlesischen Eisenbahn beförderte den wirtschaftlichen Aufschwung Oppelns ungemein. Nun konnte sich in der Stadt, die von Kalksteinlagern umgeben ist, die Zement- und Betonindustrie entfalten. Auch das pompöse Gebäude des Oppelner Bahnhofs von 1900 im Stil der Neorenaissance mit seiner hohen gewölbten Schalterhalle zeigt noch heute, wie selbstbewusst man in der Stadt wurde.

Seit dem Mittelalter ist die jüdische Gemeinde in Oppeln belegt. Da sie über die Jahrhunderte immer mehr erstarkte, reichte die heute noch existierende alte Synagoge nicht mehr aus. So wurde gegen Ende des 19. Jahrhunderts auf der Pascheke-Insel die Neue Synagoge im maurischen Stil erbaut. Dieser architektonische Höhepunkt der Stadt wurde 1938 in der „Reichspogromnacht" zerstört. Herausragender Vertreter der jüdischen Gemeinde Oppelns war Leo Baeck (1873–1956), der erste Rabbiner der Neuen Synagoge bis 1907 und führende Repräsentant des liberalen Judentums seiner Zeit.

Das ausgehende 19. und beginnende 20. Jahrhundert standen in Oppeln und in ganz Oberschlesien immer wieder im Zeichen von Nationalitätenkämpfen. Bei der Volksabstimmung in Oberschlesien von 1921, bei der sich die Bevölkerung für den Verbleib beim Deutschen Reich entscheiden oder für Polen optieren konnte, votierten in der Stadt Oppeln 95 Prozent für Deutschland und nur 5 Prozent für Polen, im Landkreis Oppeln stimmten 70 Prozent für Deutschland und 30 Prozent für Polen. Auf die Germanisierungspolitik, die während der NS-Zeit durch die Einteilung der Bevölkerung in verschiedene „Volkslisten" besonders aggressiv betrieben wurde, folgte nach 1945 eine massive Polonisierung der noch verbliebenen Bevölkerung. Seit 1970 verkündet ein riesiges pathetisches Denkmal, die Oppelner Nike, den Ruhm der polnischen Kämpfer von 1921, die das Ergebnis der Volksabstimmung für Deutschland nicht akzeptierten und dagegen kämpften.

Das „Denkmal für die Kämpfer um das Polentum des Oppelner Schlesiens" von 1970 befindet sich auf dem Plac Wolności, dem Freiheitsplatz von Oppeln.

Oppeln heute

Oppeln ist heute eine lebendige, vitale Stadt, der man nicht mehr ansieht, dass sie 1945 zu 60 Prozent zerstört war. Viele Kriegsschäden wurden behoben und historische Gebäude der Altstadt wieder aufgebaut. Die neuen Bewohner Oppelns schufen wieder ein kulturelles Zentrum der Region. Bereits 1959 experimentierte der weltberühmte Theaterregisseur Jerzy Grotowski in Oppeln mit neuen Formen des Theaters. Ein Denkmal auf dem Universitätshügel erinnert an ihn. Aus Oppeln stammt der auch über Polen hinaus bekannte Lyriker Tomasz Różycki. Und jüngst bekam der ehemalige Weltklasse-Fußballer Mirosław Klose, der für die deutsche Nationalelf spielte, die Oppelner Ehrenbürgerschaft verliehen. Dass ein Sohn der Stadt, der beide Seiten der oberschlesischen Geschichte in sich vereint, nun eine derartige Ehrung erfährt, ist ein gutes Zeichen der Entspannung in Oppeln.

Die Häuser im Freilichtmuseum von Birkowitz stammen aus dem 18., 19. und frühen 20. Jahrhundert.

Abstecher in die Umgebung

Für Freunde des Dorflebens vergangener Zeiten ist das Museum des Oppelner Dorfes (Muzeum Wsi opolskiej) westlich von Oppeln in Birkowitz (Bierkowice) empfehlenswert, wo etwa 50 Holzhäuser mit Mühle, Schmiede, Schänke, Weberwerkstatt und typischer oberschlesischer Schrotholzkirche zu einem authentisch wirkenden schlesischen Idealdorf zusammengefügt sind.

Wer sich für Industriegeschichte interessiert, dem sei ein Besuch im etwa 20 Kilometer östlich von Oppeln gelegenen Malapane (Ozimek) empfohlen. Hier entstand in dichten Wäldern Mitte des 18. Jahrhunderts unter Friedrich dem Großen die erste staatliche Eisenhütte Oberschlesiens. In Malapane wurden nicht nur gusseiserne Kanonen hergestellt, sondern auch künstlerische Objekte gegossen und Brücken gefertigt. Die Kettenbrücke von 1827 überspannt auf dem Hüttengelände das Flüsschen Malapane. Sie dient als Fußgängerbrücke und gilt als älteste Kettenbrücke Europas. Freunde des Wassersports lädt der wenige Kilometer entfernte riesige Turawa-Stausee ein.

Die Kettenbrücke von Malapane wurde 2009/10 saniert und wird seitdem nachts angestrahlt.

RUNDGANG DURCH OPPELN

Vom Ring, dem zentralen Marktplatz Oppelns mit dem repräsentativen Rathaus, wenden wir uns nach Osten, wo wir das Museum des Oppelner Schlesiens besuchen können, das auch über eine reiche archäologische Sammlung verfügt. Weiter geht es zur Bergelkirche (auch: Kirche zur Schmerzhaften Muttergottes), der ältesten Kirche Oppelns. Die dazugehörigen Klostergebäude werden von der Universität genutzt. Vom Universitätshügel wenden wir uns nach Nordwesten und kommen zur Kathedrale zum Heiligen Kreuz, wo der bekannte Erzbischof Alfons Nossol (geb. 1932), den viele als deutsch-polnischen Brückenbauer Oberschlesiens sehen, lange seinen Sitz hatte.

In der an die Franziskanerkirche angebauten Kapelle der hl. Anna aus dem 13. Jahrhundert befinden sich die Grabmäler der drei Oppelner Herzöge Bolko I., Bolko II. und Bolko III.

In südlicher Richtung streifen wir die mittelalterliche Alexiuskapelle und genießen am Mühlgraben das „Oppelner Venedig", einen der ältesten Winkel der Altstadt. Entlang der alten Synagoge, in der heute ein regionaler Fernsehsender untergebracht ist, kommen wir zur Franziskaner-Dreifaltigkeitskirche. Hier gehen wir über die Schlossbrücke auf die Insel Pascheke, wo wir den Piastenturm, das Amphitheater und den Gedenkstein für die Neue Synagoge sehen können. Über die Groschenbrücke geht es zurück an das andere Ufer. Am klobigen Denkmal der Oppelner Nike vorbei gelangen wir zurück zum Ring, wo wir in einem der Restaurants schlesische Klöße (kluski śląskie) mit zartem Fleisch und Rotkohl genießen können.

Oberschlesisches Grenzland: Carlsruhe und Namslau, Kreuzburg und Rosenberg

Die evangelische Sophienkirche von Carlsruhe wurde zwischen 1765 und 1775 gebaut. Innen verfügt die renovierte Kirche über eine schöne Rokokoausstattung. Die zentrale über dem Altar gelegene Kanzel erinnert an den Stellenwert der Predigt im evangelischen Gottesdienst.

Auf halbem Weg zwischen Oppeln und Namslau in nordwestlicher Richtung sollte man im Städtchen Carlsruhe (Pokój) Station machen. Auffällig ist die Anlage des Ortes. Kein Ring mit Rathaus und umstehenden Häusern findet sich hier, auch keine mittelalterliche Befestigungsanlage. Vielmehr gehen von einem runden, grasbewachsenen Zentralplatz sternförmig acht Straßen ab. Hier stand bis 1945 ein Schloss mit englischem Garten, das der Herzog von Württemberg-Oels Mitte des 18. Jahrhunderts hatte erbauen lassen. Vorbild für die sternförmige Anlage war das badische Karlsruhe. Im Laufe der Jahrzehnte siedelten sich um das Schloss herum immer mehr Bewohner an. Zwei Kirchen, die heute noch zu sehen sind, entstanden Ende des 18. Jahrhunderts: die evangelische Sophienkirche und die katholische Kirche.

Ab 1850 wurde Carlsruhe zu einem beliebten Bad, in dem man rheumatische Leiden kurieren konnte. Der Ort hatte den Zweiten Weltkrieg unversehrt überstanden, 1945 jedoch wurde er von der Roten Armee zu 80 Prozent zerstört. Die Ruinen des Schlosses und der es umgebenden Kavaliershäuser wurden abgetragen, der Kurbetrieb eingestellt. Nur die beiden Kirchenbauten blieben verschont. Die elegant-zierliche Sophienkirche lädt jeden Sommer zum Carl-Maria-von-Weber-Festival ein – der Komponist wirkte 1806/07 auf Einladung des Herzogs von Württemberg in Carlsruhe als Kapellmeister. Zu diesem Anlass wurde jüngst die restaurierte historische Orgel wieder zum Klingen gebracht.

Wer Freude an archäologischen Entdeckungen hat, dem sei der zugewachsene Park hinter dem nicht mehr existierenden Schloss, also dem runden Zentralplatz, empfohlen. Hier kann man zwischen Bäumen Reste verschiedener Skulpturen entdecken, die auf den ehemaligen Schlosspark hinweisen.

DAS MITTELALTER-STÄDTCHEN PITSCHEN

Seit dem Mittelalter stand das Städtchen Pitschen (Byczyna), das nur wenige Kilometer von der früheren polnischen Grenze entfernt lag, im Zeichen deutsch-polnischer Konflikte. Noch heute kann man hier eine intakte Wehrmauer mit spätgotischem Speicher und drei Wehrtürmen besichtigen. Immer wieder wurde der Ort durch Grenzstreitigkeiten in Mitleidenschaft gezogen. Im 19. Jahrhundert machte der berühmte Schriftsteller Gustav Freytag (1816–95) deutlich, wie wenig viele Deutsche von den Polen hielten: „Die Pitschner betrieben noch in der Mehrzahl Ackerbau wie im Mittelalter, der Verkehr mit Polen war gering, wahrscheinlich zumeist Schmuggel in den Händen weniger jüdischer Kaufleute ... Von der Höhe starrte ich neugierig auf die schwarzen Wälder in der Ferne. Dort drüben lag Polen, das unheimliche Land."

Die Stadtmauer von Pitschen stammt aus dem 13. Jahrhundert. Sie ist fast sechs Meter hoch und knapp einen Kilometer lang. Hier ist der dritte Turm der Mauer zu sehen, der Sandturm.

Dass die Grenzlage nicht nur eine Bedrohung, sondern auch eine Bereicherung sein konnte, beweist Freytags Zeitgenosse, der Pastor Hermann Koelling, dessen zweisprachiges Grab auf dem Pitschener Friedhof erhalten ist. Er versuchte, den oberschlesisch-slawischen Dialekt zu einer Literatursprache zu machen, und hinterließ Schriften über Pitschen und die lokalen Dialekte der Region.

Doch in der Geschichte überwogen meist die Nationalitätenkämpfe. So fingierten einen Tag vor Ausbruch des Zweiten Weltkriegs als Polen verkleidete SS-Männer einen vermeintlichen Grenzzwischenfall bei Pitschen, der den Überfall auf Polen am nächsten Tag zusätzlich zum ebenfalls fingierten Überfall auf den Sender Gleiwitz rechtfertigen sollte.

Am Ende des Zweiten Weltkriegs wurde die Altstadt von Pitschen in Mitleidenschaft gezogen, jedoch viele historische Gebäude, so das Rathaus und die Pfarrkirche St. Nikolaus, originalgetreu wiederaufgebaut.

Von Namslau bis Kreuzburg

Die doppelte Identität des oberschlesischen Grenzlandes prägte einstmals die Stadt Namslau (Namysłów). An der wichtigen Handelsstraße von Breslau nach Krakau gelegen, hatte sie schon im Mittelalter eine Stadtmauer mit mächtigen Toren. Teile der Stadtmauer und das Krakauer Tor aus dem 14. Jahrhundert sind erhalten. Das Tor mit seinem markanten 26 Meter hohen Pulverturm wurde 2006 saniert und mit Fallgattern und hölzernen Wehrgängen passend ergänzt. Trotz erheblicher Kriegszerstörungen wurden viele historische Gebäude wieder aufgebaut und lohnen einen Besuch. Das gotische Rathaus mit seinem schönen Renaissance-Turmhelm ist auf dem Ring, dem Marktplatz von Namslau, von freundlichen Bürgerhäusern unterschiedlicher Epochen umstanden. Die gotische Kirche St. Peter und Paul mit dem eleganten Sterngewölbe wurde nach dem Vorbild der Breslauer Sandkirche errichtet. Freunde guten Biers kommen in Namslau auf ihre Kosten: Im trutzigen Deutschordens-Schloss aus dem Mittelalter, in dessen Schlosshof ein zierlicher Renaissancebrunnen sehenswert ist, befindet sich die in ganz Polen bekannte

Der Bienenkundler Johann Dzierzon (1811–1906) war schon zu Lebzeiten ein berühmter Mann. Auf seinem Grab in Lukowitz steht das Motto: „Wahrheit, Wahrheit über alles!"

Brauerei „Namysłów", die verschiedene Biersorten anbietet.

In westlicher Richtung liegt das Landstädtchen Bernstadt (Bierutów), das nach heftigen Kämpfen zwischen Wehrmacht und Roter Armee 1945 stark zerstört war und bis auf die gotische Pfarrkirche kaum wieder aufgebaut wurde. Der als Fragment restaurierte Rathausturm in der Mitte des Ortes, der einsam und unheilvoll in die Luft ragt, weist auf die Kriegszerstörungen ebenso hin wie das Schloss, von dem der Renaissanceturm und ein schönes Barockportal übrig geblieben sind.

Östlich von Namslau liegt Kreuzburg (Kluczbork). Dass dieser Ort seit dem Mittelalter ein bedeutender Handelsplatz im Grenzgebiet zu Polen war, lässt sich immer noch am repräsentativen Rathaus mit schönen Arkaden erkennen. Überhaupt macht der ganze Ring mit den historischen Bürgerhäusern, der evangelischen Salvatorkirche mit schönem Rokoko-Altar und der gepflegten Grünanlage einen einladenden Eindruck. Ein großer Sohn der Stadt ist der Schriftsteller Gustav Freytag, dessen berühmter Breslauer Kaufmannsroman „Soll und Haben" zu den populärsten Romanen um 1900 zählte. Gerne lässt man sich am Ring von seiner Beschreibung des Kreuzburger Markttreibens in die Zeit um 1825 versetzen: „Zweimal in der Woche füllte sich der Markt mit den Wagen der Landleute, dann sah man ein Gewühl geschäftiger Menschen, kleine struppige Pferde, zahllose Getreidesäcke, die Bauerfrauen der nahen polnischen Dörfer in ihrer auffallenden Tracht, jüdische Händler, die sich gleich Aalen zwischen den Wagen hindurchwanden, und die Ratsdiener, wie sie im Amtseifer die Stöcke schwangen, um Ordnung zu erhalten."

Einem weiteren bekannten Kreuzburger ist sogar ein eigenes Museum gewidmet, das Imkereimuseum. Hier werden nicht nur bunt bemalte historische Bienenstöcke und Imkereigerätschaften aus 1 000 Jahren gezeigt, sondern auch an den „schlesischen Bienenvater" Johann Dzierzon erinnert, der im Dorf Lukowitz (Łowkowice) im Landkreis Kreuzburg geboren wurde. Dieser international anerkannte Bienenforscher, der lange in Karlsmarkt (Karłowice) bei Carlsruhe als Pfarrer tätig war, veröffentlichte seine bahnbrechenden Forschungsergebnisse zum Leben und zur Zucht von Bienen in mehreren Büchern. Dzierzon, der gerne von der deutschen und der polnischen Seite vereinnahmt wurde, war selbst über dergleichen enge Zuschreibungen erhaben und gibt damit ein wunderbares Beispiel für die oberschlesische

SCHROTHOLZKIRCHEN

Die Schrotholzkirchen sind eine vorwiegend oberschlesische Besonderheit. Seit dem ausgehenden Mittelalter wurden diese immer etwas düster wirkenden Kirchen aus dem hier überall verfügbaren Holz errichtet. Zunächst wurden die Baumstämme mit der Schrotsäge und der Axt bearbeitet, dann zu Wänden aufeinandergeschichtet und an den Ecken verzahnt. Charakteristisch sind die weit heruntergezogenen Schindeldächer und die kleinen Fenster, die Regen, Hagel, Sturm und Schnee trotzen.

Die Annakirche in Rosenberg (Olesno) ist eine der bekanntesten Schrotholzkirchen Polens. Die Holzkirche stammt von 1518; 1669/70 wurde sie um fünf Kapellen erweitert, von denen man zwei im Vordergrund sehen kann.

Toleranz. Obwohl in Lukowitz Polnisch gesprochen wurde, fühlte er sich nach seiner Schulausbildung in Breslau halb als Pole und halb als Deutscher und schlussfolgerte: „Doch die Wissenschaft kennt keine Grenze, keine Nationalität.“ Damit geht er weit über Gustav Freytag hinaus, der in seinen Schriften in antipolnischen und antijüdischen Stereotypen gefangen blieb, wie sie im 19. Jahrhundert verbreitet waren.

Dass Kreuzburg und sein Umland bis 1945 vor allem protestantisch geprägt waren, sieht man noch heute an der evangelischen Salvatorkirche am Ring, dem zentralen Marktplatz. Obwohl nach 1945 die protestantischen Deutschen in der Mehrzahl vertrieben wurden und die evangelische Gemeinde schrumpfte, existiert noch heute in Kreuzburg eine polnische evangelische Gemeinde aus 300 Gläubigen, die sehr lebendig ist. Es gelingt ihr sogar, „sympathisierende Katholiken“ anzuziehen und ins Gemeindeleben zu integrieren, Katholiken, denen die konservative und nationale Färbung der polnischen katholischen Kirche nicht zusagt und die sich nach mehr Liberalität und Weltoffenheit sehnen.

Rosenberg

Das in südöstlicher Richtung liegende Städtchen Rosenberg (Olesno) mit seinem sehenswerten klassizistischen Rathaus war immer katholisch geprägt. Darauf weisen nicht nur die gotische Pfarrkirche St. Michael am Ring und die barocke Fronleichnamskirche hin, sondern vor allem mehrere Schrotholzkirchen in der unmittelbaren Umgebung von Rosenberg. Kurz vor der Stadt in Richtung Norden liegt die besonders schöne, reiche Schrotholzkirche St. Anna. In der näheren Umgebung von Rosenberg finden sich weitere Schrotholzkirchen, so in östlicher Richtung die Friedhofskirche St. Martin in Groß Borek (Bory Wielkie) aus dem 17. Jahrhundert, in südöstlicher Richtung St. Rochus von 1710 und in nordwestlicher Richtung die Magdalenenkirche in Alt-Rosenberg (Stare Olesno) von 1680.

Die 1575 geweihte Katharinenkirche in Bernstadt brannte im 17. und 18. Jahrhundert mehrmals aus. Nach 1990 wurde sie restauriert.

Noch heute finden zahlreiche Wallfahrten auf den Annaberg statt, die Zeichen der ungebrochenen Frömmigkeit in Schlesien sind.

Rechts der Oder: Kiefernwälder, heilige Stätten und Schiffsverkehr

Der aus schwarzem Basalt bestehende Annaberg überragt die Äcker und Wälder in weitem Umkreis. Er wurde im Laufe der Jahrhunderte zum religiösen und politischen Wahrzeichen Oberschlesiens.

Wer von Rosenberg in Richtung Groß Strehlitz fährt, wird feststellen, dass sich der Charakter der Landschaft verändert hat. Im Vergleich zum fruchtbaren Bauernland links der Oder breiten sich hier Kiefernwälder aus und der karge Waldboden ist mit Blaubeerbüschen bedeckt. Die Fruchtbarkeit des Bodens ist rechts der Oder viel geringer. Dafür stand und steht Holz in rauen Mengen zur Verfügung, auch für den Bau der charakteristischen Schrotholzkirchen. Im Städtchen Guttentag (Dobrodzień), das am Wege liegt, ist St. Valentin sehenswert, eine Friedhofskirche aus Schrotholz von 1630.

Kloster Himmelwitz und Groß Strehlitz

Nahebei liegt das Kloster Himmelwitz (Jemielnica). Diese frühe Gründung der Zisterzienser im Jahre 1282 erlangte als Tochterkloster des Stiftes Groß-Rauden bei Ratibor nie eine so herausragende Bedeutung wie Leubus, Grüssau oder Heinrichau. Zunächst im Dreißigjährigen Krieg, dann nochmals 1733 bei einem Brand verwüstet, wurde das Kloster in der Folge mit Innenhof und schönem Kreuzgang im barocken Stil wieder aufgebaut. Zusammen mit der benachbarten Kirche ergibt das sich malerisch in einem See spiegelnde Kloster ein geschmackvolles, zurückhaltendes Barockensemble, das einen Besuch durchaus lohnt.

Kurz vor Groß Strehlitz (Strzelce Opolskie), in Stephanshaym (Szczepanek), ist eine weitere Schrotholzkirche von 1680 zu sehen. In Groß Strehlitz selbst sollte der Besucher nicht versäumen, die hübsche Schrotholzkirche St. Barbara von 1690 auch von innen zu besichtigen, da die Spätrenaissance-Barock-Ausstattung erhalten ist. Groß Strehlitz hat auch noch andere Sehenswürdigkeiten zu bieten. So ist am Ring, dem Marktplatz, das repräsentative Rathaus von 1846 zu bewundern, dessen älterer Turm sich harmonisch in den Gesamtbau einfügt. Auf dem gepflegten Platz vor dem Rathaus ist der Jägerbrunnen erhalten. Die Metallfigur stammt von 1929 und wurde in der Gleiwitzer Hütte für Kunstguss entworfen und gegossen. Sehenswert ist in Groß Strehlitz auch die St. Laurentiuskirche, die 1907 in neobarockem Stil errichtet wurde. Innen verfügt sie über eine ältere Ausstattung und zwei schöne, verspielte Seitenaltäre. Neben der Kirche ist ein freistehender Glockenturm zu sehen. Ursprünglich war dieses Bauwerk einer der Wehrtürme der mittelalterlichen Stadtbefestigung.

Ruinenromantiker lieben die Reste des ehemaligen Schlosses aus dem 16. Jahrhundert. Der ehemalige Schlosspark lädt mit Rasenflächen, einem Teich und Bänken zum Verweilen ein.

Wer noch mehr Schrotholzkirchen sehen möchte, dem seien südlich von Groß Strehlitz die Magdalenenkirche in Kaltwasser (Zimna Wódka), die Elisabethkirche in Klutschau (Klucz) und die Maria-Schnee-Kirche in Olschowa (Olszowa) empfohlen. Alle diese Schrotholzkirchen stammen aus dem Jahr 1748 und sind mit ihren gewellten Schindeldächern, ihren verwinkelten Anbauten und den geschindelten Dachbekrönungen kleine, verborgene Perlen in der oberschlesischen Landschaft auf dem Weg zum Annaberg.

Der Annaberg

Aus der Ebene des Oppelner Landes ragt der 410 Meter hohe St. Annaberg (Góra Świętej Anny) auf, der „heilige Berg Oberschlesiens“. Bereits um 1500 begann die Verehrung einer schlichten, 55 Zentimeter großen Holzfigur der hl. Anna Selbdritt. Dieser Skulptur, die in einer Ende des 15. Jahrhunderts hier errichteten Kirche stand, wurde eine wundertätige Wirkung zugeschrieben. Von Anfang an künden die Wallfahrten auf den Annaberg von der frommen Glaubenshingabe, die den Oberschlesiern nachgesagt wird. Als sich immer mehr Pilger einstellten, wurde im 17. Jahrhundert auf dem Berg ein Kloster gegründet, das die Gläubigen bei ihrer Wallfahrt versorgen sollte. Auch die barocke Wallfahrtskirche stammt aus dieser Zeit. Um 1700 war das Bedürfnis groß, die wichtigsten Stationen des Leidensweges Christi zu veranschaulichen. Also wurden zunächst 33, später noch weitere kleine Kapellen an den Hängen des Annaberges gebaut. Im dem ethnisch sowohl deutsch als auch polnisch geprägten Oberschlesien war es lange Zeit selbstverständlich, gemeinsam zum Annaberg zu wallfahren und in zweisprachigen Messen zu beten.

ANTEK UND FRANZEK IN GUTTENTAG

Über Guttentag wurde in der NS-Zeit folgender Witz erzählt:

Franzek kommt auf Bahnhof. „Mächt ich einmal Dritterklass nach Heilhitler.“ Sagt Bahnmänsch: „Was? Wohin?“ Franzek: „Dritterklass nach Heilhitler.“ Der Bahnmänsch: „Heilhitler gibt nich.“ Franzek: „Gibt nicht, gibt nicht! Wie ich neilich zu Ortsgruppenleiter ‚Gutten Tag‘ sag, schreit mich der an: ‚Heißt nich Gutten Tag, heißt Heilhitler!‘ Nu, da gib mich Dritteklass nach Guttentag.“ Und der Bahnmänsch reicht ihm eine Fahrkarte nach Guttentag.

Vom Groß Strehlitzer Schloss, das 1945 abbrannte, sind heute nur noch ein Turm und Mauern mit leeren Fensterhöhlen erhalten.

ZU BESUCH AUF DEM ANNABERG

Die Basilika St. Anna auf dem Annaberg, in der sich jeden Tag zahlreiche Gläubige versammeln, wurde im Laufe der Jahrhunderte immer wieder aus- und umgebaut.

Zum Annaberg fahren wir mit dem Auto über die St.-Annaberg-Straße (ul. Góry św. Anny, ul. Leśnicka) hinauf, die bis zum Kloster führt. Wir passieren das zweisprachige Ortsschild und müssen feststellen, dass all die Kapellen, Marienbilder und Kreuzwegstationen an den Hängen hinter dichtem Laubwald verborgen bleiben. Vom Parkplatz aus, der mit Devotionalienständen reich bestückt ist, gehen wir zur barocken Wallfahrtsbasilika St. Anna und steigen die steinernen Stufen zu ihrem Innenhof, dem Paradieshof, empor. Nach der Besichtigung schauen wir uns die Lourdesgrotte an und laufen über die Straße al. Jana Pawła II, wo wir am Pilgerheim und an etlichen, mit schmalen Wegen verbundenen Kapellen vorbeikommen. Schließlich begeben wir uns in westlicher Richtung zum pompösen Aufständischen-Denkmal und schauen uns das dahinterliegende riesige Amphitheater aus der Zeit des Nationalsozialismus an. Zurück im Wallfahrtsbezirk, stoßen wir je nach Saison auf eine große Wallfahrt oder auf kleinere Pilgergruppen, die manchmal Trachten oder Bergmannsuniformen und Fahnen tragen. Wenn wir Glück haben, erklingen in der Kirche oder in der Lourdesgrotte geistliche Gesänge.

Die zahlreichen Kapellen am Annaberg, die oft mitten im Wald stehen, ziehen zahlreiche Gläubige an.

Der Ansturm der Pilger war zu Beginn des 20. Jahrhunderts so groß, dass man auf dem Gelände um Kloster und Wallfahrtskirche herum 1914 die Lourdesgrotte mit Altar und Kreuzwegstationen schuf und zwischen 1929 und 1938 ein Pilgerheim für 2 000 Gläubige baute.

Eine ungute politische Bedeutung bekam der Annaberg im Zusammenhang mit den Nationalitätenkämpfen nach dem Ersten Weltkrieg. Polnische Aufständische besetzten 1921 den Berg aus Protest gegen das Ergebnis der Volksabstimmung. Diese Erhebung wurde von deutscher Seite niedergeschlagen und der Annaberg zurückerobert. Ein 1934 errichtetes und 1945 gesprengtes Denkmal erinnerte an die in diesem Kampf gefallenen Deutschen. 1938 wurde in der Nähe des Klosterbezirks in einem Steinbruch ein gigantisches Amphitheater für 120 000 Personen gebaut, das in der nationalsozialistischen Propaganda nach altgermanischer Tradition „Thingstätte" hieß. In diesem „Reichsehrenmal der Freikorpskämpfer" wurde Erde von Schlachtfeldern verteilt, auf denen deutsche Soldaten gesiegt hatten. Heute steht an derselben Stelle das imposante Aufständischen-Denkmal für die polnischen Kämpfer, das den „ewigen Kampf

Polens gegen den deutschen Drang nach Osten“ symbolisiert. Zusätzlich werden im Museum der Aufständischen (Muzeum Czynu Powstańczego) Dokumente, Fotos, Fahnen und Plakate aus der Zeit um 1921 gezeigt. Heute setzt man am Annaberg auch Zeichen der Versöhnung. Hierbei spielt die deutsche Minderheit eine große Rolle. Da es seit 1989 wieder erlaubt ist, hier auch deutsche Gottesdienste zu feiern, kommen jährlich Angehörige der deutschen Minderheit zu einer Wallfahrt auf dem Annaberg zusammen, wo sie gemeinsam beten und singen.

Cosel und Kandrzin

Cosel (Koźle) links der Oder ist mit einigen alten Kirchen, Bürgerhäusern und der sehenswerten friderizianischen Festung der historische Ort der heutigen Zwillingsstadt Kędzierzyn Koźle. Mit dem Industrieort Kandrzin (Kędzierzyn) rechts der Oder, der sich im 19. Jahrhundert aus einigen Dörfern entwickelte, ist Cosel längst zu einer gemeinsamen Stadtlandschaft zusammengewachsen. Die Doppelstadt steht ganz im Zeichen der Oderschifffahrt. Anfang des 20. Jahrhunderts war der Hafen von Cosel nach Duisburg-Ruhrort der zweitgrößte Binnenhafen Deutschlands. Wegen der ersten Steinkohlenfunde in Oberschlesien Ende des 18. Jahrhunderts wurde unter dem preußischen König Friedrich Wilhelm III. ein Kanal vom oberschlesischen Steinkohlerevier zur Oder gebaut, der Klodnitzkanal, der Gleiwitz mit Berlin verband. Auch die Eisenbahn spielte beim Transport der Kohle eine große Rolle. Kandrzin wurde zum Eisenbahnknotenpunkt. Der Gleiwitzkanal, der während der NS-Zeit entstand und den älteren, zu schmalen Klodnitzkanal ersetzte und verkürzte, beförderte die Oderschifffahrt enorm: Drei Millionen Tonnen Güter wurden damals pro Jahr verschifft. Heute, wo Güter meist auf der Straße oder Schiene befördert werden, ist der Hafen von Cosel unbedeutender geworden.

An einer der wichtigen Bahnlinien bei Kandrzin, der Strecke Berlin–Wien, liegt der Bahnhof Birawa (Bierawa). Hier ist ein typischer schlesischer Sprachwitz aus den 1920er-Jahren angesiedelt: Drei Schaffner rufen am langen Zug von Berlin nach Wien die Station Birawa aus. Birawa, ruft der erste, Birawa der zweite und Birawa der dritte Schaffner. Der Reisende wendet sich verwirrt an den Bahnhofsvorsteher und fragt ihn, wie denn der Name nun richtig ausgesprochen werde. Dieser antwortet daraufhin, er wisse es auch nicht genau, aber der verehrte Herr Reisende könne sich gerne in diese Richtung wenden, nach zwei Kilometern käme dann im Wald eine Fabrik, dort könne man ihm sicherlich weiterhelfen, das sei nämlich eine Betonfabrik.

1983 kam Papst Johannes Paul II. auf den Annaberg. Hinter dem Papst ist Alfons Nossol zu sehen, der Bischof von Oppeln.

Der Hafen von Cosel hat schon bessere Zeiten gesehen: Heute werden hier nur noch ca. 300 000 Tonnen pro Jahr umgeschlagen.

Insel der Zweisprachigkeit: Von Krappitz nach Leobschütz

Das hübsche Städtchen Krappitz (Krapkowice) liegt am Rand des fruchtbaren oberschlesischen Lössgebietes am westlichen Oderufer – dort, wo das Flüsschen Hotzenplotz (Osobłoga) in den Hauptstrom mündet. Es lohnt sich, entlang der mittelalterlichen Stadtmauern zu wandern, vom viereckigen trutzigen Wehrturm den Ausblick über Stadt und Land zu genießen, durch das Stadttor in die Altstadt einzutreten und durch die gut erhaltenen Sträßchen zu schlendern, um schließlich am gepflegten, blumengeschmückten Ring am Brunnen zu verweilen und die behagliche, geruhsame Atmosphäre eines Kleinstädtchens auf sich wirken zu lassen. Sehenswert ist auch das Krappitzer Schloss aus der Zeit des Barock, das auf einem Kalksteinvorsprung zwischen Oder und Hotzenplotz thront. Diese Vierflügel-Anlage gruppiert sich um einen Arkadenhof und dient heute als Berufsschule.

Auf der gegenüberliegenden Seite der Oder befindet sich der industriell geprägte Ort Ottmuth (Otmęt), dessen wirtschaftlicher Aufschwung 1930 begann, als der tschechische Schuhfabrikant Tomáš Bat'a, der Produzent der bis heute bekannten Bata-Schuhe, hier die „Ota Schlesische Schuhwerke Ottmuth AG“ gründete. Bat'a war 1930 bereits zum Weltmarktführer für Schuhe geworden. Zwischen 1940 und 1944 wurden in der Schuhfabrik viele

Die dreiflügelige Anlage des Schlosses Moschen umfasst 365 Zimmer und 99 Türme. Sogar ein Schlossgespenst, eine „Weiße Dame“, soll dort gesichtet worden sein.

Juden aus dem Arbeitslager Ottmuth zur Zwangsarbeit eingesetzt. Während des Sozialismus erlebte die hiesige Schuhproduktion eine Blütezeit. In den historischen Gebäuden der immer noch produzierenden Schuhfabrik, die mit dem Slogan „Schuhe für jeden" wirbt, zieht ein direkter Fabrikverkauf Kunden an.

Schloss Moschen und Oberglogau

Schloss Moschen (Zamek Moszna) westlich von Krappitz sieht aus wie ein Schloss aus dem Märchenbuch. Eingebettet in eine romantische Waldlandschaft, ragt es mit seinen Zinnen, Giebeln, Erkern und 99 Türmchen aus einem großen, gepflegten Park mit uraltem Baumbestand, Fontänen und Kanälen auf. Das verwinkelte, geheimnisvolle Schloss, das barocke Teile eines Vorgängerbaus mit einbezog, entstand um 1900 im Stile der Neugotik und Neorenaissance. 1911 und 1912 weilte der deutsche Kaiser Wilhelm II. als Gast auf Schloss Moschen. Das sorgfältig restaurierte Schloss mit dem gepflegten Park hält nicht nur stilvolle Hotelzimmer bereit, es lädt die Besucher auch zu verschiedenen kulturellen Veranstaltungen ein. So findet im Mai und im Juni jeden Jahres das „Festival der blühenden Azaleen" statt, das von Konzerten begleitet wird.

Wer von Schloss Moschen in südlicher Richtung durch das leicht hügelige, fruchtbare Bauernland fährt und sich dem reizvollen Städtchen Oberglogau (Głogówek) am Ufer der Hotzenplotz nähert, hat das Gefühl, in eine andere Zeit einzutauchen. Das Panorama der Stadt mit den aufragenden Türmen erhebt sich über sanft gewellte Felder und versetzt den Besucher in frühere Jahrhunderte. Geschichte, Wohlstand und eine behaglich-freundliche Atmosphäre sind auch in jedem Winkel der hübschen Altstadt zu spüren. Das schöne Rathaus mit Renaissancegiebel und Barockturm beherrscht den einladenden Marktplatz, den Ring, der mit barocken Bürgerhäusern in geschmackvollen Pastellfarben umstanden ist. Unbedingt sehenswert ist auf einer Anhöhe der Altstadt die gotische Pfarrkirche St. Bartholomäus, deren Inneres den Besucher als barockes Gesamtkunstwerk überwältigt. Wandmalereien, Stuckdekorationen und Skulpturen sind harmonisch aufeinander abgestimmt. Durch gemalten Stuck, der echten nachahmt, und durch gemalte Skulpturen, die vollplastische vortäuschen, triumphiert in diesem Innenraum die Illusion, die mitunter die Grenzen zwischen Zwei- und Dreidimensionalität verschwimmen lässt. Sehenswert sind auch die St. Nikolaikirche und die Franziskanerkirche, die in ihrem Inneren ein kleines Kirchlein beherbergt – eine Kirche in der Kirche. Nikolai- und Franziskanerkirche stammen aus der Barockzeit und tragen mit ihren geschwungenen Giebeln und Torbögen zur heiteren Atmosphäre des Städtchens bei. Da ungefähr ein Viertel der Bevölkerung deutschstämmig ist, wird Oberglogau von den Polen scherzhaft „Klein-Berlin" genannt. Hier ist es durchaus möglich, auf der Straße, im Geschäft oder im Café auf Deutsch angesprochen zu werden.

Sehenswert ist im Norden der Altstadt auch das Schloss, ein Spätrenaissance- und Barockbau. Diese weitläufige Anlage, in der das Regionalmuseum untergebracht

Am Ring, dem zentralen Platz der 16000-Einwohner-Stadt Krappitz, befinden sich renovierte Bürgerhäuser aus dem 18. und 19. Jahrhundert.

ist, besteht aus Ober- und Unterschloss, Fürstensaal, Kapelle, Freitreppe und Wällen mit Parkanlagen. In dem Schloss, das sich nicht im besten baulichen Zustand befindet, waren einst berühmte Personen zu Gast. So hielt sich hier im Jahr 1655 der polnische König Jan Kazimierz auf. Und der berühmte Komponist Ludwig van Beethoven komponierte im Oberglogauer Schloss 1806 seine 4. Symphonie. Das Klavier, auf dem Beethoven damals spielte, ist im Museum ausgestellt. Gedenktafeln am Schloss verweisen auf die beiden prominenten Besucher.

Leobschütz

Südlich von Oberglogau liegt das Städtchen Leobschütz (Głubczyce) in der fruchtbaren Lössniederung der Zinna, eines Nebenflusses der Oder. Leobschütz ist eine Stadt der Widersprüche. Trotz erheblicher Kriegszerstörungen in der Altstadt sind Teile der Stadtmauer mit neun Wachtürmen aus dem Mittelalter erhalten geblieben.

Der Marktplatz ist vorwiegend mit gesichtslosen Neubauten umgeben, während in seiner Mitte nicht nur das frisch rekonstruierte Rathaus, sondern auch eine wunderschöne geschwungene Mariensäule aus der Barockzeit prangt. Weithin sichtbares Wahrzeichen von Leobschütz ist die gewaltige, doppeltürmige gotische Pfarrkirche Mariä Geburt. Auf dem Platz vor dieser alles beherrschenden Kirche befand sich eine schmuckvolle, kastellartige Synagoge mit kuppelgekrönten Türmchen, die in der „Reichspogromnacht" 1938 in Flammen aufging. Ein Gedenkstein erinnert an diesen barbarischen Akt. Heute noch sehenswert ist die barocke Franziskanerkirche mit Kloster. Die Größe und Pracht dieser Gebäude zeugen vom früheren Reichtum der Stadt, die nicht nur durch die Weberei und den Leinenhandel, sondern auch durch das umliegende fruchtbare Bauernland zu Wohlstand gekommen war.

Wenn man in südlicher Richtung über das weite, leicht gewellte Land fährt, kann der Blick ungehindert über die satten Felder weit bis nach Tschechien schweifen. Kurz vor der tschechischen Grenze gelangen wir in das kleine Städtchen Katscher (Kietrz), das einstmals durch Textilfabrikation, vor allem von Teppichen, Gobelins, Plüsch und Divandecken, bedeutend war. Katscher ist ein typisches schlesisches Landstädtchen mit viereckigem Marktplatz (Ring), einer barocken Mariensäule, einer ursprünglich gotischen, barock überformten Pfarrkirche und einer Schlossruine.

Zweieinhalb Kilometer südlich von Katscher liegt das Naturschutzgebiet Kalkberg (Rezerwat przyrody Góra Gipsowa). Am Südhang des 285 Meter hohen Kalkberges (Góra Gipsowa) findet sich eine ganz eigentümliche Flora, die sonst nur in südosteuropäischen Steppengebieten auftritt. Diese

Das Rathaus von Leobschütz stammt in seinem Kern aus dem 14. Jahrhundert. Zwischen 1862 und 1864 im Stil der Neogotik umgebaut, wurde es 1945 beim Einmarsch der Roten Armee teilweise zerstört. 2006–08 erfolgte der Wiederaufbau.

DIE DEUTSCHE MINDERHEIT

Wer durch Oberglogau, Birawa, Guttentag, Himmelwitz oder Lubowitz fährt, wird die zweisprachigen, polnisch-deutschen Schilder am Ortseingang entdecken. Die ersten dieser Schilder wurden nach langwierigen Genehmigungsverfahren im Jahr 2008 in Ortschaften mit einem deutschen Bevölkerungsanteil von über 20 Prozent aufgestellt. Glücklicherweise knüpfen die deutschen Namen an die alten, charakteristischen, oberschlesisch-deutschen Ortsbezeichnungen an und nicht an die Namen, mit denen während der NS-Zeit alle zu slawisch klingenden Orte germanisiert wurden. So waren damals Birawa in Reigersfeld, Ortowitz in Rehwalde, Ujest in Bischofstal und Dziergowitz in Oderwalde umbenannt worden, um nur einige wenige zu nennen.

Seit 2005 dürfen Gemeinden mit nationaler Minderheit in Polen auch ihren Namen in der nicht polnischen Sprache tragen. In Schlesien haben bislang etwa 25 Gemeinden das Recht erhalten, zweisprachige Ortsschilder aufzustellen.

Heute gibt es etliche Gemeinden im Oppelner Land wie Oberglogau, deren zweite Amtssprache Deutsch ist. Sogar einige zweisprachige Bahnhofsschilder begegnen dem Reisenden. Nach 1989/90 wurde es der deutschen Minderheit gestattet, sich in Verbänden, Vereinen und Freundeskreisen zu organisieren. Die deutsche Sprache durfte wieder gesprochen, gelernt und gepflegt werden. Kinder der deutschen Minderheit kommen in den Genuss zusätzlicher Deutschstunden in den Schulen. Mittlerweile gibt es im Oppelner Land sogar 13 nach dem in Oppeln geborenen Fußballstar Miroslav Klose benannte „Miro-Fußballschulen", an denen Deutsch gelehrt wird. Verschiedene Bibliotheken und der Bücherbus, der von der Oppelner Eichendorff-Bibliothek aus über Land fährt, tragen mit Erfolg zum Erlernen der deutschen Sprache ebenso bei wie der deutsch-polnische Radiosender „Mittendrin", die Fernsehsendung „Schlesien Journal" und die Zeitung „Wochenblatt". Auch das „Haus der Deutsch-Polnischen Zusammenarbeit" in Oppeln und Gleiwitz sowie das Eichendorff-Kulturzentrum in Lubowitz stärken die kulturelle Identität der Minderheit.

Etwa 350 000 Oberschlesier besitzen die polnische und die deutsche Staatsangehörigkeit. Sie sind mit einem Abgeordneten im Warschauer Sejm vertreten und verfügen in manchen Kreistagen sogar über die Mehrheit der Mandate. Seit 2003 wird alle drei Jahre das „Kulturfestival der deutschen Minderheit in Polen" glanzvoll begangen, mehrfach schon in der Breslauer Jahrhunderthalle. Dort treten vor allem trachtengeschmückte Tanz- und Musikgruppen, Chöre und Orchester der deutschen Minderheit auf, aber auch populäre Schlagersänger wie Heino, Michelle und Andy Borg. Die „Deutschen Kulturtage im Oppelner Schlesien", die seit 2003 jährlich gefeiert werden, versuchen, mit einem ehrgeizigen Programm aus Konzerten, Vorträgen, Volkstänzen und Ausstellungen nicht nur deutsche Traditionen zu bewahren, sondern diese auch der polnischen Bevölkerung näherzubringen.

Bereits im Jahr 1992 öffnete in Oppeln ein deutsches Konsulat seine Pforten, das sich auch den Belangen der deutschen Minderheit widmet und grenzüberschreitende deutsch-polnische Schülerprojekte fördert.

Besonderheit wurde bereits zu Beginn des 19. Jahrhunderts erkannt und seitdem von Botanikern erforscht. Der Kalkberg bei Katscher mit seiner einzigartigen Flora wurde 1935 als erstes Naturschutzgebiet des Deutschen Reiches anerkannt und nach dem Zweiten Weltkrieg von der Republik Polen als Naturreservat übernommen. Hier lassen sich seltene Steppenpflanzen wie die Ungarische Kratzdistel, die Violette Königskerze, das Weiße Fingerkraut, die Bologneser Glockenblume und das Holunder-Knabenkraut entdecken. Vor allem aber kann man vom Kalkberg einen wunderbar weiten Blick über die schlesische und mährisch-tschechische Landschaft genießen.

Das Altvatergebirge ist der östlichste Teil der Sudeten. Der Höhenzug, hier mit der Bischofskoppe, liegt im tschechisch-polnischen Grenzland.

Das Schlesische Landesmuseum in Troppau, das bereits 1814 gegründet wurde, ist das älteste Museum Tschechiens.

Der Zaun Maria Theresias: Österreichisch-Schlesien

Als Maria Theresia durch die Schlesischen Kriege Mitte des 18. Jahrhunderts die Provinz Schlesien an den preußischen König Friedrich den Großen verlor, klagte sie: „Den Garten hat er mir genommen, den Zaun hat er mir gelassen." Tatsächlich sah das schlesische Gebiet, das bei Österreich blieb, wie ein schmaler Saum aus und umfasste die Provinzen Freiwaldau, Jägerndorf, Troppau, Bielitz und Teschen. Dieser Saum hieß bis 1918 „Österreichisch-Schlesien". Seine Hauptstadt war Troppau (Opava), gerne „Klein-Wien" genannt. In der Zeit nach dem Ersten Weltkrieg bis nach 1945 gab es in diesem Gebiet aufgrund des Nationalitätenhaders zwischen Deutschen, Tschechen und Polen etliche blutige Grenzkonflikte und -verschiebungen. Das Gebiet von Troppau und Umgebung wurde, trotz mehrheitlich deutschsprachiger Bevölkerung, ab 1918 tschechisch, zwischen 1938 und 1945 an Nazi-Deutschland angeschlossen, danach wieder tschechisch und heißt heute Tschechisch- oder Mährisch-Schlesien.

Troppau

Dass Troppau einst ein kulturelles Zentrum voller österreichischem Charme war, lässt sich auch heute noch an etlichen repräsentativen Gebäuden ablesen, obwohl in den letzten Kriegstagen 1945 starke Verwüstungen angerichtet wurden. Nicht nur das Rathaus, einige gotische und barocke Kirchen und mehrere Barockpalais in der Altstadt sind erhalten geblieben oder wieder rekonstruiert worden. Auch das Theater und der schöne Bau des „Schlesischen Landesmuseums" (Slezské zemské muzeum), das an die beste Zeit der österreichisch-ungarischen Monarchie anknüpft, erstrahlen in neuem Glanz. Dieses Museum lädt den Besucher zu einem informativen Rundgang zu verschiedenen Facetten Tschechisch-Schlesiens ein wie „Handwerk", „Bergbau", „Jagd", „Keramik", „Textil" oder „Siedlungstypen", die mit einer Fülle von

Exponaten veranschaulicht werden. Auch die Ausstellung zur Pflanzen- und Tierwelt dieser Region ist sehenswert.

Es lohnt sich, durch die Altstadt von Troppau entlang schöner, teilweise opulenter Palais zu schlendern, die an den Charme von Wien erinnern. In einem der repräsentativen Gebäude ist die Schlesische Universität (Slezská Univerzita) untergebracht. Sie verweist auf die berühmte Schultradition von Troppau, an das Jesuitengymnasium, das Größen wie den Vererbungsforscher Gregor Mendel (1822–84) oder den Verfasser des gleichnamigen Lateinlexikons Joseph Maria Stowasser (1854–1910) hervorbrachte. Mehrere gotische Kirchen locken den Besucher in ihr barockisiertes Inneres. In der Heiliggeist-Kirche dirigierte Beethoven 1811 seine C-Dur-Messe.

Eng mit Beethoven verbunden ist auch das wenige Kilometer südlich von Troppau gelegene Schloss Grätz (Hradec nad Moravicí), eine stimmungsvolle, schön restaurierte Anlage. Hier waren viele Komponisten, Dichter und Diplomaten zu Gast, unter anderem Beethoven. Der Flügel, auf dem er spielte, ist heute ebenso zu besichtigen wie historische Möbel, Spiegel, Leuchter, Uhren und weitere Musikinstrumente.

Jägerndorf und Freudenthal

Tuche, Orgeln von Rieger und der Kräuterlikör „Geßler, Altvater, Jägerndorf“ waren bis zum Zweiten Weltkrieg die Markenzeichen von Jägerndorf (Krnov), dem „Schlesischen Manchester“. Einstmals Sitz eines selbstständigen Herzogtums, verlor Jägerndorf nach der Entstehung von Österreichisch-Schlesien stark an politischer Bedeutung, wuchs aber im 19. Jahrhundert zu einem bedeutenden Industriezentrum an, vor allem für Textilien. Fabrikschlote kreisen den alten Stadtkern immer noch ein, der nach den Kriegszerstörungen von 1945 teilweise wieder aufgebaut wurde. So sind in der Altstadt mit ihren engen Gässchen das Rathaus, einige Laubenhäuser und elegante Industriellenvillen, das Renaissanceschloss mit schönen Arkaden sowie die beiden gotisch-barocken Kirchen sehenswert. Der Orgelbau existiert in Jägerndorf noch heute, die Produktion des einstmals berühmten Kräuterlikörs hingegen gehört der Vergangenheit an. Denn sein Erzeuger Geßler war einer von etwa 600 Juden in Jägerndorf, die 1938 vertrieben und deportiert wurden. 80 Prozent überlebten den Holocaust nicht. Die erhaltene Synagoge von 1871, die größte dieser Region, erinnert an dieses schmerzliche Kapitel der Stadtgeschichte.

Beherrschend ist die barocke Wallfahrtskirche Mariä Sieben Schmerzen auf dem Burgberg oberhalb der Stadt. Hier lohnt sich auch der Besuch der nahen Liechtensteinwarte. Von diesem Aussichtsturm bietet sich ein herrlicher Blick auf das Altvatergebirge, über die schlesischen und mährischen Beskiden bis weit nach Oberschlesien hinein.

Wer ein idealtypisches Städtchen Österreichisch-Schlesiens besuchen möchte, dem sei unbedingt ein Abstecher in den Ort Freudenthal (Bruntál) empfohlen. Die ganze historische Altstadt einschließlich des ehemaligen Hochmeisterschlosses wurde zur Denkmalzone erklärt. Nicht nur ein fast intakter Marktplatz, dessen Häuser in geschmackvollen Pastellfarben gehalten sind, wartet auf den Besucher. Auch diverse reiche Bürgerhäuser und Villen,

DER RÄUBER HOTZENPLOTZ

Der bekannte Kinderbuchautor Otfried Preußler (1923–2013) benannte seinen berühmten Räuber nach einem Städtchen und einem Fluss in Schlesien, die in deutscher Zeit Hotzenplotz hießen.

Ohne Preußler, der aus dem böhmischen Reichenberg (Liberec) stammte, wäre dieser Name heute, wo Ort und Fluss Hotzenplotz auf Tschechisch Osoblaha bzw. auf Polnisch Osobłoga heißen, wohl längst vergessen.

Das Theater von Troppau am Oberring stammt von 1883. In den 1990er-Jahren wurde das Gebäude wieder hergerichtet. Links ist die Propsteikirche Mariä Himmelfahrt zu sehen.

verschiedene Kirchenbauten und das gut erhaltene Schloss versetzen den Besucher in eine andere Zeit. Hier kann man bei der Besichtigung der Kapitelsäle und der Audienz- und Konferenzräume, der Spiel- und Waffenzimmer und der Bibliothek mühelos durch die Epochen des Barock und des Rokoko, des Klassizismus und des Biedermeier wandern.

Das schlesische Versailles

Wenige Kilometer nördlich von Jägerndorf liegt Schloss Roßwald (Slezské Rudoltice), das im 18. Jahrhundert „Schlesisches Versailles“ genannt wurde. Zwar existieren heute noch Teile des opulenten Schlossbaus, aber das Ausmaß der riesigen Anlage mit ihrer einstmaligen Fülle bizarrer Einfälle ist nicht mehr zu erahnen. Der Besitzer, Albert Joseph von Hoditz, der auch als „Fürst Pückler des 18. Jahrhunderts“ galt, war ein verschwenderischer Weltmann, der sein Schloss zu einem Märchenpalast umbaute. Mittels raffinierter Maschinerien konnte er Löffel und Gabeln in den Händen seiner Gäste unter Strom setzen, Wasserquellen aus den Wänden hervorzaubern oder selbst plötzlich aus dem Boden auftauchen und wieder verschwinden. Im Park gab es ein Gebäude, das an einen orientalischen Harem erinnern sollte, eine Zwergenstadt wie aus „Gullivers Reisen“, ein künstliches Bergwerk, Grotten, Pavillons und zahllose Tempel, in denen sich bei den ununterbrochenen Festivitäten Nymphen und Faune, Liliputaner und nackte Knaben, Hirten, Schäferinnen und griechisch verkleidete Prinzessinnen tummelten.

Wer sich für historische Eisenbahnen interessiert, der kann in Roßwald in eines der täglich verkehrenden Schmalspurbähnchen einsteigen und entweder nach Hotzenplotz (Osoblaha) oder nach Röwersdorf (Třemešná) fahren. Die Fahrt durch das weite, leicht hügelige Hotzenplotzer Land ist ein Erlebnis. Durch das Städtchen Hotzenplotz, das nach dem Zweiten Weltkrieg wieder komplett aufgebaut werden musste, fließt das gleichnamige Flüsschen, das bei Krappitz in die Oder mündet.

Im Altvatergebirge

Wenn wir das Hotzenplotzer Land in westlicher Richtung verlassen, erhebt sich vor uns das Altvatergebirge (auch Hohes Gesenke, tschech. Hrubý Jeseník), an dessen nördlichem Fuß wir bereits das Städtchen Zuckmantel besichtigt hatten. Die fast kahle Kuppe des Altvater (Praděd) ist 1 492 Meter hoch und empfängt den Wanderer mit Gaststätte, Fernsehturm und einer wunderbaren Aussicht bis zum Riesengebirge, zum Glatzer Schneegebirge und zu den Beskiden. Das ganze Altvatermassiv liegt abseits der Touristenströme und ist wunderbar für Wanderer, die die Stille suchen. Ein beliebtes Wintersportgelände hingegen ist das südliche und östliche Altvatergebiet.

Im imposanten Schloss Roßwald kann man übernachten und von hier aus die Umgebung erkunden. Bereits der österreichische Kaiser Joseph II., der preußische König Friedrich der Große und der französische Philosoph Voltaire waren hier zu Gast.

DAS HULTSCHINER LÄNDCHEN

So wie das österreichisch-schlesische Hotzenplotzer Land von drei Seiten vom preußischen Schlesien umgeben wurde, so ragte das Hultschiner Ländchen mit der Hauptstadt Hultschin (Hlučín) weiter östlich wie ein Zipfel nach Schlesien hinein. Dieses Gebiet, das ab Ende des 14. Jahrhunderts zum Herzogtum Troppau gehörte, wurde ab 1742 Teil der preußischen Provinz Schlesien. Obwohl sich die Bevölkerung dieses Mischgebietes aus Tschechen und Deutschen, die mehrheitlich einen speziellen slawisch-mährischen Dialekt sprachen, bei der Volksabstimmung 1920 für einen Verbleib bei Deutschland aussprach, wurde es der Tschechoslowakei zugeschlagen.

Heute gehört es, nach der Eingliederung ins Deutsche Reich zwischen 1938 und 1945, wieder zu Tschechien. Das große Befestigungssystem, das zwischen 1935 und 1938 von der Tschechoslowakischen Republik entlang der Grenze zum Deutschen Reich mit Bunkern, Stollen und Panzersperren bei Klein-Darkowitz (Darkovičky) errichtet wurde, ist heute als militärhistorisches Freilichtmuseum sehenswert. Es veranschaulicht sehr gut die angespannte Atmosphäre, die in den 1930er-Jahren im deutsch-tschechoslowakischen Grenzgebiet herrschte.

Im Zentrum der tschechischen Stadt Hultschin, in der heute 14 000 Einwohner leben, ist auch das Rathaus mit seinem repräsentativen Eingang zu sehen.

Hier gibt es neben Abfahrtspisten und Langlaufloipen auch drei Sprungschanzen. Beliebte Skizentren mit schmucken Holzhäusern sind unter anderem Würbenthal (Vbrno pod Pradědem) und Klein-Mohrau (Malá Morávka).

Auf der anderen Seite des Altvater liegen Freiwaldau (Jeseník) mit dem Ortsteil Gräfenberg (Lázně Jeseník) und Bad Lindewiese (Lipová-lázně), zwei Kurorte, die im 19. Jahrhundert Berühmtheit erlangten. Kranke aus aller Herren Länder kamen damals nach Gräfenberg zu den Kurbehandlungen des Bauernsohns Vinzenz Prießnitz. Dieser behandelte verschiedenste Leiden vor allem mit dem übermäßigen Trinken von Wasser und mit kalten Bädern, weswegen er „Wasserheiland" genannt wurde. Sebastian Kneipp entwickelte diese Heilmethoden später weiter. Dagegen wurde im nahen Bad Lindewiese nicht das kalte Wasser angebetet. Hier galt die feuchte Wärme als Allheilmittel, das der Bauer Johann Schroth durch Zufall als Heilmethode entdeckt hatte. Hungerkuren und feuchte Wärme setzten sich als Heilbehandlungen daraufhin auch andernorts durch. So ist das Allgäu mittlerweile das Zentrum für Schroth-Kuren.

Auf der Eisenbahnstrecke von Röwersdorf nach Hotzenplotz kommt heute unter anderem die tschechoslowakische Dampflokomotive U57.001 zum Einsatz.

OBERSCHLESIEN

An der Westseite des Marktplatzes von Ratibor stehen hübsch renovierte Altbauten, vorne ist die Mariensäule zu sehen. Die andere Seite des Platzes hingegen ist von Neubauten aus den 1950er-Jahren gesäumt.

Oberschlesische Romantik: Ratibor, Lubowitz und Schloss Rauden

Wer Oberschlesien mit Steinkohle, Bergbau und Industrie verbindet, hat recht. Aber er lässt das romantische Oberschlesien außer Acht, wie es uns nordöstlich des Hultschiner Ländchens um Ratibor, Lubowitz und in den sich anschließenden großen Waldgebieten begegnet. Erst östlich dieser Kiefernwälder öffnet sich das oberschlesische Steinkohlenrevier. Diese Wälder und die anmutige Hügellandschaft gelten als „grüne Lunge" des „schwarzen" Oberschlesiens.

Ratibor und Lubowitz

Am Rande dieser Wälder liegt das sehenswerte Ratibor (Racibórz). 2017 feierte die Stadt an der Oder ihr 800-jähriges Bestehen. Schon vor Verleihung des Stadtrechts 1217 existierte hier eine Burg, die Sitz der Piastenherzöge war und heute als schlichter Bau restauriert ist. Sehenswert ist die uralte Schlosskapelle, ein Kleinod frühgotischer Baukunst des 13. Jahrhunderts und damit eines der ältesten Bauwerke in dieser Region. Dass Ratibor als bedeutender Handelsplatz an der Furt, über die die Handelsstraße zwischen Brünn und Krakau führte, im Mittelalter zu Wohlstand gekommen war, sieht man an den beiden gotischen Kirchen der Altstadt, St. Jakobi und der riesigen Liebfrauenkirche. Der fast 70 Meter hohe Turm der Liebfrauenkirche überragt die Häuser der Altstadt deutlich. Auch der schöne Marktplatz, der Ring mit der barocken Mariensäule, ist sehenswert.

RUNDGANG DURCH RATIBOR

Die Schlosskapelle stammt aus dem späten 13. Jahrhundert und erstrahlt jetzt wieder im Glanz der Hochgotik. Ihr Grundriss misst nur 6,6 x 13,2 Meter.

Wir beginnen unseren Spaziergang an der Mariensäule am Ring, die zur Erinnerung an eine Cholera-Epidemie von 1715 gestiftet wurde. An den beiden östlichen Ecken des Rings befindet sich je eine gotische Kirche, nördlich St. Jakobi, südlich die Liebfrauenkirche, in die wir unbedingt einen Blick werfen sollten. Hinter der Liebfrauenkirche liegt an der ul. Mickiewicza das Eichendorff-Denkmal, das an die vielen Stadtbesuche des romantischen Dichters erinnern soll. Wer möchte, kann nun in nördlicher Richtung über die Oderbrücke bis zum Piastenschloss mit der sehenswerten Schlosskapelle laufen. Wer eine kürzere Runde bevorzugt, wendet sich wieder in westlicher Richtung zum Ring zurück, wo er in der ul. Gimnazjalna das archäologische Museum besuchen kann. Dieses ist in einer frühgotischen ehemaligen Kirche mit Kloster untergebracht und zeigt archäologische und volkskundliche Funde der Region. Ungewöhnlicher Höhepunkt des Museums ist eine altägyptische Mumie, die der Herzog von Ratibor Mitte des 19. Jahrhunderts erworben hat. Von hier wenden wir uns durch die kleinen Sträßchen in östlicher Richtung zum Ring zurück, wo mehrere Restaurants liegen. Im Sommer kann man sehr angenehm bei Speis und Trank direkt auf dem Ring sitzen und das muntere städtische Treiben beobachten.

Die Stadt, die nach den Kämpfen 1945 zu etwa 80 Prozent zerstört war, wurde in wichtigen Teilen wieder aufgebaut und macht heute einen freundlichen Eindruck. Dazu trägt auch das mittlerweile entspannte Verhältnis zur deutschen Vergangenheit bei. So wurde eine Replik des 1945 zerstörten, angeblich in der Oder versenkten Eichendorff-Denkmals 1994 erneut aufgestellt. Hier ist der berühmte Dichter zu sehen, wie er auf einem Eichenstamm sitzt.

Ein weiteres Beispiel für den entspannteren Umgang der Polen mit der deutschen Vergangenheit Schlesiens ist die Tatsache, dass der langjährige Präsident der Landsmannschaft Schlesien, Herbert Hupka (1915–2006), der aus Ratibor stammte und in Polen über lange Jahrzehnte als Revanchist verrufen war, von seiner früheren Heimatstadt 1998 die Ehrenbürgerschaft verliehen bekam – er hatte sich vor allem nach 1990 intensiv für die deutsch-polnische Aussöhnung eingesetzt und frühere Positionen aufgegeben. 2005 feierte er hier seinen 90. Geburtstag.

Wenige Kilometer nördlich von Ratibor liegt, mit zweisprachigem Ortsschild, das Dörfchen Lubowitz (Łubowice), das untrennbar mit dem Namen Joseph von Eichendorff verbunden ist. Sogar die Hauptstraße (ul. Eichendorffa) ist mittlerweile nach ihm benannt. Gleich zu Beginn der Schlossstraße (ul. Zamkowa), die zur Schlossruine führt, steht das Gebäude des „Eichendorff-Kultur- und Begegnungszentrums“, das bereits 1989 von der deutschen Minderheit gegründet und im Jahr 2000 als Gebäude eingeweiht wurde. Die Eröffnungsrede hielt der Entertainer Thomas Gottschalk, dessen Eltern 1945 aus Oppeln nach Westdeutschland flüchteten. Das Kulturzentrum, vor dem eine

Auf dem alten Friedhof von Lubowitz steht ein Denkmal für Joseph von Eichendorff, das mit Gedenktafeln zu seinen Vorfahren ergänzt wurde. Begraben ist der Dichter in Neiße.

DER RATIBORER EULENSPIEGEL HUGO CHRISTOPH UND SEINE WITZE

Vor dem Zweiten Weltkrieg unterhielt der originelle Eigenbrötler Hugo Christoph, auch „Krzysztofik“ genannt, die Ratiborer, indem er ihnen durch Sprachwitze einen Spiegel vorhielt. So stand eines Tages an der Oderbrücke ein Schild: „Heute um Mitternacht wird die Oderbrücke gesprengt“. Die Polizei postierte sich, um den Täter zu fassen und das Attentat zu verhindern. Da kam kurz vor Mitternacht Christoph mit einer Gießkanne. Als die Polizei auf ihn zustürzte, sagte er nur, er habe das Sprengen der Brücke ja angekündigt und wolle das jetzt mit der Gießkanne auch tun.

Einmal ging er in einen Bäckerladen, nahm sich ein Brot und fing an zu essen. Auf das Eingreifen der Bäckersfrau erwiderte Krzystofik, er habe sich nur an die Aufforderung gehalten, denn dort stünde ja am Regal „Kommißbrot“!

Der Geist des schlesischen Dichters weht zwischen den Ruinen: Das Schloss, in dem Eichendorff geboren wurde, harrt noch der Restaurierung.

Eichendorff-Büste steht, veranstaltet Tagungen, bietet Übernachtungen an und gibt die zweisprachigen Zeitschrift „Eichendorff-Hefte“ heraus. Von dem Schloss selbst, in dem der romantische Dichter 1788 geboren wurde, stehen seit 1945 nur noch Ruinen. Die rührigen Betreiber des Kulturzentrums befestigen an den Mauerresten wechselnde Spruchbänder mit Zitaten des Dichters in deutscher Sprache, etwa „Denkst du des Schlosses noch auf stiller Höh?“ oder „Keinen Dichter noch ließ seine Heimat los.“

Auf der Schlosshöhe kann man durch romantische Alleen spazieren oder auch auf zugewachsenen verwunschenen Treppen steil zum Odertal hinabsteigen. Unbedingt sehenswert ist der nahe dem Schloss gelegene Friedhof, auf dem die Eltern und Geschwister des Dichters begraben sind. Der Friedhof von Lubowitz wird liebevoll gepflegt und ist mit einer großen Zahl von grünen Tafeln bestückt, die berühmte Gedichte Eichendorffs auf Deutsch und in polnischer Übersetzung vergegenwärtigen möchten. Galt er den Deutschen, vor allem den vertriebenen Schlesiern, als *der* deutsche romantische Dichter schlechthin, so wurde er von polnischer Seite nach 1945 verdammt, seine Denkmäler entfernt, seine Lieder verboten.

Doch als durch neue Forschungen bekannt wurde, dass Eichendorff, der in

der Kindheit auf Schloss Lubowitz von polnischsprachigen Haushälterinnen, Mägden und Knechten umgeben war, selber Polnisch sprechen konnte, änderte sich das Verhältnis vonseiten Polens zum deutschen Dichter langsam. Heute ist das Verhältnis entspannt, im Kulturzentrum liegen polnische Übersetzungen seiner Gedichte und des „Taugenichts“-Romans aus. Das hätte Eichendorff gefallen, dessen Gedichte mit einem universalen Anspruch weit über nationale Zuschreibungen hinausgehen. Auf einem Schild nahe der Dorfkirche von Lubowitz können wir das Gedicht „Wünschelrute“ lesen: „Schläft ein Lied in allen Dingen, / Die da träumen fort und fort, / Und die Welt hebt an zu singen, / Triffst du nur das Zauberwort.“

Rauden und sein Kloster

Zwischen Lubowitz und Gleiwitz befindet sich der Ort Rauden oder Groß-Rauden (Rudy). Hier liegt idyllisch an einem See das einstmals bedeutende Zisterzienserkloster Rauden, das im Mittelalter, 1252, von Mönchen aus dem Bistum Krakau gegründet wurde. 1300 wurde die erste Klosterkirche fertiggestellt, um 1700 wurde die Anlage dann im Stil des Barock umgebaut. Bekannt ist aus dieser Zeit die Kapelle der Muttergottes von Rauden, die 1990 restauriert wurde.

Zwischen dem 16. und dem 18. Jahrhundert setzten die Reformation, die darauffolgenden Hussitenkriege, der Dreißigjährige Krieg und dann schließlich die Schlesischen Kriege Preußens gegen Österreich um die Vorherrschaft in Schlesien dem Kloster schwer zu. Aber dennoch gelang es den Mönchen, den Betrieb aufrechtzuerhalten. In den 1670er-Jahren wurde das Kloster baulich erneuert, 1744 gründeten die Mönche sogar eine Lateinschule. Rauden blieb also trotz aller Wirrnisse ein bedeutender wirtschaftlicher und kultureller Faktor in der Region. 1810 jedoch war es damit vorbei, denn das Kloster und alle seine Besitzungen gingen auf den Staat über. Die Lateinschule wurde sechs Jahre später geschlossen.

Während des Zweiten Weltkrieges wurde das Kloster stark beschädigt und verfiel in der Nachkriegszeit zusehends. Noch bis ins Jahr 2000 konnte man sich schlecht vorstellen, dass sich in diesen zerfallenen Gebäuden einmal eine große Bibliothek mit wertvollen Handschriften befunden haben soll. Doch in den letzten Jahren wurde die ehemalige Klosteranlage in großen Teilen restauriert. Mittlerweile dient das Kloster nicht nur als Bildungseinrichtung mit Übernachtungsmöglichkeiten und Tagungsräumen, sondern auch als Sitz des Diözesanmuseums von Gleiwitz.

Die Eichendorff-Büste vor dem nach dem schlesischen Dichter benannten Kultur- und Begegnungszentrum in Lubowitz zeigt einmal mehr, wie hoch der Dichter heute wieder in Schlesien geschätzt wird. Das Zentrum begeht jährlich den Geburts- und den Todestag des großen Sohnes des Orts.

Das Kloster Rauden wurde 2011 renoviert und erstrahlt heute in neuem Glanz. Die Gebäude waren erst im frühen 20. Jahrhundert barockisiert worden.

Industrie mit Tradition: Gleiwitz

Die ul. Zwycięstwa, die ehemalige Wilhelmstraße, ist der Haupteinkaufsboulevard von Gleiwitz. Die etwa einen Kilometer lange Straße verbindet den Hauptbahnhof mit dem Ring, dem Rathausplatz.

Wenn wir uns dem oberschlesischen Steinkohlerevier nähern, breitet sich vor unseren Augen das typische Erscheinungsbild einer Region aus, die in den letzten 200 Jahren von Kohleabbau, Montan- und Schwerindustrie geprägt wurde. Doch ebenso wie im Ruhrgebiet ist die Umstellung vom Kohlebergbau auf neue Industrien in vollem Gange. Das bringt zwar zunächst eine erhöhte Arbeitslosigkeit mit sich, eröffnet aber auch neue Erwerbszweige. In Gleiwitz (Gliwice) wird die Pflege der alten Industriekultur bereits erfolgreich mit einer neuen Nutzung der alten Industriegebäude verbunden. So beherbergen heute die Gebäude der ehemaligen Königlich-Preußischen Eisengießerei eine private Hochschule mit rund 3 000 Studenten sowie zahlreiche Unternehmen der IT-Branche. Bei der mittlerweile jeden Juni stattfindenden „Industriada" werden die Industriekulissen spektakulär inszeniert und zu originellen Bühnen für historische Aufführungen gestaltet.

Gleiwitzer Traditionen

Mit der ehemaligen Eisengießerei, einem riesigen Gebäudekomplex, der 1796 errichtet wurde, ist ein interessantes Kapitel der Industriegeschichte verbunden. Der Industriekomplex brachte eine rasante wirtschaftliche Entwicklung in Gleiwitz mit sich. Hier wurde 1796 der erste Hochofen auf dem europäischen Festland in Betrieb gesetzt. An diesen Kokshochofen waren eine Kanonen- und Munitionsgießerei und eine Kunstgießerei angeschlossen. Hier wurden die von Schinkel entworfenen Eisernen Kreuze gegossen, die Friedrich Wilhelm III. 1813 als Kriegsauszeichnung gestiftet hatte. Zeitgleich entstand in der Gleiwitzer Kunstgießerei Eisenschmuck mit der Aufschrift „Gold gab ich für Eisen". Auch Medaillen, Skulpturen, Schalen, Teller, Briefbeschwerer und Kerzenständer, die heute noch im Museum für Kunstgießerei (ul. Bojkowska 37) zu sehen sind, goss man hier aus Eisen und Bronze.

Gleiwitz ist mit viereckigem Rathausplatz (Ring), planmäßiger Stadtanlage und gotischen Kirchen eine mittelalterliche Gründung. Doch der Aufschwung zu einer bedeutenden Industriestadt begann erst Ende des 18. Jahrhunderts. Hüttenwerke, Eisengießereien, Metallwarenfabriken, Walzwerke, Stahl-, Kessel- und Maschinenbau und andere Industriezweige blühten vor allem im 19. Jahrhundert auf. Der Eisenbahnanschluss und der Hafen am Klodnitzkanal machten Gleiwitz zu einem bedeutenden Umschlagplatz. So gab es in deutscher Zeit ein starkes Bürgertum aus preußischen Verwaltungsbeamten und Angestellten, die im eleganten Westen der Altstadt lebten, Hochdeutsch sprachen und kaum Kontakt mit den Arbeitern der Hüttenwerke unterhielten, die eher östlich des Bahnhofs wohnten. Der oberschlesische Dichter Horst Bienek (1930–1990) stammte selbst aus einem östlichen Wohnviertel von Gleiwitz. Sein Geburtshaus ist erhalten, die Straße davor wurde ihm zu Ehren in ul. Horsta Bienka umbenannt. Er hinterließ den vierbändigen Roman „Gleiwitz", in dem er ein eindrucksvolles, atmosphärisch dichtes Panorama der Stadtbevölkerung von Gleiwitz während des Zweiten Weltkriegs zeichnet.

Sehenswert ist in Gleiwitz der jüdische Friedhof, auf dem das Denkmal für gefallene jüdische Soldaten des Ersten Weltkrieges erhalten ist. Vor einigen Jahren wurde am Rande des Friedhofs das Museum für die Geschichte der oberschlesischen Juden (Dom Pamięci Żydów Górnośląskich) eröffnet. Der Einfluss, den die jüdischen Bewohner von Gleiwitz einst hatten, ist auf dem Friedhof heute noch zu ahnen. Ein wichtiges Mitglied der jüdischen Gemeinde in Gleiwitz war der Pharmakologe Oscar Troplowitz (1863–1918). In Gleiwitz geboren, entwickelte und vermarktete er mit großem Erfolg die Produkte „Leukoplast", die Lippencreme „Labello" und die weltweit erste Feuchtigkeitscreme „Nivea", die bis heute in vielen Ländern verbreitet sind.

Die Klodnitz, ein Zufluss der Oder, ist hier auf einer historischen Aufnahme von 1905 zu sehen.

Die angestammte Bevölkerung von Oberschlesien und von Gleiwitz war immer beides: deutsch und polnisch geprägt. Zwar gab es in den nationalistisch aufgeheizten Zeiten der 1920er-, 1930er-Jahre unter der preußisch-deutschen Beamtenschaft die naserümpfende Auffassung: „Polnisch sprechen – das tut man doch nicht!" Aber die einfachen Leute, die Arbeiter und die Gemüsefrauen, waren in dieser traditionellen Grenzlandgegend vorausschauender, wenn es unter ihnen hieß: „Ist bessär, man kann beides!" Welch entspanntes Verhältnis man heute zur deutschen Vergangenheit hat, lässt sich daran ablesen, dass mittlerweile alte deutsche Inschriften an Häuserfassaden freigelegt und liebevoll restauriert werden. Untereinander sprach man in Gleiwitz und in Oberschlesien einen Dialekt, der „Wasserpolnisch" genannt wird, da er von den Oder-

Das markante Gebäude der Gleiwitzer Hauptpost ist, wie viele andere Bauwerke der Stadt, aus roten und weißen Backsteinen errichtet worden. 1906 wurde die Hauptpost fertiggestellt.

Von den ursprünglich zwei Sendetürmen des Senders Gleiwitz ist einer noch erhalten. Nachts wird der Holzturm, der eine Höhe von 188 Metern hat, angestrahlt.

flößern stammte. Es ist ein polnischer Dialekt, der jedoch viele Einsprengsel aus dem Deutschen mit aufnimmt. Im Sozialismus wegen der vielen Entlehnungen aus dem Deutschen nicht gerne gehört, erlebt der wasserpolnische Dialekt, der auch Schlonsakisch oder Schlesisch genannt wird, heute eine kleine Renaissance. Sogar die Industrial-Metal-Band „Oberschlesien" singt ihre Songs auf Wasserpolnisch. Und im nahen Rybnik sind die Informationstafeln vor Sehenswürdigkeiten nicht nur auf Polnisch, Deutsch und Englisch verfasst, sondern auch in oberschlesischem Dialekt.

Kriegs- und Nachkriegszeit

Eine unrühmliche weltpolitische Bedeutung erlangte 1939 der Gleiwitzer Sender. Ein Museum in der Nähe des eindrucksvollen Holzgerüsts von 1935 dokumentiert neben alten Rundfunktechniken den fingierten Überfall auf den Sender. Am Abend des 31. August 1939 hatten SS-Männer einen angeblichen polnischen Angriff auf den Gleiwitzer Sender vorgetäuscht, um einen Vorwand für ein militärisches Vorgehen gegen Polen zu schaffen. Einen Tag später schon begann der Zweite Weltkrieg mit dem Überfall auf Polen und allen seinen verheerenden Folgen.

Nach 1945, nach der Vertreibung der deutschen Teile der Bevölkerung, kamen Polen, oft aus der Lemberger Gegend, nach Gleiwitz. Unter ihnen war auch die Familie des späteren Dichters Adam Zagajewski (geb. 1945), der die Atmosphäre der alten Lemberger, die sich im ehemals deutschen Gleiwitz fremd fühlten, eindrucksvoll beschreibt: „Gleiwitz. Was war das für eine Stadt? Schlechter. Kleiner. Unscheinbar. Industriestadt. Fremd. Meine Mutter weinte, als sie durch die Straßen ging."

Heute ist Gleiwitz eine vitale Stadt, eine Stadt im Umbruch, die sich von ihrer Bergbautradition verabschiedet, um zu neuen Ufern aufzubrechen.

Eine Welt im Kleinen

Eine ganz besondere Attraktion wurde kürzlich im Einkaufszentrum „Europa Centralna" südöstlich von Gleiwitz nahe der Autobahn Richtung Zabrze eröffnet: die Eisenbahn-Miniaturwelt Kolejkowo. Auf 900 Quadratmetern Fläche finden sich hier viele Modelle oberschlesischer Bauwerke. So wurden Teile der Gleiwitzer Altstadt und der geschichtsträchtige Sender liebevoll nachgebaut. Auch die Innenstadt von Kattowitz ist anhand von Jugendstilhäusern zu erkennen. Aber

Das Gleiwitzer „Schloss" wird wegen seines markanten Aussehens so genannt, ist aber nie ein Schloss gewesen. Vor 1945 befand sich hier ein Gefängnis. Heute ist in dem Gebäude ein Teil des Stadtmuseums untergebracht.

RUNDGANG DURCH GLEIWITZ

Wir beginnen unseren Rundgang am Ring, der von schmucken Bürgerhäusern mit Laubengängen umstanden ist. In der Mitte steht das Alte Rathaus mit dem Neptunbrunnen. Von hier gehen wir zunächst in südlicher Richtung zum Piastenschloss mit Städtischem Museum und schlendern dann durch die Sträßchen in nordwestlicher Richtung zur gotischen Allerheiligenkirche, von deren Turm man einen guten Blick über die Stadt genießen kann. In östlicher Richtung öffnet sich ein freier Platz, auf dem die Neue Synagoge stand, die vom Vater des Nivea-Herstellers Troplowitz erbaut wurde. Eine Gedenktafel erinnert an das 1938 zerstörte Bauwerk. Entlang der repräsentativen Oscar-Caro-Villa, einst Sitz eines führenden Industriellen, heute Stadtmuseum, begeben wir uns zur Wilhelmstraße (ul. Zwycięstwa), der wir geradeaus Richtung Bahnhof folgen. An der prächtigen Bebauung der Straße mit Türmchen und Erkern lässt sich der einstige Wohlstand der Stadt, die im Krieg kaum zerstört wurde, ablesen. Links sehen wir einen Brunnen mit drei tanzenden Satyrn.

Das Gleiwitzer Rathaus stammt ursprünglich aus dem 15. Jahrhundert. Im 18. Jahrhundert erhielt es sein heutiges Aussehen.

Das neue Rathaus dahinter steht an der Stelle des „Hauses Oberschlesien“, das 1945 von sowjetischen Soldaten abgebrannt wurde. Gegenüber dem ehemaligen Seidenhaus Weichmann auf der linken Seite, einem eleganten, funktionalen Bau des bekannten Architekten Erich Mendelsohn, sehen wir die Ruine des 1890 errichteten Stadttheaters liegen. Hier findet das Gleiwitzer Theaterfestival statt. Die Atmosphäre im ausgebrannten Inneren des Gebäudes, in dem noch Einschüsse zu sehen sind, ist einmalig. Nun wenden wir uns nach links in den Chopin-Park, in dem Freunde der Botanik beim Besuch des Palmenhauses und der tropischen Gewächshäuser auf ihre Kosten kommen. Von dort können wir uns in südwestlicher Richtung zum Ring zurückbegeben, wo mehrere Restaurants heimische und internationale Küche anbieten – bei gutem Wetter gerne in den Sommergärten auf dem lebhaften Marktplatz.

nicht nur Industrieanlagen, Zechen und Arbeitersiedlungen sind sorgfältig nachgeahmt. Auch die Westernstadt „Wildes Gleiwitz“ wird von den Modellzügen durchfahren. Nachteffekte und künstlicher Regen erhöhen das Vergnügen beim Zuschauen. Wer sich Zeit lässt, der kann eine bunte Fronleichnamsprozession vor einer Kirche, einen Maler im Atelier, Partys an den Gleisen, Häuser mit Bergschäden und vieles mehr in dieser Miniaturwelt entdecken, die laufend ausgebaut wird.

Die Eisenbahnwelt von Kolejkowo sorgt nicht nur bei Kindern für Staunen. Die größte Modellanlage Polens ist im Maßstab 1:25 gebaut.

Das Postamt von Zabrze mit seinen markanten Giebeln wurde zwischen 1909 und 1911 gebaut.

Das Schwarze Schlesien: Hindenburg (Zabrze)

Östlich von Gleiwitz gelangen wir in das sogenannte Schwarze Schlesien (Śląsk Czarny). Bei der Entwicklung Oberschlesiens zur Industrieregion, die zeitweise wichtiger werden sollte als das Ruhrgebiet, war ein Ereignis von enormer Bedeutung: die Entdeckung reicher Kohleflöze um 1790 bei Zabrze, das zwischen 1915 und 1945 Hindenburg hieß. Der Erzbergbau in Zabrze ist zwar schon seit dem Mittelalter bezeugt. Doch erst mit dem ausgehenden 18. Jahrhundert entwickelte sich die Kohleförderung und -industrie rasant und die einzelnen Dörfer wuchsen zu einer dichten Stadtlandschaft zusammen. Nun gelang es auch, die reichen oberschlesischen Grundbesitzer für Investitionen in die sich schnell entwickelnde Industrie zu interessieren. Entscheidend geprägt wurde die Industrie Oberschlesiens ab 1850 von Fürst Guido Henckel von Donnersmarck (1830–1916), der am Ende seines Lebens als einer der reichsten Männer in Deutschland galt. Er hatte 1850 in Zabrze eine Koksanstalt und eine Hochofenanlage, die Donnersmarckhütte, in Betrieb genommen. 1872 wurde das Steinkohlenbergwerk Guido-Grube in Dorotheenhof bei Zabrze eröffnet, das in den 1960er-Jahren stillgelegt wurde und heute ein Museum ist.

Sehenswürdigkeiten in Zabrze

Sehenswert sind in Zabrze vor allem Bauwerke aus dem 19. und 20. Jahrhundert. Im Ortsteil Biskupitz (Biskupice) ist eine Arbeitersiedlung, die der Großindustrielle Albert Borsig erbauen ließ, erhalten. Auch in der Beamten- und Arbeitersiedlung „Sandkolonie“ nahe der ehemaligen Donnersmarckhütte in Zabrze reihen sich die charakteristischen „Familoki“, etwa

JANOSCH

Der berühmte Kinderbuchautor Janosch, der 1931 als Horst Eckert in Zabrze geboren wurde, musste mit seiner Familie 1946 die Stadt verlassen. Noch heute hängt er an seiner alten Heimat: „Das ist mein Mittelpunkt der Welt, immer noch, und der direkte Zugang zur Ewigkeit, ich war auch nie wirklich weg von dort. Was danach kam, war nur Schein. Tineff.“

40 Mehrfamilienhäuser, aneinander. In einer ähnlichen, bereits abgetragenen Arbeiterkolonie weiter östlich wurde 1931 Horst Eckert geboren, der später als Kinderbuchautor Janosch weltberühmt wurde.

In der Innenstadt sind etliche interessante Gebäude aus den Gründerjahren zu sehen. Der Admiralspalast am Bahnhof, der auf einem spitzwinkligen Grundstück steht, galt 1925 in seiner Mischung aus künstlerischer Form und modernem Industriestil als architektonisches Aushängeschild von Hindenburg. Sehenswert ist auch die moderne Kirche St. Josef von 1931, ein expressionistisches Bauwerk in rotem Klinkerstil, das im westlichen Teil der Innenstadt Süd steht. Die originelle vorgeblendete Fassade vor der eigentlichen Fassade besteht aus zwei Torbögen und zwölf weiteren Rundbögen, die die Himmelspforte darstellen sollen.

Im Admiralspalast waren verschiedene Hotels untergebracht, bis das Gebäude ab den 1990er-Jahren leer stand. 2012 wurde der markante Jugendstilbau mit seiner Kuppel, die einen Durchmesser von elf Metern hat, renoviert. Das Gebäude steht noch immer leer und wird nur temporär genutzt, z. B. für Kunstaktionen.

ZU BESUCH IM SCHAUBERGWERK GUIDO

Das Bergwerksmuseum Guido (Zabytkowa Kopalnia Węgla Kamiennego Guido) liegt im Süden von Zabrze. 2007 wurden zwei Stollen für Touristen freigegeben. Seither haben bereits mehr als 500 000 Besucher das historische Bergwerk gesehen. Zweieinhalb bis drei Stunden dauert es, die dreieinhalb Kilometer lange Strecke zu bewältigen. Die Fahrt hinab beginnt im Förderturm des Schachts „Eisenbahn". In der 170 Meter tiefen Sohle beeindrucken Gesteinsschichten mit tektonischen Spuren, Tropfsteinen und Kristallen die Gäste. In der 320 Meter tiefen Sohle muss man streckenweise mit einer Bergwerksbahn fahren. Hier wird der Besucher in den harten Arbeitsalltag unter Tage eingeführt. Eine Attraktion ist der 800 Tonnen schwere Kohlensammelbehälter.

Im zum Bergwerk Guido gehörenden Stollen Königin Luise (poln. Luiza) wird gezeigt, wie hart die Arbeitsbedingungen unter Tage im 19. Jahrhundert gewesen sind.

Neu eröffnet wurde jüngst eine Sohle in 355 Metern Tiefe. Hier wird eine „Extremtour" angeboten, die dreieinhalb Stunden dauert und nur von Erwachsenen absolviert werden darf. Overall, Gummistiefel und ein Sicherheitshelm mit Kopflampe sind Pflicht. Hier lernen die Besucher nicht nur die alltäglichen Arbeiten eines Bergmanns kennen, sie dürfen auch selbst kleine Geräte bedienen oder können direkt am Kohleflöz mit einem Abbauhammer arbeiten. Auf dieser Tour sind schwierige Abschnitte zu bewältigen. So muss die geführte Gruppe ein Gefälle von bis zu 25 Grad meistern oder manchen Engpass auf allen Vieren durchqueren. Höhepunkt ist der Gang über eine 110 Meter lange Kohlewand mit einer Neigung von zehn Grad, auf der zahlreiche Stempel aufgestellt sind, um die niedrige Decke tragen zu können. Zum Schluss wartet eine wohlverdiente Erholung auf die mutigen Besucher: In einem 320 Meter unter der Erde gelegenen Pub können sie das hauseigene „Guido"-Bier und andere Erfrischungen zu sich nehmen. Über Tage dürfen die Teilnehmer der Extremführung in den neuen Sanitäranlagen des modernen Empfangsgebäudes dann ausgiebig duschen.

Im Norden des Reviers: Von Beuthen nach Tost

Unsere Reise durch den nördlichen Teil des oberschlesischen Steinkohlereviers beginnt in Beuthen (Bytom). Hier gibt es zwei herausragende Einrichtungen: Die Schlesische Oper (Opera Śląska) in Beuthen ist in ganz Polen bekannt. Sie ging 1945 aus dem ehemaligen deutschen Stadttheater hervor. Nach Kriegsende setzte sich ein Großteil des Ensembles aus vertriebenen Mitgliedern der einstigen polnischen Oper in Lemberg zusammen. Heute gilt die Schlesische Oper mit ihrem hochrangigen Ensemble als nationale und internationale Talentschmiede für Sänger und Tänzer.

Auch das Oberschlesische Museum Beuthen (Muzeum Górnośląskie w Bytomiu) hat sich zu einem Publikumsmagneten entwickelt. Historisch gesehen entstand es als Reaktion auf die Abtrennung Ost-Oberschlesiens vom Deutschen Reich im Jahr 1922. Beuthen, Hindenburg und Gleiwitz blieben auf der deutschen Seite. Östlich der neuen Grenzstadt Beuthen begann nun der polnische Teil Oberschlesiens mit der Hauptstadt Kattowitz. Als Konkurrenz zum polnischen Schlesischen Museum Kattowitz gründete man in Beuthen ein eigenes Oberschlesisches Landesmuseum. Dieses architektonisch beeindruckende Gebäude wurde 1932 eröffnet.

Die Schlesische Oper in Beuthen war der Ort vieler bedeutender Aufführungen. 2005 wurde hier noch zusätzlich ein kleiner Konzertsaal eingerichtet, der nach dem ersten polnischen Intendanten nach 1945, Adam Didur, benannt ist.

Heute präsentiert sich das Beuthener Museum mit seiner Kollektion polnischer Kunst und Grafik sowie seinen reichen naturwissenschaftlichen und völkerkundlichen Sammlungen als weltoffen und ist auch bestrebt, die komplizierte und oft schmerzhafte Geschichte der Region aus verschiedenen Perspektiven darzustellen und die Multikulturalität zu betonen.

Obwohl Beuthen eine von Kohlebergbau geprägte Industriestadt ist, empfiehlt sich nicht nur der Besuch von Oper und Museum. Auch ein Bummel durch die Innenstadt, über den verkehrsberuhigten Marktplatz, den Ring, durch lebendige Einkaufsstraßen und entlang schöner Bürgerhäuser, repräsentativer Villen und Kirchen aus verschiedenen Jahrhunderten ist lohnenswert.

Deutsch Piekar und die Marienwallfahrt

Auch der vom Bergbau geprägte Ort Deutsch Piekar (Piekary Śląskie) hat durchaus kulturelle Höhepunkte zu bieten. Bedeutsam ist vor allem die beherrschende Wallfahrtsbasilika mit den 60 Meter hohen Türmen, die um 1850 anstelle einer älteren Kirche erbaut wurde. Ein Kalvarienberg mit vielen Kreuzwegstationen und Rosenkranzkapellen schließt sich an. Verehrt wird hier das wundertätige Marienbild der „Madonna von Piekar", die als Patronin der Arbeiter Oberschlesiens gilt. Obwohl das Original seit 1702 in Oppeln aufbewahrt wird, tut das der Verehrung des hier ausgestellten kopierten Marienbildes keinen Abbruch. Nach Tschenstochau ist Deutsch Piekar mittlerweile der wichtigste Marienwallfahrtsort Polens und war und ist ein herausragendes geistliches Zentrum Oberschlesiens.

Die Stadt des Silbers

Die Geschichte von Tarnowitz (Tarnowskie Góry), das einen der größten Stadtkerne Oberschlesiens besitzt, ist von alters her eng mit dem Bergbau verbunden. Seit dem 15. Jahrhundert schon wurden hier Blei- und Silbererze abgebaut. Das Silber aus Tarnowitz wurde sogar bis nach China für die Münzherstellung exportiert. Die Vergangenheit der Bergbaustadt wurde von verschiedenen Kulturen geprägt. So schrieb die Bergordnung von 1528 vor, dass der Bürgermeister der Stadt der deutschen, der polnischen und der tschechischen Sprache mächtig sein musste. Bis 1850 gehörte die Stadt zu den Zentren der oberschlesischen Industrie. Aus diesen und älteren Zeiten stammen auch etliche Bauwerke der Stadt, historische Laubenhäuser in den Altstadtstraßen und der – abends wunderbar beleuchtete – Ring mit Kirche, Rathaus und Bürgerhäusern. Als die Bodenschätze

Noch heute erkennt man an der Fassade des Oberschlesischen Museums den architektonischen Stil der Zeit um 1930. Die großen Sammlungen des Museums werden heute völlig neu präsentiert. Neben dem modernen Hauptgebäude gehört noch ein historistisches Gebäude aus dem späten 19. Jahrhundert zum Museum.

Auf dem Kalvarienberg von Deutsch Piekar finden sich 14 Kreuzweg- und 15 Rosenkranzkapellen.

ZU BESUCH IM SILBERBERGWERK TARNOWITZ

Wer das Silberbergwerk Tarnowitz besuchen möchte, gerät in eine andere Welt. Vom Schacht „Engel" (Anioł) aus gelangt man in das Labyrinth der unterirdischen Gänge in 40 Metern Tiefe, die zwischen dem 17. und dem 19. Jahrhundert angelegt wurden. Auf einem 1 740 Meter langen Rundweg wird man durch verschiedene Kammern, so auch die Silberkammer geführt, in der Reste von Bleiglanz erhalten sind. Über einen mit Wasser gefüllten Stollen fährt man mit Booten auf einer Strecke von 270 Metern. Ebenfalls spektakulär ist das zum Bergwerk gehörende, unterirdische Entwässerungssystem. Hier kann ein 600 Meter langer Abschnitt des Schwarze-Forelle-Stollens (Sztolnia Czarnego Pstrąga), in dem sich eine seltene Forellenart erhalten hat, mit dem Boot erkundet werden.

Über Tage ist das Freilichtmuseum sehenswert, in dem historische Dampfmaschinen, Fördertürme und Pumpen gezeigt werden. Hier erfährt man, dass die erste Dampfmaschine Preußens, die 1788 in den Tarnowitzer Gruben für die Entwässerung aufgestellt wurde, aus England stammte und über Stettin und die Oder nach Oberschlesien gelangte. Bald darauf wurde die nächste Dampfmaschine schon vor Ort konstruiert, was der Gegend um Tarnowitz Ende des 18. Jahrhunderts den Beinamen „Preußisch England" eintrug. Die Ingenieurskunst war hier so ausgefeilt, dass man einen Teil der unterirdischen Entwässerungsanlagen auch für die Wasserversorgung der Stadt nutzen konnte. Kein Wunder also, dass dieses einmalige Denkmal der frühen Industriegeschichte in die UNESCO-Weltkulturerbeliste aufgenommen wurde und von überallher Besucher anzieht. Auch die Menschen aus der Gegend besuchen nun verstärkt die Silbermine, denn, wie ein Verantwortlicher sagt, „sie sind stolz, in ihrer Nähe einen Standort zu haben, der nun offiziell einen genauso hohen Wert hat wie die ägyptischen Pyramiden."

Der 600 Meter lange Schwarze-Forelle-Stollen kann mit Booten erkundet werden. Im Schein der Lampen sehen die Fische in dem Stollen, der in den 1820er-Jahre gebaut wurde, aus, als seien sie schwarz.

größtenteils abgebaut waren, verlor die Stadt ihre herausragende Bedeutung. Nun entstanden hier Fabriken, die dem Bergbau zulieferten. Heute ist Tarnowitz stolz auf seine alte Bergbautradition. Zusammen mit den etwa 20 000 historischen Schächten und der Halde der ehemaligen Friedrichsgrube, die die Landschaft um Tarnowitz prägen, zählt das Silberbergwerk zu den wichtigsten Kultur- und Industriedenkmälern Oberschlesiens.

Fürstliche Prachtentfaltung

Wenige Kilometer östlich von Tarnowitz befand sich Schloss Neudeck (Świerklaniec), ein Sitz der Magnaten Henckel von Donnersmarck. Fürst Guido Henckel von Donnersmarck ließ neben dem bereits existierenden Schloss im Tudorstil eine prachtvolle Anlage im neobarocken Stil nach französischem Vorbild erbauen. Zusammen mit dem 250 Hektar großen Park wurde die Schlossanlage, die eine der größten im Deutschen Reich war, „oberschlesisches Versailles" genannt. Obwohl die Gebäude 1945 von der Roten Armee in Brand gesteckt und die Ruinen in den 1960er-Jahren abgetragen wurden, lohnt sich ein Besuch des immer noch wunderschönen Parks, in dem kleinere Gebäude und Denkmäler zu entdecken sind.

Lublinitz, Peiskretscham und Tost

Wer sich von der Besichtigung der oberschlesischen Industrielandschaft ein wenig erholen möchte, dem sei ein Besuch im nördlich gelegenen Städtchen Lublinitz (Lubliniec) empfohlen. Hier ist nicht nur die kleine Schrotholzkirche St. Anna aus dem 17. Jahrhundert zu bewundern, sondern auch ein hübsches Barockschloss aus dieser Zeit. Der von historischen Bürgerhäusern umstandene Ring, einige Kirchen und auch das Edith-Stein-Museum nahe dem Ring lohnen einen Besuch. Mit einer multimedialen Ausstellung wird das Leben der heiliggesprochenen Ordensfrau und Philosophin (1891–1942) bis zur ihrem gewaltsamen Tod in Auschwitz dokumentiert. In diesem Haus war Edith Stein oft bei ihren Großeltern zu Besuch. Gedenktafeln

Der Kavalierspalast wurde Anfang des 20. Jahrhunderts als Gästehaus in der Nähe von Schloss Neudeck errichtet. Heute ist er eines der wenigen noch erhaltenen Gebäude des Ensembles von Neudeck.

am Haus, ein abstraktes Edith-Stein-Denkmal und eine ihr geweihte moderne Kirche erinnern in Lublinitz an das Wirken dieser mutigen Frau.

Liebhaber historischer Eisenbahnen sollten nicht versäumen, das Eisenbahnmuseum in Peiskretscham (Pyskowice) zu besuchen. Dieses Museum geht auf eine private Initiative zurück und ist voller Elan mit der Rettung und Restaurierung alter Dampf- und Diesellokomotiven, Personen- und Güterwaggons sowie Eisenbahnkräne befasst. Insgesamt kann der Eisenbahnliebhaber hier mehr als 60 Ausstellungsstücke auf dem Gelände der ehemaligen Oberschlesischen Sandbahn bestaunen. Wer sich danach auf dem Ring erholen möchte, wird nicht enttäuscht. Umgeben von der Kulisse schmucker historischer Bürgerhäuser lässt sich hier bei gutem Essen und Trinken die behagliche Atmosphäre einer gepflegten Kleinstadt genießen.

Im etwas weiter westlich gelegenen Kleinstädtchen Tost (Toszek) lohnt sich die Besichtigung der mittelalterlichen Burg, die von Eichendorff oft besungen wurde und heute schön restauriert ist. Mit einem Museum, einem Kino und einem Café zieht das romantische Gemäuer etliche Besucher an. Doch ist mit Tost auch die Geschichte eines berüchtigten Lagers verbunden: Im Zweiten Weltkrieg waren hier englische Zivilisten interniert, 1945 dann einige Tausend Deutsche, von denen mehr als die Hälfte die Haft nicht überlebten.

Die Burg Tost brannte 1811 ab und verfiel dann. Die Ruine passte gut in die Zeit der Romantik, wo mitunter sogar künstliche Ruinen errichtet wurden. Erst um 1960 wurden Teile der Anlage wieder aufgebaut.

Adolph von Menzels „Eisenwalzwerk“ ist das wohl erste Gemälde, das den Industriealltag in schonungslosem Realismus zeigt. Und doch erkennt man an dem Bild, das in Königshütte konzipiert wurde, auch etwas Heldenhaftes. Die schwarz glühende, dampfende Einheit von Arbeitern, Material und Maschinen scheint den letzten Winkel des Bildes auszufüllen.

Kohle an der Grenze: Königshütte, Siemianowitz und Myslowitz

Königshütte, Siemianowitz und Myslowitz sind seit dem 19. Jahrhundert stark vom Kohlebergbau und von Industrieanlagen geprägt. Daher gelten diese Städte nicht unbedingt als klassische Touristenziele. Und doch gibt es in allen drei Orten sehenswerte Kirchen, Industriedenkmäler wie historische Fördertürme, eine beeindruckende städtische Bebauung aus der Gründerzeit um 1900 und diverse Museen. So verlebendigt in Königshütte (Chorzów) das Städtische Museum mit einer reichhaltigen Sammlung von Fotos, Postkarten und Gemälden die industrielle Stadtgeschichte. Aber auch eine umfangreiche Schau regionaler Volkstrachten ist hier sehenswert. Übrigens ist Königshütte mit einem Gemälde verbunden, das viele Menschen in Deutschland aus dem Geschichtsbuch der Schulzeit kennen: das Bild „Eisenwalzwerk“ von Adolph von Menzel (1815–1905), das als Ikone der Industrialisierung gilt. 1872 zeichnete und skizzierte der berühmte Maler, der in Breslau geboren wurde und als junger Mann nach Berlin kam, wochenlang vor Ort, um die Industrieatmosphäre und die Situation der Arbeiter treffend einzufangen. Er schrieb selber über seinen Aufenthalt: „Das war in Schlesien, auf Königshütte, wo ich diese Studien machte. Ich schwebte dabei in steter Gefahr, gewissermaßen mitverwalzt zu werden.“

Das Städtische Museum von Siemianowitz (Siemianowice Śląskie) ist in einem originellen historischen Speichergebäude aus dem 17. Jahrhundert untergebracht und zeigt neben zeitgenössischen Skulpturen eine ethnografische Sammlung, die sowohl die industriell geprägten, als auch die bäuerlichen Traditionen der Region veranschaulicht.

Das oberschlesische Steinkohlerevier

Die 44 Städte und 48 Gemeinden des unübersichtlichen oberschlesischen Steinkohlereviers sind zu einer großen Stadtlandschaft mit verschwimmenden Grenzen zusammengewachsen, wo kein Ort von dem anderen deutlich geschieden ist. Zu diesem industriell bedingten Wirrwarr kam 1922 auch noch eine neue Grenzziehung hinzu. So wurden 1922 Königshütte, Siemianowitz und Myslowitz, ebenso wie Tarnowitz, Kattowitz, Pleß und Rybnik polnisch, während Gleiwitz, Beuthen und Hindenburg/Zabrze deutsch blieben. Der Ort Myslowitz (Mysłowice) aber hatte einmal durch eine andere, frühere Grenze Berühmtheit erlangt. Während der polnischen Teilungen, zwischen 1846 und 1915, lag hier das sogenannte Dreikaisereck, der Ort also, wo das Deutsche, das Russische und das Habsburger Reich zusammenstießen. Sehr beliebt war an diesem damaligen Touristenmagneten um 1900 eine Postkarte, die nicht nur die Dreikaiser-Ecke am Zusammenfluss der Weißen mit der Schwarzen Przemsa inmitten der Myslowitzer Industrie- und Wiesenlandschaft abbildete, sondern auch die Köpfe des österreichischen und deutschen Kaisers sowie des russischen Zaren. Heute stehen auf der ehemals deutschen und der ehemals russischen Flussseite Gedenksteine, die an die Zeit vor 1914 erinnern. Im Jahr 1992 wurde die Rock-Band „Myslovitz“ gegründet, deren Musiker aus Myslowitz stammen. Der Gitarrist bezeichnet diesen Ort als „deprimierend“, „wie alle Kleinstädte. (...) Wir leben immer noch in Mysłowice, aber das ist eine Stadt, um darin zu sterben, nicht um darin zu leben. Unsere Region, im Süden Polens, ist sehr industriell – Zechen, Schwerindustrie.“ Trotz dieser Einschätzung verhalf die Band wegen ihres Erfolgs dem Ort zu einem gewissen Aufschwung.

Die historische Postkarte aus der Zeit um 1900 macht jedem klar, wo genau die drei Kaiserreiche aufeinanderstießen: in einer beschaulichen Feld- und Flusslandschaft in Oberschlesien.

SCHLESISCHER BIGOS

Zu dieser oberschlesischen Spezialität nehme man 150 Gramm geräucherten Bauchspeck in feinen Würfeln, 750 Gramm gewürfeltes Schweinefleisch und 750 Gramm gewürfeltes Rindfleisch, zwei große gehackte Zwiebeln, einen Teelöffel Kümmel, zwei Teelöffel getrockneten Majoran, zwei große Lorbeerblätter, einen Esslöffel edelsüßes Paprikapulver, drei Esslöffel Tomatenmark, einen kleinen Kopf gehobelten Weißkohl, eine halbe Dose Sauerkraut, einen säuerlichen, geschälten und in kleine Stücke geschnittenen Apfel, 400 Gramm geräucherte Mettwürstchen in Scheiben sowie Salz, Pfeffer und Öl.

Das Öl in einem großen Topf erhitzen, Bauchspeck darin auslassen, Zwiebeln zugeben und glasig werden lassen, dann das Fleisch zugeben und anbraten. Gewürze beifügen und kurz mitschmoren lassen. Mit Wasser aufgießen, ca. anderthalb Stunden kochen, dann Weißkohl, Sauerkraut und Apfel hinzufügen, noch eine Dreiviertelstunde kochen lassen, die Würstchen zugeben und mit Salz abschmecken. Dieser Eintopf schmeckt übrigens nach jedem Aufwärmen noch besser. Guten Appetit!

Lebendige Hauptstadt Oberschlesiens: Kattowitz

Zwischen Königshütte und Kattowitz liegt der Schlesische Kultur- und Erholungspark (Śląski Park Kultury i Wypoczynku), der mit seiner Gesamtfläche von 620 Hektar als größter Stadtpark Europas gilt. In diesem Park, der in den 1960er-Jahren als weitläufige Erholungslandschaft für die Industriearbeiterschaft angelegt wurde, gibt es nicht nur Tennisplätze, Schwimmbad, Fahrradwege, Kletterseilpark, einen Schießstand und Restaurants. Als Hauptattraktionen verfügt die Parklandschaft über einen umfangreichen Tierpark, ein gigantisches Stadion für 55 000 Zuschauer und über das größte und älteste Planetarium Polens, das 1955 errichtet wurde. Ein ausgedehnter Vergnügungspark und ein Entdeckerpark für Kinder ziehen ebenso Scharen von Besuchern an wie der Rosengarten und das Freilichtmuseum, in dem alte bäuerliche Holzhäuser aus Ostoberschlesien, vor allem aus dem Plesser und Teschener Raum, zu einem typischen Dorf arrangiert sind.

Eine Industriestadt im Wandel

Kattowitz (Katowice) ist mit seinen Fördertürmen, Kohlengruben, Hochöfen, Verwaltungsgebäuden und riesigen Satellitenstädten nicht nur die Hauptstadt Oberschlesiens, sondern auch eine Industriemetropole par excellence. Sehr früh von Kohlebergbau und verarbeitenden Industrien geprägt, zeigt sich Kattowitz heute als eine vitale Stadt der Gegensätze. Alte, mit reicher Ornamentik verzierte Gründerzeit-

Die Philharmonie von Kattowitz mit ihrer Front aus braunen und roten Ziegeln und Glas ist eines der bekanntesten zeitgenössischen Gebäude Oberschlesiens. Sie ist in einen Park mit 450 Bäumen, einem Brunnen, einem Amphitheater und zwei Plätzen eingebettet.

häuser und schlichte historische Arbeiterhäuser („Familoki") stehen unvermittelt neben hypermodernen Neubauten, Glaspalästen und Wolkenkratzern. Trotz der zerrissen wirkenden Stadtansicht und eines kaum erhaltenen Marktplatzes ist Oberschlesiens Hauptstadt ein sehr lebendiges Pflaster – nicht nur in wirtschaftlicher Hinsicht, sondern vor allem im Bereich von Theater, Kunst, Literatur, Bildung und Musik.

Zwischen Polen und Deutschland

Hier lässt sich viel über die Kultur Polens der Zwischenkriegszeit erfahren. Denn Kattowitz war seit 1922 die Hauptstadt des neuen, abgetrennten und nun zu Polen gehörenden östlichen Teils Oberschlesiens. Nach dem Ersten Weltkrieg rangen das Deutsche Reich und das neu gegründete Polen um die oberschlesische Industrieregion. Quer durch die seit Jahrhunderten gewachsene Region wurde ab 1922 eine Grenzlinie mit Pfählen und Zäunen gezogen. Neue Grenzübergänge mussten eingerichtet werden. Plötzlich wurden Verwandte und Freunde, wenn sie auf der anderen Seite der neuen Grenze wohnten, zu Ausländern. Nationale Minderheiten entstanden auf beiden Seiten, die Feindschaft zwischen Deutschen und Polen verfestigte sich. Die Grenze zerriss gewachsene Verkehrswege, Industriebetriebe und die Energieversorgung. Manchem Oberschlesier, der auf der einen Seite wohnte und auf der anderen Seite arbeitete, erschien die neue Situation absurd. Zwar war die Grenze noch immer leicht passierbar, aber dennoch entfremdeten sich die beiden Regionen Oberschlesiens, die nun zu verschiedenen Staaten gehörten.

Der Autor Victor Kaluza (1896–1974) beschreibt die Absurdität dieser neuen Grenze mit Galgenhumor: „Es war eine seltsame Linie, diese Grenze. Sie lief durch Feld und Wald, schnitt durch Dörfer, ja, mitten durch Gehöfte. Es kam vor, daß auf einem Bauernhofe das Pferd aus der polnischen Krippe fraß, während es mit dem Schwanze die deutschen Fliegen abwehrte, das Huhn in Deutschland gackerte, daß es in Polen ein Ei gelegt hatte. Ja, so lief die Grenze."

Kattowitz stieg nun nicht nur zum neuen polnischen Zentrum für Verwaltung und Wirtschaft auf, sondern auch zu einem kulturellen Mittelpunkt. Die Gebäude, die aus den 1920er- und 1930er-Jahren erhalten sind, sollten Großprojekte von „nationalpolnischer Prägung" sein. So wurde die Christkönigskathedrale für das neu gegründete polnische Bistum Kattowitz im klassizistischen Monumentalstil mit Art-déco-Elementen errichtet. Und auch das riesige, repräsentative Gebäude des Schlesischen Woiwodschaftsamts stammt aus dieser Zeit und wurde zum Sitz des Schlesischen Sejm, des Parlamentes.

Vor dem Sejm steht ein Denkmal für Wojciech Korfanty (1873–1939). Dieser polnischsprachige Oberschlesier, der von vielen Deutschen gefürchtet war, gilt als einer der Gründungsväter der oberschlesischen Autonomie.

Die Marienkirche in Kattowitz wurde 1870 an der Friedrichstraße (heute ul. Warszawska) errichtet, als die Bevölkerung im Zuge der Industrialisierung Schlesiens sprunghaft anstieg.

Der Bau der Christkönigskathedrale wurde zwar 1927 begonnen, konnte aber wegen des Krieges und wegen Behinderungen durch die kommunistische Führung nach Kriegsende erst 1955 fertiggestellt werden. Heute ist die Kirche der Sitz des Erzbischofs von Kattowitz.

RUNDGANG DURCH KATTOWITZ

Dass Kattowitz eine weitläufige Großstadt ist, merkt man, wenn man die wichtigsten Sehenswürdigkeiten zu Fuß erkunden will. Wir beginnen unsere Wanderung am Bahnhof, dessen Gleisanlagen wir in südlicher Richtung unterqueren, bis wir zur Christkönigkathedrale kommen. Von diesem monumentalen Kirchenbau wenden wir uns nach Nordosten und gelangen zum ebenfalls monumentalen Gebäude des Schlesischen Sejm. Östlich des Sejm-Gebäudes befindet sich die Schlesische Bibliothek. Wir wenden uns wieder nach Nordwesten zur Eisenbahnunterführung zurück. Vorbei am historischen Theaterkino Rialto passieren wir in nördlicher Richtung das Theater auf der rechten Seite und kommen zum Schlesischen Museum, das die Gemäldegalerie beherbergt. Weiter geradeaus gelangen wir zu einem Park, den wir entlang des Denkmals der Polnischen Aufständischen in östlicher Richtung durchqueren. Auf der anderen Straßenseite erhebt sich schräg gegenüber die neue Philharmonie. Hier beginnt die neue „Kulturzone" (Strefa Kultury). Weiter östlich schließt sich das ehemalige Zechenareal an, das mit gläsernen Bauten und restaurierten Fördertürmen zum Neuen Schlesischen Museum gehört. Von hier fahren wir mit einer Straßenbahn oder einem Bus zum Bahnhof zurück, wo wir durch die Straßen mit den schönen Jugendstilhäusern schlendern und in einem der vielfältigen Restaurants oder Cafés einkehren können.

Das Gebäude der Schlesischen Bibliothek, der größten Bibliothek Oberschlesiens, wurde 1998 eingeweiht.

Er setzte sich für die polnischen Ansprüche Oberschlesiens ein und konnte viele polnische Oberschlesier für diesen Kampf mobilisieren.

Auch das Stadttheater, heute Schlesisches Theater, das 1907 erbaut wurde, stand im Zeichen der Nationalitätenkämpfe. Zunächst galt das Deutsche Theater als Leuchtturm für die deutsche Kultur, nach 1922 dann wurde es unter umgekehrten Vorzeichen zum Polnischen Theater.

Der Konzertsaal in der 2014 fertiggestellten Philharmonie wirkt mit seinen weichen Formen selbst wie ein Instrument.

Das Schlesische Museum und die Philharmonie

In der Nähe befindet sich das Schlesische Museum, das heute in einem ehemaligen Grand Hotel untergebracht ist. Die Geschichte dieses Museum ist erzählenswert: Als 1939 das ursprüngliche Gebäude für das Schlesische Museum fertiggestellt worden war, galt es als eines der modernsten Museumsbauten Europas. Nach dem Einmarsch der Wehrmacht 1939 wurde es jedoch von den deutschen Besatzern zerstört und restlos abgetragen. Erst 1984 wurde es neu gegründet und provisorisch im ehemaligen Hotelgebäude untergebracht. Hier sind Meisterwerke polnischer Malerei zu sehen. Um das vielfältige Kulturerbe Oberschlesiens in einer großen musealen Schau zeigen zu können, wurde kürzlich ein neuer Museumsbau eröffnet, das Neue Schlesische Museum. Es befindet sich mit einer Ausstellungsfläche von 6 000 Quadratmetern auf einer nordöstlich vom Stadtzentrum gelegenen Industriebrache der alten Ferdinandgrube, auf der ein stillgelegter Förderturm zu sehen ist. Zahlreiche Bergwerksanlagen über Tage wurden in das Gesamtkonzept des 2015 eröffneten Museums eingebunden und konnten so restauriert und erhalten werden. Wer sich über die vielfältige Industriegeschichte Oberschlesiens in ansprechend modernem, elegantem Ambiente mit vielen Glasbauelementen informieren möchte, sollte sich dieses Museum nicht entgehen lassen.

Auch die neue Philharmonie lohnt einen Besuch. Dass Kattowitz eine großartige Musikstadt ist, stellte über die Jahrzehnte nicht nur das Schlesische Philharmonie-Orchester unter Beweis, das hier regelmäßig konzertierte, sondern auch das Nationale Sinfonieorchester des Polnischen Rundfunks. Für Letzteres wurde 2014 ein neues Musikzentrum errichtet. Diese moderne Konzerthalle mit ihren 1 800 Plätzen gilt als einer der besten Konzertsäle Europas.

Wer durch die Straßen von Kattowitz geht, wird spüren, dass es sich um eine junge, lebendige Stadt handelt. Das ist auch der Tatsache geschuldet, dass es hier über 20 Hochschulen und Universitäten mit vielen Studenten gibt. Verlage, Buchhandlungen und Bibliotheken zeugen vom literarischen Leben der Stadt. Ein besonders sehenswerter Bau ist die Schlesische Bibliothek. Der moderne Neubau dieser größten Bibliothek Oberschlesiens wurde 1998 eröffnet und sieht aus wie ein Raumschiff.

Übrigens gelangte Kattowitz mit den Protesten in der Zeche „Wujek" gegen das Kriegsrecht am 16. Dezember 1981 in Polen zu trauriger Berühmtheit. Bei der Niederschlagung des Streiks kamen neun Bergleute ums Leben und mehr als 20 wurden teilweise schwer verletzt. Heute gibt es bei der Zeche „Wujek" ein kleines, eindrucksvolles Museum, das mithilfe von Zeitzeugen an diesen bewaffneten Kampf der sozialistischen Regierung unter General Jaruzelski gegen die Solidarność-Bewegung erinnert.

Das Schlesische Museum von Kattowitz befindet sich weitgehend unter der Erde, nur einige kleinere Gebäude sind auf dem ehemaligen Zechenareal der Zeche „Katowice" zu sehen.

Tichau

Tichau (Tychy) ist eine stark industriell geprägte Stadt, die zur „Sonderwirtschaftszone Tychy-Katowice" gehört, in der neu angesiedelten Unternehmen steuerliche Vergünstigungen gewährt werden. Daher zählt Tichau zu den wohlhabenderen Gemeinden der Schlesischen Metropolregion. In Tichau ist nicht nur eine barocke Pfarrkirche am schön gestalteten, gepflegten Altstadtmarkt zu sehen, sondern auch das Museum einer berühmten Brauerei, die seit dem 17. Jahrhundert besteht. Mit acht Millionen Hektolitern Bier jährlich ist das hier produzierte „Tyskie"-Bier eine der beliebtesten Biersorten Polens. Das Brauereimuseum „Tyskie Browarium", das mit verschiedenen Attraktionen wie Bierverkostung und Nachtführungen wirbt, ist ein wichtiger Punkt auf der „Europäischen Route der Industriekultur" in Polen.

Im Tichauer Brauereimuseum kann man alte Braukessel bewundern. Heute gehört die Brauerei, die für viele als Inbegriff des polnischen Biers gilt, zu einem japanischen Konzern.

Industrie, Bäder und Magnatenherrlichkeit: Rybnik, Bad Königsdorff und Pleß

Schloss Pleß ist eine der prunkvollsten herrschaftlichen Anlagen in Oberschlesien. Seine ältesten Teile stammen aus dem Mittelalter, im Laufe der Jahrhunderte wurde es aber mehrmals umgebaut.

Der industrielle Aufschwung von Rybnik aus einer Fischersiedlung (auf Polnisch heißt „ryba" Fisch) begann im späten 18. Jahrhundert durch die Förderung von Steinkohle. Zu empfehlen ist die Besichtigung des Besucherbergwerks „Ignacy", in dem die Arbeit der Zeche durch authentische Ausstellungsstücke rund um den Bergbau veranschaulicht wird. Darüber hinaus hat Rybnik einen hübschen Ring mit historischem Rathaus, einige alte Kirchen und ein Schloss zu bieten. Der nahe Rybniker See (Jezioro Rybnickie) ist ein Paradies für Segler.

Die Industriestadt Sohrau (Żory) ist im Zweiten Weltkrieg schwer in Mitleidenschaft gezogen worden. Sie hat heute aufgrund von Hüttenwerks- und Zechenschließungen mit hoher Arbeitslosigkeit zu kämpfen. Einige gotische Kirchen und der Marktplatz sind aber schön anzuschauen.

Kuren in Oberschlesien

Oberschlesien ist nicht nur von Industrie geprägt. Nachdem 1860 südlich und westlich von Pleß heilkräftige Solevorkommen mit Brom-, Jod- und Kohlensäuregehalt entdeckt worden waren, entstanden Bade- und Kurorte, die mit der Bahn von Berlin und von Wien gut zu erreichen waren. 1862 wurde inmitten anmutiger Hügelketten Bad Königsdorff-Jastrzemb (Jastrzębie Zdrój) gegründet, wo in modern ausgestatteten Badehäusern Rheuma, Gicht, Rachitis, Skrofulose und Lebererkrankungen behandelt wurden. Durch das 1928 eröffnete Sanatorium stieg das Bad zu einem der bekanntesten europäischen Kurorte auf. Allerdings führten die Entdeckung von Steinkohle und die Gründung mehrerer Zechen seit den 1960er-Jahren dazu, dass sich der idyllische Kurort zu einer Bergarbeiterstadt wandelte. Die Heilquellen versiegten wegen des Bergbaus und der Kurbetrieb musste eingestellt werden. Dennoch lohnt sich ein Besuch in diesem ehemaligen Bad. Denn die hübschen historischen Kuranlagen wurden saniert und unter Denkmalschutz gestellt.

Im Gegensatz zu der einstigen Bäderherrlichkeit von Bad Königsdorff-Jastrzemb ist der kleine Kurort Bad Goczalkowitz (Goczałkowice Zdrój) südlich von Pleß heute noch in Betrieb. Hier werden in mehreren modernen Naturheileinrichtungen, Krankenhäusern und Sanatorien Rheuma, Nervenleiden und Osteoporose behandelt. Auch einige historische Kurbauten sind erhalten. Besonders schön ist es am nahen Goczalkowitz-Stausee (Jezioro Goczałkowickie), der das Trinkwasser für Oberschlesien liefert. Der See lockt Wanderer und Fahrradfahrer an, die hier ihre Blicke über die weite Wasserfläche schweifen lassen und eine Vielfalt von Vögeln beobachten können.

Pleß und seine Fürsten

Nach den Sehenswürdigkeiten der oberschlesischen Industrielandschaften ist ein Besuch des beschaulichen Städtchens Pleß (Pszczyna) inmitten von Wäldern, Seen und Hügeln sehr empfehlenswert. Die Altstadt ist liebevoll restauriert, der Ring mit Rathaus, Kirchen und nahem Schloss beeindruckt als einheitliches Ensemble. Eng verbunden mit der Stadt sind die Fürsten von Pleß, adlige Großgrundbesitzer und Bergbau-Magnaten, die über die Jahrhunderte das Schloss erbauten, das in seinem neobarocken Gewand von 1870 erhalten ist. Es dient heute als Museum adliger Wohnkultur vom Barock bis ins 19. Jahrhundert. Da die Inneneinrichtung im Zweiten Weltkrieg so gut wie nicht zerstört wurde, bekommt man beim Rundgang durch das großzügige Treppenhaus, durch die mit Jagdtrophäen ausgeschmückten Korridore, den pompösen Spiegelsaal und die original ausgestatteten Zimmerfluchten eine Ahnung vom Reichtum dieser Adelsfamilie. Reichster Fürst des Deutschen Reiches war damals Fürst Hans Heinrich XV. zu Pleß (1861–1938), der 1891 die 17-jährige Londoner Schönheit Daisy Cornwallis-West heiratete. Eine Bronzeskulptur dieser bemerkenswerten Frau ist seit einigen Jahren auf dem Ring von Pleß zu bewundern.

Im Schloss ist auch das Apartment von Kaiser Wilhelm II. zu besichtigen, der hier oft und gerne zu Gast war. Während des Ersten Weltkriegs befand sich im Westflügel des Schlosses das Hauptquartier des Kaisers und seines Militärstabes.

Aber auch mit weniger martialischen Ereignissen ist das Schloss verbunden. Über 200 Jahre zuvor, von 1704 bis 1707, wirkte der berühmte Barockkomponist Georg Philipp Telemann (1681–1767) als Hof-Kapellmeister und Organist in Pleß. Ihm zu Ehren finden seit 1979 im prunkvollen Spiegelsaal regelmäßig Telemann-Konzertabende statt. Unbedingt sehenswert ist der mehr als 150 Hektar große englische Park, der mit seiner vielfältigen Pflanzenwelt als eine der schönsten Anlagen Oberschlesiens gilt. Parkgebäude auf sanft gewellten Rasenflächen, Kanälchen, die von zierlichen Brücken überspannt werden, ein Wisentgehege, Alleen und Blickschneisen über Teiche hinweg verbinden sich zu einem großartigen Gesamteindruck.

Am Rybniker See befindet sich ein Kohlekraftwerk. Jährlich werden hier über vier Millionen Tonnen Kohle verfeuert. Aber auch bei Seglern ist der See beliebt.

DAISY VON HOCHBERG-PLESS

Als erste High-Society-Lady des europäischen Hochadels war die schillernde Daisy von Hochberg-Pleß (1873–1943) mit etlichen Machthabern ihrer Zeit, unter anderem mit Kaiser Wilhelm II. und dem englischen König Edward VII., befreundet. Ihre Einladungen und Jagdgesellschaften waren legendär. Aber sie schwelgte nicht nur in märchenhaftem Reichtum, sondern engagierte sich auch sozial in Schlesien, vor allem für arbeitende Frauen, Mütter und behinderte Kinder. 1922 ließ sie sich scheiden, was damals ein Skandal war. In der Folge war sie gesellschaftlich isoliert und starb schließlich einsam und verarmt im niederschlesischen Waldenburg.

Der Ring von Bielitz ist der aktive Mittelpunkt der Stadt.

Das Lutherdenkmal vor der Erlöserkirche von Bielitz erinnert an die starke protestantische Gemeinde hier im Grenzland zwischen Polen und Tschechien.

Grenzstädte: Bielitz und Teschen

Bielitz-Biala (Bielsko-Biała) liegt am Fuß der Schlesischen Beskiden am Flüsschen Biala (auch Bialka, poln. Biała), das traditionell die Grenze zwischen Schlesien und Polen bildete. Die Schlesischen Beskiden sind bei Wanderern und Wintersportlern sehr beliebt. Skilifte und Gondelbahnen bringen die Gäste zu allen Jahreszeiten auf verschiedene Pisten und Gipfel. In diesem Bergland, deren höchste Gipfel etwa 1 200 Meter hoch sind, findet sich das Quellgebiet der Weichsel. Von Bielitz aus gelangt man schnell mit der Gondelbahn auf den über 1 000 Meter hohen Gipfel Kamitzer Platte (Szyndzielnia), von wo aus man auf gut markierten Wanderwegen weiter in die Berge aufbrechen kann. Die Gegend ist auch für das Brauchtum ihrer Bewohner berühmt, die ihre herrlichen Volkstrachten pflegen, mancherorts handgefertigte Spitzen herstellen und ihre charakteristische Holzbauweise erhalten haben. Jährlich im August findet in und um Bielitz-Biala das Folklore-Festival der Beskidenregion statt.

Eine Doppelstadt im Grenzland

Im an der Grenze zu Polen gelegenen Bielitz wurde von etwa 1300 bis 1945 Deutsch gesprochen. Einen Aufschwung erlebte die Stadt um 1600, als die Tuchmacherei aus Niederschlesien sich bis in die oberschlesischen Randgebiete hinein ausbreitete. Das hölzerne Weberhaus in der Altstadt zeigt auch heute noch, unter welchen Bedingungen die Wollspinner in früheren Jahrhunderten arbeiteten. Viele Bürger der Stadt nahmen im Zuge der Reformation den protestantischen Glauben an. Als sie jedoch Ende des 16. Jahrhunderts unter den Druck der Gegenreformation gerieten, die auch Bielitz rekatholisieren wollte, mussten sie auf die östliche Seite des Flüsschens Biala ausweichen. Daraus entstand auf polnischem Boden der Ort Biala. In der Folge verschmolzen die beiden Ortsteile immer mehr zu einem großen, zusammenhängenden Gemeinwesen. Doch sind auch heute noch die verschiedenen Entwicklungsstufen der beiden Stadtteile zu erkennen: das ostschlesische Bielitz mit dem mittelalterlichen Zentrum, das auf einem Hügel thront, und das sehr viel jüngere, kleinpolnische Biala auf der anderen Flussseite. Während der Schlesischen Kriege blieb Bielitz 1741 bei Österreich und bildete, zusammen mit Teschen und Troppau, den „Zaun Maria Theresias". Biala kam Ende des 18. Jahrhunderts durch die polnischen Teilungen ebenfalls zu Österreich, gehörte aber zum Königreich Galizien.

Da die Bevölkerung an ihrem protestantischen Glauben festhielt, blieb Bielitz-Biala über mehrere Jahrhunderte hinweg bis 1918 die einzige evangelische Stadt in Österreich. Doch mussten die protestantischen Teile der Bevölkerung ihr Bekenntnis im katholisch dominierten Österreich zunächst hart und lange erkämpfen. Um sich weiter zu protestantischen Gottesdiensten treffen zu können, versammelten sich die Gemeindemitglieder nachts oder im Gebirgswald zu heimlichen Andachten. Erst durch ein Toleranzpatent Josephs II. im Jahr 1781 war es ihnen möglich, eine eigene protestantische Kirche zu erbauen. Die sehenswerte Erlöserkirche wurde unmittelbar danach errichtet und im Jahr 1790 eingeweiht. Sie befindet sich am heutigen Martin-Luther-Platz (plac Marcina Lutra). Die zweieinhalb Meter hohe Luther-Statue, die im Jahr 1900 feierlich neben der Kirche enthüllt wurde, hat alle Zeiten überstanden und ist als einzige Luther-Statue in Polen auch heute noch zu sehen.

Um den Luther-Platz und die Erlöserkirche herum entwickelte sich rasch ein ganzes Stadtviertel, das „Bielitzer Zion" genannt wurde und einen Besuch lohnt. Zu ihm gehörten nicht nur der evangelische Friedhof, sondern auch das ehemalige Pfarrseminar, ein Diakonissenhaus, mehrere Schulen und ein Waisenhaus der protestantischen Gemeinde. Für die katholische Bevölkerung gab es mehrere Kirchen, wobei die Kathedrale St. Nikolaus die herausragendste ist. Mit ihrem 61 Meter hohen Turm im originellen neoromanischen Stil beherrscht sie die Stadtsilhouette. Wie sehr die beiden Stadthälften um 1900 bereits zusammengewachsen waren, zeigt das monumentale Rathaus für die ganze Stadt, das in Biala errichtet wurde. Obwohl laut Volkszählung von 1910 mehr als 80 Prozent Deutsche und 16 Prozent meist deutschsprachige Juden in der Doppelstadt lebten, wurde Bielitz-Biala 1920 polnisch.

Bereits im 19. Jahrhundert hatte sich der Ort zum größten Zentrum der Wollindustrie Schlesiens entwickelt. Wer sich für Industriekultur interessiert, dem sei das Museum für Technik und Textilindustrie empfohlen. Maschinen aus dem 19. Jahrhundert veranschaulichen die Herstellung von Stoffen. Heute ist Bielitz-Biala neben Lodz (Łódź) das zweitgrößte Textilzentrum Polens. Seit 1992 betreibt der italienische Autokonzern Fiat hier ein großes Werk. Die Doppelstadt ist aber nicht nur ein zentraler Industriestandort, sondern auch ein Touristenmagnet. Es lohnt sich, auf beiden Seiten des Flüsschens Biala durch die Altstadtkerne von Bielitz und Biala zu spazieren,

Die Kamitzer Platte, ein zum Klimczok-Kamm der Schlesischen Beskiden gehörender Berg, ist von Bielitz aus bequem mit der Seilbahn zu erreichen.

die einmal den Beinamen „Klein-Wien“ trugen. Entlang der Burg von Biala, imposanter Kirchen, administrativer Gebäude und schmuckvoller Jugendstilfassaden sollte der Besucher das Sułkowski-Schloss mit seinem Zinnenturm in der Altstadt von Bielitz nicht versäumen. Hier kann man in verschiedenen Sälen durch die Jahrhunderte wandeln und sich die komplizierte Stadtgeschichte vor Augen führen.

Teschen

Nicht minder komplex ist die Geschichte der Doppelstadt Teschen (poln. Cieszyn, tschech. Těšín). Diese bis heute zwischen Polen und Tschechien geteilte Stadt an der Olsa gehörte bis 1918 zu Österreichisch-Schlesien. Nach dem Zerfall der Habsburgermonarchie beanspruchten die beiden neu entstandenen Nationalstaaten Polen und Tschechoslowakei das Teschener Schlesien für sich. Nach einem kurzen Grenzkrieg 1919 griffen die Alliierten ein und teilten 1920 das Gebiet entlang der Olsa. Zwar besetzte Polen 1938 das ganze Teschener Schlesien und sprach von einer „Rückkehr des Olsa-Gebiets zu Polen“. Doch nach 1945 wurde das strittige Gebiet wieder entsprechend der vor 1938 geltenden Grenze zwischen Polen und Tschechien geteilt – eine Grenze, die heute noch besteht.

Der historisch bedeutsamere Teil Teschens liegt auf der polnischen Seite. Über die Jahrhunderte war Teschen eine von verschiedenen Kulturen geprägte Stadt. Nach der österreichischen Volkszählung von 1900 lebten hier 57 Prozent Deutsche, 32 Prozent Polen und sechs Prozent Tschechen. Entgegen der Meinung, Polen seien in der Regel katholisch und Deutsche eher evangelisch, war es in Teschen schon zu Beginn des 18. Jahrhunderts so, dass von den rund 40 000 Protestanten drei Viertel Polnisch sprachen. Und sie blieben protestantisch, trotz aller Wirren der Jahrhunderte. Noch heute gibt es in Teschen Sprüche wie „hart wie der Lutheraner im Teschener Gebiet“ oder „Dieser Nagel hält so fest wie der lutherische Glaube in Teschen.“ Und kurioserweise ist Teschen auch ohne Deutsche heute vorwiegend protestantisch und mit 38 000 Mitgliedern der evangelischen Kirche eine Besonderheit in Polen. Wie in Bielitz-Biala gibt es auch hier um den Kirchenplatz (plac Kościelny) herum ein evangelisches Viertel mit Schulen und der Jesuskirche, die mit 8 000 Plätzen als größtes evangelisches Gotteshaus in Polen gilt. Mit ihrem hellen lichten Raum und den geschickt in die Seitenwände eingefügten, eleganten Logen lohnt sie unbedingt einen Besuch.

Auch die Teschener Altstadt mit ihren vielen engen Gassen und den Bogenhäusern ist sehenswert. Der Rathausplatz (Ring) ist von reich geschmückten Bürgerhäusern umgeben. Neben dem Rathaus mit seinem prachtvollen Turm sticht das Hotel Zum braunen Hirsch (Pod Brunatym Jeleniem) im Wiener Jugendstil ins Auge. Das Museum des Teschener Schlesiens nahe dem Ring vermittelt einen guten Einblick in die Geschichte und Kultur der Stadt. Der Schwerpunkt der Ausstellung liegt auf der Zeit nach 1920, als der größere Teil von Teschen polnisch geworden war.

Das Hotel Zum braunen Hirsch ist gut durch den Hirschkopf unter dem Giebel zu erkennen. Der österreichische kulturelle Einfluss in dieser Region macht sich an vielen Gebäuden bemerkbar.

Die Kapelle St. Nikolaus und St. Wenzel, die Nikolausrotunde, wurde Mitte des 11. Jahrhunderts gebaut. Sie hat schmale Rundbogenfenster und kegelförmige Dächer.

In den hübsch bebauten Altstadtstraßen Teschens sieht man auf Schritt und Tritt die österreichische Prägung der Stadt. Geht man in Richtung Schlossberg, kommt man nicht nur an einigen gotischen oder barocken Kirchen vorbei, sondern auch am Theater. Das prächtige Innere dieses im Wiener Jugendstil errichteten Gebäudes diente schon häufig als Filmkulisse. So wurden Szenen für Andrzej Wajdas Film „Das gelobte Land" hier gedreht. Über die Brücke unterhalb des Schlossbergs kann man einen Abstecher nach Tschechien machen, um auch dort durch die Straßen zu flanieren und schließlich auf dem Hauptmarkt vor dem repräsentativen Rathaus mit originellem Giebel ein wenig zu verweilen. An der Grenzbrücke befindet sich auf der polnischen Seite das moderne Gebäude des Brückencafés „Avion".

Am Fuße des Schlossberges liegt das Neue Schloss, das für den habsburgischen Erzbischof um 1840 erbaut wurde. Oben auf dem Berg befindet sich das älteste Kirchengebäude in ganz Polen, die vorromanische St.-Nikolaus-Rotunde aus dem 12. Jahrhundert. Auch ein mittelalterlicher Wehrturm, der von dem ehemaligen Piastenschloss erhalten geblieben ist, verdient Beachtung. Der Legende nach sollen sich hier im Jahr 810 drei Söhne des polnischen Königs Leszko III. – Bolko, Leszko und Cieszko – getroffen haben. An der Stelle ihres unerwarteten freudigen Wiedersehens sei die Stadt entstanden, heißt doch „sich freuen" auf Polnisch „cieszyć się". Der Dreibrüderbrunnen in der Altstadt verweist auf diesen Gründungsmythos. Vom Schlossberg aus bietet sich ein wunderschöner Rundblick nicht nur auf die beiden Teile Teschens diesseits und jenseits der Olsa, sondern auch bis weit in die Beskiden hinein, dorthin, wo Schlesien an seinem südöstlichen Rand unmerklich in seine Nachbarregionen übergeht.

DAS CAFÉ AVION AUF DER GRENZBRÜCKE

Das Literatur-Café Avion geht auf das Kaffeehaus „Noiva" (rückwärts Avion) zurück, das im Jahr 1933 den kulturellen, mehrsprachigen Austausch auf der Grenzbrücke der geteilten Stadt befördern sollte. 1939 wurde das Café zusammen mit der Brücke zerstört. Heute knüpft das Café an die vielfältigen nationalen Traditionen der Region an. Gerne lädt die Besitzerin Autoren und Künstler zum grenzüberschreitenden Austausch ein, der von stilvoller Musik umrahmt wird. Das Lesecafé heißt jeden Gast herzlich willkommen.

Die 2016 fertiggestellte Autobahn A4 führt quer durch Schlesien.
Sie ist die Hauptverkehrsader im Süden Polens.

SCHLESIEN
HEUTE

Geschichts- und Identitätspolitik

Wer in den Jahrzehnten nach 1945 bis zum Beginn des 21. Jahrhunderts in Polen von Schlesien sprach, so meinte er damit automatisch Oberschlesien, das „Schwarze Schlesien" mit seiner Bergbautradition, nicht aber Niederschlesien, eine Region, die lange für Gesamtpolen in gewisser Weise unsichtbar blieb. Längst jedoch ist Niederschlesien aus dem Schatten herausgetreten. Breslau boomt nicht nur ökonomisch und touristisch, sondern verwandelt sich alljährlich mit dem „Wratislavia-Cantans"-Festival in die Musikhauptstadt des ganzen Landes. Die schlesischen Berge werden immer stärker auch innerhalb Polens touristisch entdeckt und die Immobilienpreise steigen gewaltig.

Was aber die offizielle Geschichts- und Identitätspolitik angeht, so ist bis heute ein großer Unterschied zwischen Ober- und Niederschlesien zu verzeichnen. Wird im Breslauer Stadtmuseum in der unter Direktor Maciej Łagiewski entwickelten Dauerausstellung „Tausend Jahre Breslau" und auch in kleineren Regionalmuseen wie in Glatz die Geschichte der deutschen Zeit in Niederschlesien inklusive der Vertreibung wahrheitsgemäß, objektiv und sachlich präsentiert, so entspricht die Darstellung der deutschen Geschichte dieser Region im Schlesischen Museum in Kattowitz und auch im Museum des Oppelner Schlesiens der bisherigen antideutschen Regierungspolitik. Gänzlich verzichtet man in der aufwendig multimedial gestalteten Ausstellung in Kattowitz darauf, die Vertreibung

Das Breslauer „Wratislavia-Cantans"-Festival stellt alljährlich einen Höhepunkt im Musikleben Polens dar.

der Deutschen aus Schlesien überhaupt zu erwähnen – ein unerledigtes Reizthema bis heute. Stattdessen fokussiert man sich auf die Aufbauleistungen der Polen nach 1945. Hatte der frühere Museumsdirektor Leszek Jodliński einen multiethnischen, zumindest doppelt codierten Blick auf die Industrieregion Oberschlesien darstellen wollen, so wurde nach seiner 2013 erfolgten Entlassung eine Ausstellung eröffnet, die unliebsame Facetten der Geschichte ausblendet. Dagegen wirkt das „Museum Online" des Hauses der deutsch-polnischen Zusammenarbeit in Oppeln und Gleiwitz beinahe wie ein Gegenprojekt zu der offiziellen Sichtweise in Kattowitz: Hier möchte man mit Online-Ausstellungen wie „Grenzgänger" oder „Auf der Suche nach den Großeltern" vor allem oberschlesischen Jugendlichen regionale Wurzeln und gleichzeitig europäische Werte vermitteln. Über alle Gräben hinweg identitätsstiftend aber ist das neue Museum am Kattowitzer Bergwerk „Wujek". Es erinnert an das Massaker, das 1981 von der kommunistischen Miliz an aufständischen Bergleuten der Solidarność-Gewerkschaft verübt wurde, und ist damit ein Symbol des polnischen Kampfes gegen die vom sowjetrussischen Imperialismus aufgezwungene Diktatur.

Mit eindringlicher Bildsprache wird vor dem Museum des Kattowitzer Bergwerks „Wujek" der Opfer des Solidarność-Aufstandes von 1981 gedacht.

Minderheitenpolitik in Schlesien heute

Als die deutsche Minderheit in Oberschlesien, besonders im Raum Oppeln, sich nach 1989/90 wieder frei zu ihrer sprachlichen und kulturellen Identität bekennen konnte, hätte niemand gedacht, dass etwa fünfundzwanzig Jahre später die Bemühungen, an die traditionelle Zweisprachigkeit dieser Region anzuknüpfen, durch die nationalkonservative, antideutsche PIS-Regierung konterkariert werden würden. Nicht nur, dass zu den etwa 300 Ortschaften in Oberschlesien mit zweisprachigen Ortstafeln seit Ende 2015 kein einziges neues Schild hinzugekommen ist. Vor allem begann ab 2022 der Warschauer Sejm, Gelder für den muttersprachlichen Schulunterricht der deutschen Minderheit zu kürzen, was in Oberschlesien etwa 50 000 Kinder betrifft. Obwohl allen Minderheiten in Polen, neben der deutschen auch der ukrainischen und der weißrussischen, gesetzlich drei Wochenstunden Sprachunterricht zustehen, wird ab September 2022 den Kindern der deutschen Minderheit nur noch eine Stunde zugebilligt – eine deutliche sprachliche Diskriminierung, die im Oktober 2022 sogar vor dem Europäischen Parlament in Straßburg vorgebracht und im August 2023 offiziell gerügt wurde. Begründet wird diese Reduzierung des Deutschunterrichts in Warschau damit, dass in der Bundesrepublik die polnische Sprache angeblich nicht genug gefördert werde. Dabei sind die Deutschen in Polen keine Zuwanderer, sondern gelten als autochtone Minderheit, die sich als loyale polnische Staatsbürger fühlen. Mit dem Hashtag #niemaMowy und #sprachlos protestiert die Jugendorganisation der deutschen Minderheit gegen die Unterrichtskürzungen, was von anderen polnischen Einrichtungen, weiteren Minderheiten in Polen und polnischen

Das Museum der deutschen Minderheit in Oppeln bietet eine beeindruckende historische Ausstellung.

Organisationen in Deutschland unterstützt wird. Zum Vergleich: Gibt es in Polen keine einzige staatlich unterstützte Schule, in der Schüler auf Deutsch unterrichtet werden, so stehen für die etwa gleich große polnische Minderheit in Litauen etwa hundert Schulen, die auf Polnisch unterrichten, zur Verfügung. Ob der muttersprachliche Deutschunterricht auch in Zukunft erhalten bleibt, ist ungewiss.

Doch die deutsche Minderheit, deren Bildungs- und Spracharbeit nun vornehmlich von der Bundesregierung finanziert wird, versucht sich gegen ihre Marginalisierung zu wehren: So richtet sich das neue Internetportal supereule.pl mit Bildungsangeboten vor allem an Jugendliche. Und im Oktober 2022 wurde in Oppeln das zweisprachige Museum über die deutsche Minderheit in Polen eröffnet, das über den Oppelner Raum hinausgeht und das übrige Schlesien, Ermland, Masuren und Pommern miteinbezieht. Dieses in Polen einzigartige Museum stellt in multimedialen Dauer- und Wechselausstellungen die Geschichte der deutschen Minderheit vom Mittelalter über den Zweiten Weltkrieg bis zum unterdrückten Leben im Sozialismus bzw. zur Auswanderung in die Bundesrepublik dar. Neben der lebendigen Ausstellung, die eindringliche Fragen nach Herkunft, Kultur und Tradition stellt, werden im dazugehörigen Archiv Nachlässe, Dokumente und Zeitzeugenberichte der deutschen Minderheit gesammelt. Rafał Bartek, der Vorsitzende des Verbandes der Deutschen Sozial-Kulturellen Gesellschaften in Polen, bezeichnet das Museum als einen „Ort der Warnung vor Spaltungen und Nationalismen“ und hofft: „Möge dieser Ort dazu dienen, eine gemeinsame Geschichte der in Polen lebenden Deutschen und der polnischen Mehrheit aufzubauen.“ Denn das Ziel sei, die deutsche Minderheit nicht als Bedrohung, sondern als Bereicherung erfahrbar werden zu lassen.

Die wirtschaftliche Entwicklung in Schlesien heute

Viele deutsche, aber auch andere europäische Firmen zieht es ins „Wirtschaftswunderland“ Polen und damit auch nach Schlesien mit seinen verschiedenen Sonderwirtschaftszonen. So ist in Oberschlesien der Umbau vom Bergbau zu einem innovativen Technologiestandort in vollem Gange, wenn auch die 15 Zechen der Region erst stufenweise bis 2049 geschlossen werden sollen. Die Gleiwitzer Autofabrik Stellantis wurde 2022 für rund 300 Millionen Euro modernisiert und baut nun Unterbauten für Wohnmobile sowie Lieferwagen für Opel, Peugeot und Citroën und ab 2024 ein neues Toyota-Modell.

Auch in Niederschlesien ist eine ebenso robuste wie dynamische wirtschaftliche Entwicklung der Region zu beobachten. Neue Schnell- und Umgehungsstraßen werden gebaut, der sechsspurige Ausbau der A4 zwischen dem niederschlesischen Krzyżowa und Tarnów hinter Krakau als Hauptverbindung zwischen der Ukraine, Polen und Deutschland wird vorangetrieben und das autobahnartige Zwischenstück zwischen Olszyna bis zum Anschluss an die A4, lange Zeit als holprige „Hitlertreppe“ bezeichnet, soll bald fertiggestellt sein.

Diese Entwicklung führt auch zu einer Verbesserung des schlesischen Schienennetzes. Eisenbahnstrecken vor allem Richtung Iser- und Riesengebirge, aber auch die „Nadodrzanka“ von Breslau nach Wohlau entlang der Oder werden wiederbelebt, moderne Züge eingesetzt, erstmalig in Polen Fahrradwaggons geplant, neue Bahnstationen eröffnet und historische Bahnhöfe wie der in Bunzlau renoviert. Sogar der Freiburger Bahnhof in Breslau (Wrocław Świebodzin), jetzt ein Geisterbahnhof für Filmaufnahmen, soll wieder ans Bahnnetz angeschlossen werden und Breslau mit den umliegenden Städten Neumarkt, Trebnitz und Oels verbinden.

Der Status der prosperierenden schlesischen Sonderwirtschaftszonen Waldenburg, Oppeln und Liegnitz wurde bis

Der Bahnhof im oberschlesischen Kattowitz ist einer der größten Eisenbahnknotenpunkte Polens.

2026 verlängert. In der Liegnitzer Sonderwirtschaftszone nimmt das ausgebaute Heiztechnik-Werk eines deutschen Mittelständlers seine innovative Produktion von Wärmepumpen für einen nachhaltigen Klimaschutz auf. Auch Nanosatelliten werden bei Liegnitz hergestellt, wo sich übrigens auch das polenweit größte Solarkraftwerk befindet, und ein deutsches Logistikunternehmen baut bei Zgorzelec ein integriertes Betriebszentrum für Lkw-Fahrer in Polen. Auch die Sonderwirtschaftszone Waldenburg floriert und wurde 2022 zum Spitzenreiter aller Sonderwirtschaftszonen in Polen. Zwischen 2023 und 2027 will Mercedes Benz das bereits bestehende Werk in Jauer als neues, hochmodernes, klimaneutrales Werk für Elektroautos ausbauen und einen gigantischen Rangierbahnhof errichten, das Toyota-Werk in Waldenburg wird erweitert, um den steigenden Bedarf an Hybridmotoren zu bedienen, und neue Produktions- und Lagerhallen enstehen in Frankenstein, Königszelt, Neisse und Brieg.

Wirtschaftlicher Spitzenreiter und Investitionsmagnet aber ist die Stadt Breslau, die im Jahr 2022 auf der Rangliste des Marktforschungsinstituts FDI Intelligence Platz 15 unter den attraktivsten Wirtschaftsstandorten weltweit belegte. Hier möchte Boehringer Ingelheim das Beschäftigungsniveau verdreifachen, ein koreanischer Konzern plant eine Lithiumgewinnungsanlage, ein 3D-Druckzentrum bereichert mit komplexen Modellen den Medizinsektor, die Firma Bosch expandiert bei der Herstellung von innovativen Elementen für Hybrid- und Elektroautos und mit über 200 neuen Technologieunternehmen weist Breslau die höchste Start-up-Dichte in Polen auf. Passend dazu erzielt der Breslauer Flughafen Rekordgewinne.

Und noch etwas boomt in Niederschlesien: Neben den zunehmend beliebten Weinsorten aus Grünberg, der hochwertigen und begehrten Sektmarke „Gost Art" und den preisgekrönten Silesian-Weinen vom Fuße des Zobten, die es in Polen

Der Breslauer Flughafen ist umfassend modernisiert worden und wird weiter ausgebaut.

bereits in den Supermarkt Lidl geschafft haben, nimmt der Tourismus vor allem in den schlesischen Bergen und in den vielfältigen Schlosshotels ungebremst zu. Neben den Skiparadiesen im Adler- und Eulengebirge sowie dem neuen Langlaufzentrum im Isergebirge ist es das im September 2022 eröffnete, europaweit modernste Biathlon- und Langlaufzentrum in Jakobsthal (Jakuszyce) im Riesengebirge, das im Winter Heerscharen von Wintersportlern anzieht. Aber auch im Sommer erfreut sich die schlesische Bergwelt größter Beliebtheit, und zwar so sehr, dass seit 2022 im Heuscheuergebirge versucht wird, durch ein Besucherlimit – 400 Wanderer pro Stunde – die Gästeströme zu regulieren, gab es doch 2021 kilometerlange Staus auf dem Weg zu den eindrucksvollsten Felsformationen.

In Oppeln findet sich dieses ukrainische Geschäft.

Die Beziehungen Schlesiens zur Ukraine

Der russische Überfall auf die Ukraine am 24. Februar 2022 löste in Polen eine gigantische Welle der Hilfsbereitschaft und Solidarität aus. Vergessen waren die historischen Animositäten zwischen beiden Nationen, die noch bis weit über die Jahrtausendwende hinweg reichten. Doch auch schon vor Beginn des Krieges bemühte man sich in Breslau, dem „neuen Lemberg", um gute Beziehungen zur einst polnischen Stadt in der Westukraine. So wurde im Oktober 2021 im Oppenheim-Haus die Ausstellung „Breslau und Lemberg aus orientalischer Perspektive" eröffnet, die die miteinander verflochtene Geschichte der beiden Städte zeigte. Ausgehend von der Transferierung des polnischen Lemberger Lehrstuhls nach Breslau machte die Ausstellung darauf aufmerksam, dass die in Lemberg seinerzeit europaweit führende orientalistische Fakultät 1945 in Breslau nicht wieder eingerichtet wurde. Also bemühte man sich nun im Oppenheim-Haus, diese untergegangene Fakultät sichtbar zu machen, indem Dozenten der Iwan-Franko-Universität Lemberg hochkarätige Vorträge zu orientalistischen Themen hielten. Zusätzlich wurden orientalische Gewebe und Teppiche gezeigt und Workshops zur Rolle des Islam in Osteuropa sowie Sprachkurse für Arabisch und Persisch angeboten.

Nach dem russischen Überfall auf die Ukraine beteiligte sich auch Schlesien aktiv an der Aufnahme der Kriegsflüchtlinge. So leben mittlerweile über eine Million Ukrainer und vor allem Ukrainerinnen in Nieder- und Oberschlesien, davon im oberschlesischen Industriegebiet etwa 300 000 Flüchtlinge und in Breslau etwa 250 000 Ukrainer, also jeder vierte Bewohner der Stadt. Allerdings muss man hinzufügen, dass schon vor dem Krieg etwa 100 000 Ukrainer in Breslau ansässig waren, weswegen, geradezu ahnungsvoll, am 17. Januar 2022 ein ukrainisches Generalkonsulat in Breslau eröffnet wurde. Die Hilfsbereitschaft in größeren und kleineren Städten Schlesiens ist enorm, sei es beim Unterricht für ukrainische Kinder, sei es bei Spenden- und Hilfsaktionen, oder sei es bei kultureller Kooperation.

Die jüngere Generation und die schlesische Tradition

Das Interesse an der deutschen Vergangenheit in Schlesien, das ab etwa 1990 verstärkt einsetzte, ist nicht nur ungebrochen,

Das 1888 in Neiße enthüllte Eichendorff-Denkmal wurde 1945 beseitigt, 2002 aber in originalgetreuer Kopie wiedererrichtet.

es scheint sogar immer noch zu wachsen. Bewusst, geradezu liebevoll, werden deutsche Aufschriften, die unter dem Putz hervorkommen, erhalten, mancherorts noch aufgefundene deutsche Grabsteine werden sorgfältig an der Friedhofsmauer aufgestellt, in Breslau und Liegnitz würdigt man mit symbolischen Gedenkorten die verstorbenen ehemaligen Bewohner und immer mehr zweisprachige Gedenktafeln, die auf bedeutende Bewohner aus der deutschen Zeit verweisen, finden sich an verschiedenen Orten in Schlesien. Das postdeutsche Erbe („poniemieckie"), das Karolina Kuszyk in ihrem Buch „In den Häusern der Anderen" eindrucksvoll beschreibt, ist hoch im Kurs. Die literarischen Werke von Olga Tokarczuk, Joanna Bator, Szczepan Twardoch, Zbigniew Rokita und vielen anderen, vielfältige historische Romane und Krimis sowie Reportagen, Anthologien und Sachbücher erforschen verschiedene Epochen, Schichten und Orte der deutschen Zeit in Schlesien.

Auch Historiker und Hobbyhistoriker sind fasziniert von deutschen Fundstücken und setzen sich für die Einrichtung von Heimatstuben mit postdeutschen Exponaten wie in Bad Flinsberg und für die Wiederaufstellung historischer Denkmäler ein. Längst hat sich der Exorzismus von 1945 gegenüber allem Deutschen geradezu in sein Gegenteil verwandelt, und Schiller-, Eichendorff-, Gryphius- und Opitz-Denkmäler gehören mittlerweile genauso selbstverständlich zur schlesischen Identität wie Statuen von Chopin.

Das architektonische Erbe aus der deutschen Zeit erfreut sich wachsender Beliebtheit. Kirchenorgeln werden restauriert, historische Aussichtstürme, gar Bismarcktürme, in Stand gesetzt und Spendensammlungen wie für den Wiederaufbau des Poelzig-Hauses am Bober bei Löwenberg initiiert. Vor allem aber boomt die Revitalisierung verfallender Schlösser, die in den meisten Fällen als stilvolle Schlosshotels mit exklusiven Restaurants genutzt werden. Allein in den letzten Jahren kamen zu der Perlenkette der bereits länger existierenden Schlosshotels Schloss Paulinum in Hirschberg, Schloss Eichholz (Warmątowice Sienkiewiczowskie) bei Liegnitz, Schloss Kunzendorf (Trzebieszowice) im Glatzer Land, Schloss Sprottischdorf (Henryków) bei Sprottau, Schloss Wiegschütz (Większyce) bei Cosel, Schloss Annaberg (Chałupki) bei Ratibor und Schloss Zülzhoff (Sulisław) bei Oppeln hinzu. Und weiterhin ist der Prozess der Schloss- und Parkrettung in vollem Gange: So sind mittlerweile Schloss und Park Rudelstadt (Ciechanowice) im Hirschberger Tal, der wiederhergestellte Lenné-Park in Günthersdorf (Zatonie) und Schloss Grafenort (Gorzanów) in der Grafschaft Glatz mit seinem historischen Theater wieder zu besichtigen. Schloss Kamenz (Kamieniec Ząbkowicki) und Schloss Zyrowa (Żyrowa) am Fuß des Annabergs werden saniert und auch das ruinöse Schloss Goschütz (Goszcz) wird, wie viele andere Schlösser in Schlesien, vor dem völligen Verfall gerettet.

Im heutigen Schlesien, in dem die deutschen und die polnischen Vertriebenen auf lokaler Ebene oft als intensive Brückenbauer zwischen den Nationen fungieren und fungierten, ist die Eingemeindung des zunächst fremden, ja feindlichen deutschen Erbes mittlerweile zur Selbstverständlichkeit geworden. In manchen Dörfern werden aus (ost)polnischen, deutschen und fiktiven Versatzstücken neue Trachten entworfen, und in

In Wiegschütz, einem zweisprachigen Ort im Oppelner Land, liegt das gleichnamige neugotische Schloss, in dem sich seit 2011 ein stilvolles Restaurant befindet.

Goldberg knüpft man mit dem Ringsingen wieder an eine jahrhundertealte Tradition an, die 1945 jäh endete. Um aus den historischen Wunden dieser Region neue Funken schlagen zu können, regt die Literaturnobelpreisträgerin Olga Tokarczuk die Einsetzung eines Geschichtsschreibers für jeden größeren Ort in Niederschlesien an, der die verschütteten Schichten erforschen und ins Bewusstsein der heutigen Bevölkerung rücken soll.

Aber auch neue eigene Traditionen werden begründet, die nun auf Dauer zu Schlesien gehören werden. So erfreut sich der Japanische Garten im Riesengebirge mit seinen Wasserfällen, der fernöstlichen Architektur nach Feng-Shui-Prinzipien, der geschickt mit der heimischen verbundenen exotischen Vegetation und der japanischen Teekultur wachsender Beliebtheit. Unangefochten vom traditionellen Berggeist Rübezahl öffnet dieser Garten in der Weite des Riesengebirges eine noch viel weitere Welt, die sich aus den Quellen der schlesischen Toleranz und des Universalismus speist.

Schlesien boomt – im Blick auf seine Vergangenheit, auf seine Gegenwart und vor allem auf seine Zukunft.

Olga Tokarczuks Roman „Empuzion“, den sie hier im 14. Juni 2022 in Krakau vorstellt, spielt 1913 in Görbersdorf in Niederschlesien.

Zeittafel

Kelten, Germanen und Slawen in der Frühzeit

4. Jahrhundert v. Chr.:	Die Kelten ziehen nach Schlesien.
200 bis 100 v. Chr.:	Schlesien wird durch germanische Stämme besiedelt.
6. Jahrhundert n. Chr.:	Slawische Stämme lassen sich in Schlesien nieder.
um 900:	Der böhmische Herzog Vratislav I. gründet die Grenzburg Vratislavia (Breslau).

Schlesien als Teil des polnischen Staates

um 990:	Schlesien wird vom polnischen Herzog Mieszko I. erobert.
1000:	Das Bistum Breslau wird als Teil der polnischen Kirchenprovinz gegründet.
11. Jahrhundert:	Schlesien ist zwischen Böhmen und Polen hart umkämpft.
1137:	„Glatzer Pfingstfriede" zwischen Böhmen und Polen
1138:	Schlesien gerät unter die Herrschaft der Dynastie der Piasten.
13. Jahrhundert:	Die Dynastie der Piasten zersplittert sich in mehrere Zweige, die verschiedene Herzogtümer in Schlesien regieren.

Die deutsche Besiedlung

1201 bis 1238:	Der in Mittel- und Niederschlesien regierende Herzog Heinrich I. und seine Frau Hedwig fördern die Einwanderung deutscher Siedler vor allem aus Franken, zahlreiche Kirchen und Klöster werden gestiftet.
1241:	In der Schlacht bei Liegnitz (Wahlstatt) besiegen die Mongolen ein polnisch-deutsches Ritterheer.

Mieszko I. schwor bei seiner Heirat mit der tschechischen Prinzessin Dubravka 965 seinem alten Glauben ab und wurde katholisch. Illustration aus dem französischen Wochenmagazin Le Pèlerin, 1921

Herzog Heinrich I. und Herzogin Hedwig von Schlesien mit ihren Kindern. Schlesische Buchmalerei, 14. Jahrhundert

ab 1241: Zahlreiche Dörfer und Städte werden von deutschen Siedlern gegründet.

ab 1270: Schlesien befindet sich abermals im Spannungsfeld zwischen Böhmen und Polen.

Die böhmische Periode

1335: König Kazimierz III. von Polen verzichtet im Vertrag von Trentschin auf die Gebiete Schlesiens, die unter böhmische Lehnshoheit gestellt sind.

1387: Breslau wird Mitglied des Städtebundes der Hanse.

ab 1421: Schlesien wird Schauplatz der gegen die Anhänger des böhmischen Reformators Jan Hus gerichteten Hussitenkriege.

Schlesien als Teil der Habsburger Monarchie

1526: Erzherzog Ferdinand von Österreich wird König von Böhmen; die Reformation gewinnt an Einfluss, in Liegnitz wird die erste evangelische Universität Europas gegründet.

1576: Der österreichische Kaiser Rudolf II. ergreift Maßnahmen gegen die Reformation.

1618 bis 1648: Der Dreißigjährige Krieg richtet in Schlesien große Verwüstungen an.

1648: Westfälischer Frieden: Religionsfreiheit für die evangelischen Fürstentümer Liegnitz, Brieg, Wohlau, Oels und für die Stadt Breslau; Gewährung dreier Friedenskirchen in Glogau, Jauer und Schweidnitz; dennoch Fortdauer der systematischen Unterdrückung der evangelischen Konfession.

1702: Die Leopoldina wird als Jesuitenhochschule in Breslau gegründet.

1. September 1707: In der Altranstädter Konvention wird die Religionsfreiheit wiederhergestellt. Den evangelischen Gläubigen werden sechs Gnadenkirchen in Freystadt, Sagan, Militsch, Hirschberg, Landeshut und Teschen gewährt.

1740 bis 1742: Im Ersten Schlesischen Krieg besiegt Preußen Österreich.

Am 7. November 1741 huldigen die schlesischen Stände dem preußischen König Friedrich II., dem Sieger des Ersten Schlesischen Krieges, im Breslauer Rathaus. Zeitgenössischer Kupferstich von G. Bodenehr, koloriert

Unter preußischer Herrschaft

9. Oktober 1741:	Geheimes Abkommen zwischen Preußen und Österreich: Schlesien fällt bis zur Glatzer Neiße und rechts der Oder nördlich der Brinitze an Preußen.
1741:	Fast ganz Schlesien wird preußisch, ausgenommen Teschen und Troppau- Jägerndorf, die österreichisch bleiben.
1744:	Im Zweiten Schlesischen Krieg besiegt Preußen erneut Österreich. Im Frieden von Dresden am 25. Dezember 1745 wird festgelegt, das Schlesien „für immer" preußisch bleiben soll.
1756–63:	Mit dem Sieg über Österreich, Frankreich und Russland im Dritten Schlesischen Krieg, auch Siebenjähriger Krieg genannt, steigt Preußen zur europäischen Großmacht auf.
Ende 18. Jahrhundert:	Beginn der Industrialisierung Oberschlesiens
1795:	Dritte Teilung Polens: Das polnische Gebiet bis zur Pilica fällt an Schlesien und wird somit preußisch.
1807:	Der Teil der Oberlausitz östlich der Spree kommt zu Schlesien.
1810:	Die Säkularisation wirkt sich auch in Schlesien aus, Klöster werden aufgelöst und verstaatlicht.
1825:	Die Oberlausitz westlich der Spree kommt ebenfalls zu Schlesien.
Juni 1844:	Schlesischer Weberaufstand gegen die sozialen Missstände unter den Webern
6./7. Mai 1849:	Mit dem Breslauer Maiaufstand versuchen schlesische Revolutionäre vergeblich, bürgerliche Freiheiten und Rechte gegen die preußische Monarchie durchzusetzen.

Schlesien als Teil des Deutschen Reichs

1871: Schlesien wird Teil des Deutschen Reichs.

28. Juni 1919: Im Versailler Vertrag, der am 10. Januar 1920 in Kraft tritt, wird festgelegt, dass Teile der Kreise Guhrau, Militsch, Groß Wartenberg und Namslau an Polen fallen, das Hultschiner Ländchen fällt an die Tschechoslowakei.

1919, 1920 und 1921: Drei polnische Aufstände gegen die deutsche Herrschaft in Schlesien

20. März 1921: Volksabstimmung in Oberschlesien über die Zugehörigkeit Oberschlesiens zum Deutschen Reich

20. Oktober 1921: Beschluss der Konferenz der Pariser Botschafter der Entente zur Teilung Oberschlesiens. Der östliche Teil (die Kreise Kattowitz, Königshütte, Pleß, Teile der Kreise Beuthen, Groß Strehlitz, Hindenburg, Lublinitz, Ratibor, Rybnik, Tarnowitz und Tost) wird an Polen abgetreten.

15. Juni 1922: Inkrafttreten der Genfer Konvention: Die Teilung Oberschlesiens wird vollzogen.

2. Oktober 1938: Polen zwingt die Tschechoslowakei zur Abtretung des Teschener Olsa-Gebiets.

15. März 1939: Das Hultschiner Ländchen wird an Schlesien angeschlossen.

31. August 1939: Mit einem fingierten Überfall auf den Gleiwitzer Sender schafft Deutschland den Vorwand für den Einmarsch in Polen.

1. September 1939: Deutscher Überfall auf Polen, Beginn des Zweiten Weltkriegs; Bildung eines deutschen Regierungsbezirks Kattowitz unter Einfluss der vormals polnischen Woiwodschaft Oberschlesien sowie Teilen der Woiwodschaften Krakau und Kielce

1. April 1941: Oberschlesien bildet wieder eine eigenständige Provinz (bis 1945).

Mit diesem antipolnischen Propagandaplakat wurde anlässlich der Volksabstimmung von 1921 für den Verbleib Oberschlesiens bei Deutschland geworben.

Vom Ende des Zweiten Weltkriegs bis heute

Januar 1945	Einmarsch der Roten Armee, Beginn von Flucht und Vertreibung der deutschen Bevölkerung (Höhepunkt: Sommer 1946). Etwa 500 000 Schlesier kommen um, zwei Millionen werden in den westlichen Besatzungszonen, über eine Million in der sowjetischen Besatzungszone aufgenommen. Rund 700 000 Schlesier bleiben zurück.
6. Mai 1945	Kapitulation von Breslau vor der Roten Armee
17. Juli 1945:	Konferenz in Potsdam, Westverschiebung des polnischen Staates und Vertreibung der Deutschen jenseits der Oder-Neiße-Linie
1946:	Rückgabe des Hultschiner Ländchens und des Olsa-Gebietes an die Tschechoslowakei
Mitte 1950:	Im Görlitzer Vertrag erkennt die DDR die Oder-Neiße-Linie als „Friedensgrenze“ an. Verwaltungsneugliederung: Woiwodschaften Grünberg, Breslau, Oppeln, Schlesien-Dambrowa
18. November 1965:	In einem Brief bitten die polnischen Bischöfe ihre deutschen Amtsbrüder um Vergebung für von Deutschen erlittenes Unrecht und gewähren ihrerseits Vergebung für an Polen begangenes Unrecht. Die Antwort der deutschen Bischöfe vom 5. Dezember fällt nüchtern und zurückhaltend aus.
Dezember 1970:	Unterzeichnung des Normalisierungsvertrages (Warschauer Vertrag) zwischen der Bundesrepublik Deutschland und Polen
1975:	Neue Verwaltungsgliederung: Woiwodschaften Liegnitz, Hirschberg, Waldenburg, Kattowitz, Grünberg, Lissa, Kalisz, Tschenstochau, Bielitz
1980:	In ganz Polen kommt es zu Streiks, bei denen Verbesserungen der Arbeitsbedingungen gefordert werden. Die Gewerkschaft Solidarność wird gegründet.

Arbeiterführer Lech Wałęsa (mit Mikrofon) spricht zu Arbeitern der Leninwerft in Danzig. Die Streikwelle in Polen, die am 1. Juli 1980 durch eine indirekte Erhöhung der Fleischpreise begann, wurde am 31. August durch die Unterzeichnung eines Abkommens zwischen dem Streikkomitee in Stettin und der dort verhandelnden Regierungskommission beendet.

12. Dezember 1981:	Der polnische Staats- und Parteichef General Jaruzelski verhängt das Kriegsrecht über Polen, Aufstände in Kattowitz und Breslau, viele Oppositionelle werden verhaftet.
Juni 1983	Während seiner zweiten Polenreise besucht Papst Johannes Paul II. den Annaberg und feiert dort eine Messe.
22. Juli 1983:	Aufhebung des Kriegsrechts
24. August 1989:	Tadeusz Mazowiecki wird erster nichtkommunistischer Ministerpräsident Polens seit über 40 Jahren.
November 1989:	Treffen von Bundeskanzler Helmut Kohl und Tadeusz Mazowiecki in Kreisau
Dezember 1989:	Einführung des Mehrparteiensystems, Recht auf Privateigentum
1989/90:	Erstmals werden Vereinigungen der deutschen Minderheit in Oberschlesien offiziell registriert.
16. Januar 1990	Erste Zulassung der „Sozial-Kulturellen Gesellschaft der Menschen deutscher Volkszugehörigkeit in der Woiwodschaft Kattowitz“
Juni 1990:	Bei den Kommunalwahlen in Polen werden Vertreter der deutschen Minderheit in verschiedene Kommunalräte in Schlesien gewählt.
14. November 1990:	Im deutsch-polnischen Grenzvertrag wird die Oder-Neiße-Linie als Grenze zwischen den beiden Staaten endgültig anerkannt.
17. Juni 1991:	Vertrag zwischen der Bundesrepublik Deutschland und der Republik Polen über gute Nachbarschaft und freundschaftliche Zusammenarbeit
27. Oktober 1991:	Erste freie Parlamentswahlen in Polen
11. September 1993:	Ein Jahr nach Auflösung des Warschauer Pakts verlassen die letzten russischen Truppen Polen und Schlesien (Liegnitz).
Mai 1997:	Der Papst besucht Polen und auch Breslau.
Juli/August 1997:	Das Hochwasser der Oder führt zu verheerenden Überschwemmungen. 46 Tote sind zu beklagen.
16. Dezember 1997:	Polen tritt offiziell der NATO bei.
Juli 1998:	Bei einer neuen Flutwelle im Glatzer Land wird vor allem Bad Reinerz in Mitleidenschaft gezogen. Das polnische Parlament weist eine Entschließung des Deutschen Bundestages zurück, derzufolge die Aufnahme Polens in die EU an die „Lösung noch offener, bilateraler Fragen“ geknüpft ist. Gemeint ist das freie Niederlassungsrecht von Deutschen in Polen.
1999:	Durch die Verwaltungsreform in Polen reduziert sich die Zahl der Woiwodschaften von 49 auf 16. Breslau, Oppeln und Kattowitz sind die Hauptstädte der Woiwodschaften auf dem Gebiet Schlesien.
1. Mai 2004:	Polen tritt der EU bei.
Januar 2005:	Der Warschauer Sejm verabschiedet ein neues Minderheitengesetz. Danach wurde es in etwa 20 oberschlesischen Gemeinden mit mehr als 20 Prozent deutschsprachigem Bevölkerungsanteil möglich, zweisprachige Ortsschilder und Deutsch als zweite Verwaltungssprache einzuführen.
2016:	Breslau ist Europäische Kulturhauptstadt.
24. Februar 2022:	Nach dem russischen Überfall auf die Ukraine wird Polen von einer Welle der Hilfsbereitschaft erfasst. In Schlesien leben mittlerweile über eine Millionen Ukrainer und Ukrainerinnen.

Orts-, Sach- und Personenregister

Ortsregister

Sachregister

Personenregister

Abbildungsnachweis

Adobe Stock: Cover Vorderseite, 16 o., 80 o., 87, 96, 193 u., 204f. **akg-images:** 13, 15 o., 15 u., 24 (East News / J. Berent-Szczecinski), 25 (picture alliance/dpa), 26, 27 (picture alliance), 34 o., 46 u., 47 u., 52, 63, 71, 77, 83, 105 (Universal Group/Sovphoto/UIG), 117 l. (picture alliance/dpa), 127 o., 127 u., 141 u., 155 u., 183 o., 186 u. (picture alliance/dpa), 192, 193 o., 199 u. **Elsengold Verlag:** 69. **Familie von Küster, Lomnitz:** 73, 209. **picture alliance:** 17 (imageBROKER), 22 (dpa), 28 (Helga Lade Fotoagentur), 29 (dpa), 33 (ZB/Thomas Lehmann), 61 (imageBROKER), 103 (Dumont Bildarchiv), 123 o. (dpa), 209 (Daniel Kalker), 210 (EPA/EFE/Maciej Kulczynski), 213 (NurPhoto/Artur Widak), 214 (The Holborn Archive/Leemage), 215 (Liszt Collection), 216 (akg), 217 (akg), 218 (dpa). **Michael Pokorra (www.michaelsfoodblog.com):** 21. **Roswitha Schieb, Berlin:** 50 o. **Senfkorn Verlag, Görlitz:** 6/7 (Bearbeitung: Goscha Nowak). **Wikimedia Commons:** 46 o., 53, 57 o., 57 u., 59, 162 o., 185 (Piojga)

Alle übrigen Abbildungen: **Marek Maruszak**

Impressum

4., überarbeitete Auflage 2024

Elsengold ist ein Imprint der BeBra Verlag GmbH, Berlin.

Gestaltung und Satz: Goscha Nowak, Berlin

Gedruckt in Slowenien

ISBN 978-3-96201-132-1

www.bebraverlag.de
www.elsengold.de
www.was-mit-geschichte.de